Richard Carlson

Glaub an dich!

Droemer

Richard Carlson

GLAUB AN DICH!

Wie Sie Lebenskrisen meistern

Aus dem Amerikanischen
von Jutta Ressel

Droemer

Die amerikanische Originalausgabe erschien 2002 unter dem Titel
»What about the big stuff« bei Hyperion, New York, NY.

Published by arrangement with Linda Michaels Ltd. International
Literary Agents.

Die Folie des Schutzumschlags sowie die Einschweißfolie
sind PE-Folien und biologisch abbaubar.
Dieses Buch wurde auf chlor- und säurefreiem Papier gedruckt.

Umschlaggestaltung: ZERO Werbeagentur, München
Redaktion: Annette Gillich, Essen
Umschlagfoto: Mauritius
Satz: Wilhelm Vornehm, München
Druck und Bindung: Ebner + Spiegel, Ulm
Printed in Germany
ISBN 3-426-27326-8

2 4 5 3 1

Dieses Buch ist all jenen gewidmet, die in ihrem Leben schlimme Krisen durchstehen mussten, sowie den selbstlosen Helden, die ihnen dabei behilflich waren.

Inhalt

Einleitung

Sie müssen es nicht extra betonen, ich gebe es ja zu. Ich bin derjenige, der einmal gesagt hat: »Reg dich wegen Kleinigkeiten nicht auf ... denn eigentlich ist alles gar nicht so schlimm.« Und Gott sei Dank handelt es sich in den meisten Fällen tatsächlich um Belanglosigkeiten. Fast alles, was uns tagtäglich Sorgen bereitet, ist eigentlich nicht der Rede wert. Sicher trifft es zu, dass man ein glücklicheres und weniger stressiges Leben führt, sobald man gelernt hat, mit Kleinigkeiten effizient umzugehen. Ich würde sogar sagen, dass dies das einzig Wichtige ist.

Es lässt sich jedoch nicht leugnen, dass es auch wirkliche Probleme, ja Lebenskrisen gibt. Man kann ihnen schlichtweg nicht entkommen. Jeder macht in seinem Leben schmerzliche Erfahrungen. Einige grundlegende Dinge, wie Krankheit, Tod, Kränkungen und das Älterwerden, betreffen jeden. Andere Erfahrungen machen sehr viele, aber nicht alle Menschen, wie Drogen- und Alkoholmissbrauch, finanzielle Schwierigkeiten, Scheidung oder wenn jemand Opfer eines Verbrechens, von Gewalt, Vorurteilen und dergleichen wird. In unserem Leben werden wir zu den verschiedensten Zeiten und in unterschiedlicher Form und Intensität mit Krisen konfrontiert – aber vorhanden sind sie immer. Einiges ist vorhersehbar, anderes kommt völlig unerwartet.

Am 11. September 2001 haben wir gesehen, wie schnell sich das Leben ändern kann. Es wurde nicht nur das Leben Tausender unschuldiger Menschen zerstört, sondern irgendwie hat sich auch ganz Amerika – ja, in gewisser Weise die ganze Welt – für immer verändert. Dieses Potenzial haben derart grauenhafte Gewalttaten, ob sie sich nun gegen eine Nation oder gegen ein Individuum richten. Entsprechend gilt das auch für andere Krisensituationen wie Unfälle oder etwa eine niederschmetternde Diagnose.

Dieses Buch entstand aus einem ganz besonderen Grund. Als ich 1997 »Alles kein Problem!« veröffentlichte, bekam ich Tausende von Briefen, in denen man mir immer die gleiche Frage stellte: »Was ist mit den wirklichen Problemen, den Lebenskrisen?« Da ich älter und hoffentlich auch klüger geworden bin, stelle ich mir diese Frage inzwischen oft selbst. Dieses Buch ist nun mein Versuch, eine Antwort zu geben. Es zu schreiben war für mich eine Chance, etwas zu lernen, es ist ein wichtiger Bestandteil meiner lebenslangen Reise. Ich bekam Gelegenheit, mit einigen bemerkenswerten Menschen, die mit enorm schlimmen Krisen fertig wurden, zu sprechen und von ihnen zu lernen.

An dieses Buch bin ich aus der Sicht des Lernenden wie auch des Lehrers herangegangen. Ich bin kein Experte auf diesem Gebiet. Einiges, was einem im Leben widerfährt, stellt in der Tat ein derart gravierendes Problem dar, dass es wohl niemanden gibt, der Fachmann oder qualifiziert genug wäre, um Ratschläge erteilen zu können; dies sollten Sie im Hinterkopf behalten. Außerdem müssen Sie wissen, dass ich Ihnen nichts vorschreiben will. Ich hoffe vielmehr, dass meine Überlegungen bei Ihnen etwas anrühren, das dann Ihre eigenen Heilkräfte freisetzt. Ich bin der Überzeugung, dass jeder – egal was er oder sie gerade durchmacht – die Fähigkeit hat, zu heilen oder innere Heilung zu erfahren. Das habe ich immer wieder gesehen, und ich möchte versuchen, Ihnen den Weg in diese Richtung zu weisen.

Dieses Buch ist als Trost und als Denkanstoß gedacht. Mein Ziel ist es, Ihnen ein Gefühl von Inspiration und Hoffnung zu vermitteln, damit Sie tun können, was Sie brauchen, um zu Ihrem Frieden zu finden und voranzukommen. Für einige bedeutet dies vielleicht, Hilfe oder Freundschaft zu suchen. Für andere könnte es heißen, noch mehr Bücher zu diesem Thema zu lesen, einen Kurs zu belegen, zu lernen, wie man meditiert, oder sich auf die Religion zu besinnen. Ich hoffe, dass diese Lektüre Ihre Kreativität freisetzt und Ihnen einen gangbaren Weg aufzeigt.
Ich möchte nun noch ein paar Worte zu einem schwierigen Thema sagen. Wenn Sie dieses Buch lesen, sollten Sie zwei Dingen gegenüber offen sein: einer gewissen Unbeschwertheit sowie der Tatsache, dass Sie einfach nur ein Mensch sind. Auch wenn Sie ein ernstes Problem haben und viel auf dem Spiel steht, so glaube ich doch, dass es wichtig ist, sich seinen Sinn für Humor und eine angemessene Sichtweise zu bewahren. Das sage ich nicht, um den Ernst einer Sache, mit der wir als Menschen zurechtkommen müssen, herunterzuspielen, sondern weil dies eine Möglichkeit ist, besser damit fertig zu werden. Schaut man sich um und sieht all die Leute, die sich mit irgendwelchen Widrigkeiten herumschlagen, dann wird man schnell feststellen, dass all diejenigen besser abschneiden, die es irgendwie schaffen, sich einen angemessenen Blickwinkel und ihren Humor zu bewahren. Manchmal ist es schwierig nachzuvollziehen, wie sie das hinkriegen – aber es klappt und ist authentisch. So ziemlich das beste Gegenmittel gegen den Schmerz ist nun einmal die Freude. Je mehr wir das Leben schätzen und Freude erfahren, desto besser gelingt es uns, mit Schmerz umzugehen und alles aus einem angemessenen Blickwinkel zu betrachten.
Mir scheint, dass es mehrere Möglichkeiten gibt, an wirkliche Krisen im Leben heranzugehen, egal worum es sich genau han-

delt. Zuerst einmal können wir uns einen Fundus an innerer Gesundheit schaffen. Wir können uns bewusst werden, wie unser Denken, unsere Einstellung und unser Benehmen oft alles unweigerlich schlimmer machen. Wenn wir dies wissen, können wir es vermeiden, unseren Schmerz zu vergrößern – zumindest ein bisschen. Ebenso können wir lernen, in unserem Alltag glücklicher und zufriedener zu sein, wodurch wir das notwendige Gleichgewicht herstellen, um schwierige und leidvolle Situationen besser zu meistern.
Wir können lernen, loszulassen und so manches einfach zu akzeptieren, das heißt, unsere innere Weisheit walten zu lassen. Auf diese Weise können wir zu geistiger Gesundheit gelangen und inneren Frieden erfahren, und zwar nicht nur, weil wir auf diese Weise ein glückliches, zufrieden stellendes Leben als unmittelbaren Lohn bekommen, sondern auch als Vorbereitung auf das Unvermeidliche. Ich bin der Auffassung, dass wir uns darauf vorbereiten, wirkliche Probleme zu meistern, sobald wir in der Lage sind, nicht in jeder Kleinigkeit ein Problem zu sehen. Machen wir es uns zur Gewohnheit, auf das Leben in gesunder, effizienter Weise zu reagieren, anstatt aus jeder Kleinigkeit eine Katastrophe zu machen, dann wappnen wir uns damit für wirkliche Lebenskrisen. Es gehört für uns dann zur Normalität, gesund zu sein. Und diese Gesundheit kommt uns gut zupass, wenn wirklich einmal viel auf dem Spiel steht.
Wir können außerdem lernen, wie man »proaktiv« reagiert. Mit anderen Worten: Wir können uns tatsächlich Fertigkeiten aneignen, die wir dann als Reaktion auf schmerzliche Erfahrungen und Erlebnisse im Leben anwenden. Wir können zum Beispiel lernen, generell optimistischer zu sein, loszulassen und unserem Schmerz gegenüber offen zu sein, anstatt gegen ihn anzukämpfen. Es gibt Techniken wie Meditation, Yoga und allgemeine

Achtsamkeit, die dieses Loslassen in den Bereich des Möglichen rücken. Wir können lernen zu beten, um Hilfe zu bitten und – was am wichtigsten ist – uns in guten wie in schlechten Zeiten an Gott zu wenden.

Es steht außer Frage, dass jeder Mensch es lernen kann, in seinem Alltag Mitgefühl und Freundlichkeit walten zu lassen. So eine Haltung ist nicht nur für unsere Mitmenschen von Vorteil, sondern verschafft uns eine innere Immunität gegenüber dem Leid. Wer einmal beobachtet hat, wie Hilfspersonal auf eine Naturkatastrophe reagiert, auf einen Terroranschlag oder auf eine persönliche Krise eines anderen, dem ist sicher aufgefallen, dass diese Leute dabei positive Erfahrungen machen. Denn sie sind nicht auf sich selbst konzentriert, sondern auf das, was sie tun können, um anderen nützlich zu sein. Ihr Fühlen und Denken ist von Liebe geprägt. Und Liebe ist bekanntlich die stärkste Heilkraft der Welt.

In dem Maß, wie sich unsere innere Weisheit vertieft, entwickelt sich auch unsere Fähigkeit, mit unserem eigenen Schmerz zurechtzukommen sowie anderen beizustehen. Dabei ist es mir wichtig anzumerken, dass man nicht eine Krise auf Leben und Tod durchmachen muss, um von einer tieferen inneren Weisheit zu profitieren. Indem wir unsere Aufmerksamkeit und Anstrengungen auf die grundlegenden Anteile unseres Wesens sowie auf die wichtigsten Aspekte des Lebens konzentrieren, bereiten wir uns nicht nur vor, schmerzliche Erfahrungen zu meistern, sondern – was ebenso bedeutsam ist – wir lernen das Geschenk des Lebens zu schätzen. In gewisser Hinsicht ist dies das Wichtigste, und man sollte eines nie vergessen: Das Leben ist ein Geschenk. Trotz des Schmerzes, der Widrigkeiten und des ganzen Ärgers ist das Leben eine herrliche Erfahrung. Man sollte deshalb nicht außer Acht lassen, dass jede Anstrengung, die man unternimmt,

um zu lernen, wie man mit den wirklichen Problemen und Lebenskrisen besser umgeht, auch beinhaltet, dass wir uns wegen Kleinigkeiten nicht aus der Ruhe bringen lassen.
Ich wünsche mir, dass dieses Buch Sie bereichert und Ihrem Herzen Freude und Hoffnung gibt, falls Sie gerade an etwas leiden. Und ich hoffe und bete, dass Sie allen Widrigkeiten zum Trotz Ihren Frieden finden, selbst wenn noch so viel auf dem Spiel steht.

Richard Carlson

Aus Gründen der Lesbarkeit ist meist von Partner, Freund u. Ä. die Rede, was die Partnerin und Freundin selbstverständlich mit einschließt. (Anmerkung der Übersetzerin)

1 Aus Lebenskrisen lernen

Man kann so viel aus einschneidenden Erfahrungen lernen. Ob es sich nun um etwas Positives handelt, wie eine Hochzeit, eine Geburt oder eine anstehende Feier, oder um etwas Trauriges oder Tragisches, wie einen Unfall, Krankheit oder Tod: In jedem Fall geht es um eine wichtige Lektion, die unser Leben bereichern kann, und – insofern wir aufmerksam genug sind – die das Potenzial birgt, unsere Welt zu verändern, einen Menschen nach dem anderen.

Ich war etwa zehn Tage nach dem Terroranschlag auf das World Trade Center und das Pentagon mit einer Freundin beim Mittagessen. Mit Tränen in den Augen sagte sie: »Ist dir aufgefallen, dass in den entführten Flugzeugen nicht ein Passagier, der noch ein letztes Telefonat führen konnte, bei seinem Börsenmakler angerufen hat?« Sie wollte keineswegs einen Scherz machen, sie brachte nur etwas eigentlich Offensichtliches auf den Punkt. Wenn viel auf dem Spiel steht, zählt eigentlich nur eines: die Liebe. Niemand kümmert sich mehr um sein Gewicht oder um sein Aussehen. Kein Mensch regt sich mehr auf, weil sein Leben nicht perfekt ist. Man beklagt sich nicht mehr über hohe Steuern, die Liberalen oder die Konservativen, über frühere Konflikte, Streitigkeiten mit den Nachbarn oder dass man keinen Parkplatz findet. Niemand sorgt sich mehr um die Rendite bei seinen Investitionen. Niemand ergeht sich in Klagen. Das Einzige, was wirklich zählt, ist die Liebe. Somit stellt sich die Frage: »Warum behandeln wir das Leben, als ob es im Augenblick eigentlich gar nicht wichtig wäre?«

Christopher Morley war auf der richtigen Fährte, als er meinte: »Wenn man uns fünf Minuten vor unserem Tod warnen würde, wenn man uns fünf Minuten gäbe, um zu sagen, was uns etwas bedeutet, dann wären sämtliche Telefonzellen voll von Leuten, die jemanden anrufen, um diesem Menschen mit brüchiger Stimme zu sagen, wie sehr sie ihn lieben.«

Hochzeiten machen uns bewusst, wie wichtig die Liebe ist. Es ist immer schön, wenn man bei einer Hochzeit Paare Hand in Hand sieht. Es ist, als würde diese Feier zu Ehren des Brautpaares andere Paare miteinander verbinden. Wir werden an unsere liebevollen Gefühle erinnert und ermuntert, über das Wesen der Liebe und über Beziehungen nachzudenken. Wäre es nicht schön, genau diese Paare öfter Händchen haltend daherkommen zu sehen? Warum tun sie das nicht?

Eine Bekannte erzählte mir einmal, dass ihr Vater und ihre Mutter bei ihr im Krankenhaus waren, als sie ihr Baby bekam. Man könnte denken: »Was soll denn daran nun so ungewöhnlich sein?« Es war für ihre Eltern jedoch wirklich ungewöhnlich, weil sie nämlich über zehn Jahre nicht miteinander geredet hatten. Die Geburt ihres Enkelkinds führte sie zueinander. Sie unterhielten sich fast wie Freunde, die sich nach ewigen Zeiten unerwartet wiederfanden. Bitterkeit und Verlegenheit ließen nach und machten einer Huldigung des Geschenks des Lebens und der Liebe Platz. Es ging ganz mühelos. Keiner musste sich anstrengen. Es wurde einfach allen bewusst, dass es im Leben so viel mehr gibt als die Kleinigkeiten, die uns trennen. Wäre es nicht schön, wenn wir uns daran tagtäglich und in jedem Augenblick erinnern könnten? Warum sollte das nicht möglich sein?

In einem früheren Buch erzählte ich einmal die Geschichte von Jim und Yvonne, die über dreißig Jahre lang unglücklich verheiratet waren. Eines Tages erfuhren sie, dass Jim Krebs hat. Die beiden hatten nebeneinander her gelebt und sich dabei ständig unwohl gefühlt. Beide waren die meiste Zeit unzufrieden. Jim sagte, dass ihre Liebe vor vielen Jahren zu Ende gegangen sei.

Sie haben sicher schon ähnliche Geschichten gehört, aber es muss noch einmal gesagt werden: Sobald das Paar von dem Tumor erfuhr, kam es bei beiden zu einem plötzlichen Umschwung im Bewusstsein. Sie änderten schlichtweg ihre Meinung. Der Ärger, die Verbitterung und die Ungeduld wurden sofort durch Liebe und eine neue Sichtweise ersetzt. Es wurde ihnen bewusst, dass sie einander hinter der Fassade der Gleichgültigkeit und ihren zerstörerischen Angewohnheiten immer noch liebten und brauchten.

War ihre Liebe vorher wirklich zu Ende gewesen? Wenn ja, wohin war sie verschwunden? Ist es möglich, dass die beiden sich einfach nur auf das Falsche konzentriert hatten und dass es eines einschneidenden Vorfalls bedurfte, um sie wachzurütteln? Meinem Gefühl nach war die Liebe, die sie nach der Entdeckung der lebensbedrohlichen Krankheit füreinander empfanden, immer da gewesen. Gibt es eine Chance, dass wir diese Möglichkeit in unserem täglichen Leben sehen, *bevor* wir eine schlechte Nachricht bekommen? Warum eigentlich nicht?

Krisen lehren und verdeutlichen uns, wie kurz und wertvoll das Leben ist. Nimmt man an einer Beerdigung teil, wird man zweifelsohne viel Nachdenkliches und Zutreffendes darüber hören, wie schnell das Leben doch vorübergeht.

Vor nicht allzu langer Zeit feierte die Tochter unserer Freunde ihre bestandene Abschlussprüfung. Es war ein wunderbares Fest, und ich erinnere mich sehr gut an die liebevolle Art, mit der viele

Leute – sie kannten das Mädchen von klein auf – sagten: »Es ist kaum zu glauben, dass das Mädchen schon erwachsen ist. Es ist so schnell gegangen!« Oder: »Ich erinnere mich noch gut daran, wie sie im Sandkasten gespielt hat, und nun hat sie die Oberschule absolviert.« Ähnliche Worte fielen, als ich kürzlich bei einer Feier anlässlich einer Pensionierung war. Freunde, Kollegen und auch die Ehrengäste sagten: »Es kommt mir wie gestern vor, dass Fred im Postzimmer gearbeitet hat. Wo sind nur all die Jahre geblieben?«

Warum vergessen wir so oft, das Leben zu genießen, während es sich vor uns entfaltet? Warum sind wir so damit beschäftigt, in hohem Tempo alles abzuhaken? Warum sind wir immer in solcher Eile – und dann trotzdem traurig, wenn plötzlich alles vorbei ist? Wir wollen möglichst schnell erwachsen werden und alles hinter uns bringen – und dann wünschen wir uns, wir könnten noch einmal von vorn anfangen. Gibt es eine Möglichkeit, wie man einen Gang herunterschalten und diesen Prozess positiv erfahren kann? Hätten wir vielleicht weniger verpasste Gelegenheiten zu bedauern, wenn wir das täten?

Eine weitere Lehre können wir aus Krisen ziehen: dass Freundlichkeit und Großzügigkeit äußerst wichtig sind. Es ist ergreifend, wenn man die liebevolle Großzügigkeit sieht, die nach einer schmerzlichen Tragödie zum Vorschein kommt. Was da freigesetzt wird, macht einen stolz, ein Mensch zu sein. Die Leute sind dann freigiebig bis zur Schmerzgrenze. Nach einer Tragödie habe ich gesehen, wie kleine Kinder ihre Lieblingsspielsachen in Schachteln packten, um sie Familien zu schicken, die sie brauchten. Es ist auch gar nicht so ungewöhnlich, wenn Hilfspersonal oder auch ganze normale Leute Außergewöhnliches leisten, ja ihr Leben aufs Spiel setzen, um andere zu retten, sogar wenn es völlig Fremde sind.

Vor nicht allzu langer Zeit bekam eine Freundin von uns ein Kind. Die Mutter wurde nicht nur von der ganzen Nachbarschaft mit netten Geschenken überhäuft, sondern auch mit selbst gekochten Speisen. Die Familie muss wochenlang zu essen gehabt haben! Manche kamen vorbei, um aufzuräumen oder andere Hausarbeiten zu erledigen. Diese Freundlichkeit war fast so schön wie das Baby – na ja, vielleicht doch nicht so ganz.

Im letzten Jahr heiratete eine gute Freundin meiner Frau Kris. Die Feier war bezaubernd. Doch etwas anderes war nicht minder beeindruckend. Ich war gerührt, wie bereitwillig Kris ein Flugzeug nahm, um fast eine Woche lang ihrer Freundin bei den Vorbereitungen zu helfen. Obwohl sie zu dieser Zeit selbst enorm viel zu tun hatte, lautete ihre Antwort: »Das mache ich doch gern!« Und das war ihr Ernst. Jeder Augenblick hat ihr Spaß gemacht. Sie hatte in den letzten Monaten kaum Zeit für sich selbst gehabt, widmete jetzt aber mehrere Tage jemandem, den sie liebte. Ich habe im Lauf der Jahre mit vielen Frauen geredet – und Männern natürlich auch –, die für ihre Freunde Ähnliches getan haben, wenn es um etwas Wichtiges ging.

Freundlich und großzügig zu sein ist etwas Natürliches und schenkt uns Freude. Gibt es eine Möglichkeit, wie wir diese Freundlichkeit und Großzügigkeit in unseren Alltag integrieren können? Ich denke schon, wir müssen nur die entsprechenden Prioritäten setzen.

Ob wir nun persönlich betroffen sind oder nicht, wir sind ständig von Problemen umgeben. Ich denke oft, dass derartige Krisen dem Verständnis dienen – wie die Schule für die Kinder. In beiden Fällen ist die Information vorhanden, die uns dann auf eine höhere geistige Ebene hebt. Aber wir müssen natürlich den Willen haben, etwas zu lernen.

2 »Ist das in einem Jahr überhaupt noch von Bedeutung?«

In meinem Buch »Alles kein Problem!« schlug ich vor, sich in Situationen, in denen man sich über etwas aufregt oder überfordert fühlt, folgende Frage zu stellen: »Ist das in einem Jahr überhaupt noch von Bedeutung?« Die Schlussfolgerung ist natürlich, dass das meiste in einem Jahr keinerlei Bedeutung mehr hat. Und wozu sollte es dann gut sein, sich darüber aufzuregen?

Vor etwa zwei Wochen hatte ich eine Verabredung zum Mittagessen. Das dachte ich zumindest. Das Problem war, dass die betreffende Person nie erschienen ist. Da ich mir viel Mühe gegeben hatte, die Zeit für dieses Treffen freizuhalten, wurde ich etwas ungeduldig und ärgerlich. Dann fiel mir diese Frage ein – und ich wurde sofort gelassener. Wenn wir uns bewusst machen, wie relativ die Wichtigkeit von etwas ist, haben wir zwar kein Allheilmittel, das uns davon abhält, uns je wieder über etwas aufzuregen; aber es hilft, den Dingen ihren eigentlichen Stellenwert zu geben.

Diese Frage hat jedoch noch einen weiteren wichtigen Aspekt: Es gibt sehr wohl Dinge, die in einem Jahr noch von Bedeutung sind – die ernsten Probleme.

Blicken Sie vom heutigen Standpunkt aus ein Jahr zurück und fragen Sie sich: Ist es wichtig, ob Sie etwas für Ihre Gesundheit getan haben? Hatte die Zeit, die Sie mit Ihren Lieben verbracht beziehungsweise nicht verbracht haben, Bedeutung? Oder blicken Sie nach vorn: Ist es in einem Jahr noch relevant, ob Sie Geld gespart oder investiert haben? Wird es eine Rolle spielen, ob Sie einen großen Teil Ihrer Zeit mit dem verbracht haben, was Ihnen im Leben wichtig ist? Wird es einen Unterschied für Sie machen, ob Sie meditieren, beten oder sich einem spirituellen Ritual verschrieben haben? Ist es in einem Jahr von Bedeutung, ob Sie oder jemand, der Ihnen lieb ist, gestorben ist, sehr krank geworden ist oder eine schwere Verletzung erlitten hat? Die Antwort auf all diese Fragen lautet: »Aber selbstverständlich!«

Sich derartige Fragen zu stellen und über die Antworten nachzudenken ist eine gute Möglichkeit, die relative Bedeutung und Wichtigkeit von einigen Vorfällen und Umständen im Leben abzuschätzen. Allgemein gilt: Wenn etwas diesen Einjahrestest schafft, dann ist das ein guter Hinweis, dass die Sache Ihre Zeit und Aufmerksamkeit wert ist. Wenn nicht, ist es vielleicht nicht lohnend, sich über das Notwendige hinaus groß zu engagieren.

Lily, eine hart arbeitende Mutter, erzählte mir, dass sie früher die Angewohnheit gehabt hatte, stets zu allem Ja zu sagen. Sie war beruflich, in der Schule ihrer Kinder und bei Gemeindeprojekten mehr als beansprucht. Sie erklärte, sie bekäme Schuldgefühle, wenn sie einmal Nein sagte, weil sie es »recht gut habe«. Es ging dabei nicht um etwas Grundlegendes, das ihre Prioritäten und ihren Zeitplan bestimmte, sondern um Dutzende von kleinen Verpflichtungen, die sie alle zusammen fertig machten.

Nachdem ein Todesfall in ihrer Familie Lily zutiefst erschüttert hatte, begann sie, ihr Leben unter die Lupe zu nehmen. Eine der wichtigsten Veränderungen, die sie vornahm, war, sich regelmäßig die Frage zu stellen: »Hat diese Verwendung meiner Zeit in einem Jahr noch Bedeutung?« Bald wurde ihr klar, wie einfach es war, sich einzureden, dass etwas in einem Jahr noch wichtig ist. Doch in Wirklichkeit hatte nur eine Handvoll Dinge Bestand. Lily filterte also allmählich einige der Verpflichtungen heraus, die sie davon abhielten, ihre Zeit so zu verbringen, wie sie es eigentlich wollte. Sie lernte, öfter auch mal Nein zu sagen. Und so nahm ihr Leben eine Wende zum Besseren – was nicht verwunderlich ist.

Ich habe festgestellt, dass viele Leute diese Frage auf ähnliche Weise genutzt haben, ich selbst auch. Ich weiß, wie schnell man sich überbeanspruchen lässt, selbst ohne die Verpflichtungen, die den Einjahrestest nicht bestehen. Deshalb ist es ja so wichtig, sich die folgende Frage zu stellen: »Ist das in einem Jahr überhaupt noch von Bedeutung?«

Seit ich über diese Frage gründlich nachgedacht habe, hat sich mein Leben in vieler Hinsicht verändert. Ich zögere öfter, wenn mich jemand um etwas bittet oder auch wenn es darum geht, bestimmte Projekte in Angriff zu nehmen. Ich bin viel eher geneigt, zu den Dingen Ja zu sagen, die wirklich Priorität haben. So haben mich beispielsweise die Veränderungen, die sich bei meinen Kindern im Lauf eines Jahres vollzogen, sehr betroffen gemacht. Mir wurde klar, was eigentlich längst auf der Hand lag: Ich würde keine zweite Chance bekommen, meine Töchter in einem bestimmten Alter zu erleben, wenn ich mich nicht mit ihnen beschäftigte. Jede Entscheidung, mich nicht einer meiner Töchter zu widmen, hat eine sehr reale Konsequenz.

So hatte ich mir einmal an einem Samstag vorgenommen, den Speicher aufzuräumen. Von der Tatsache abgesehen, dass das nicht gerade Spaß macht, war ich wild entschlossen, meinen Plan durchzuziehen. Ich hatte mir das sogar in meinem Timer vermerkt, und puh, die Putzaktion war auch wahrlich notwendig!

Ich wollte mich gerade ans Werk machen, als meine zwölfjährige Tochter Jazzy sagte: »He, Dad, was machst du denn heute?« Ich sagte ihr, dass ich den Speicher in Ordnung bringen wolle. »Ach«, sagte sie, »ich hatte irgendwie gehofft, dass wir etwas miteinander unternehmen könnten.«

Nun ja, mein Plan stand fest, aber ich stellte mir die besagte Frage: »Ist das in einem Jahr noch von Bedeutung?« Natürlich ist es unrealistisch anzunehmen, dass man alle Arbeiten im Haushalt oder sonstige Verpflichtungen ewig vor sich herschieben kann. Das können wir natürlich nicht und würden es vermutlich auch nicht wollen. In vielen Fällen gilt es jedoch, eine Entscheidung zu treffen. Und so ein Fall war das jetzt. Bei uns zu Hause ist es recht selten, dass die Kinder sich an einem Samstag nicht mit Freunden verabreden, zum Fußball gehen oder sonst etwas unternehmen. Es war also an mir, eine Entscheidung zu fällen. Ich machte die Tür zum Speicher zu. Klar, die Unordnung würde nun noch einen Tag länger herrschen – aber was soll's. Wir machten einen Familienspaziergang und schauten anschließend miteinander einen Film an. Es erübrigt sich zu sagen, dass die Sache es wirklich wert war. Noch heute, ein Jahr später, freue ich mich, damals diese Entscheidung getroffen zu haben.

Der Vorteil dieses Einjahreskriteriums liegt darin, dass man sich jeden Fall einzeln betrachten muss, anstatt einfach reflexartig wie gewohnt zu reagieren. Mit anderen Worten: Anstatt zu unserem Ehepartner, zur Freundin, zum Sohn oder zur Tochter zu sagen: »Ich habe keine Zeit« oder: »Ich bin zu beschäftigt«, nimmt man sich einen Moment Zeit, um die Situation abzuschätzen. Dann ist man eher geneigt, die Zeit zu erübrigen – vor allem, wenn es einem wirklich wichtig ist.

Zudem sind wir vorsichtiger, bevor wir Ja sagen, wenn wir jede Situation abwägen. Werden Sie gebeten, etwas zu tun, sollten Sie sich generell zwei Fragen stellen. Erstens: »Geht es um etwas, das ich tatsächlich tun muss?« Und zweitens: »Will ich das wirklich?« Wenn Sie nicht zumindest eine der beiden Fragen mit Ja beantworten, wird es Ihnen leichter fallen, Nein zu sagen. Nach und nach verschafft man sich auf diese Weise mehr Zeit für all das, was wirklich von Bedeutung ist. Und was ist schließlich wichtiger als die Zeit selbst?

Ich bin zu dem Schluss gekommen, dass ich als Mensch glücklicher und authentischer bin, wenn ich diese Fragen im Hinterkopf habe. Dann sage ich nämlich nicht aus einer Verpflichtung heraus Ja. Ob es nun darum geht, jemandem einen Gefallen zu erweisen oder eine Mitfahrgelegenheit für einen Schulausflug zu organisieren: Wenn ich sage, dass ich das machen will, dann entspricht das meist meiner Überzeugung. Das bedeutet, dass mir nichts Leid tun muss und ich nur selten Groll anderen gegenüber hege, weil ich ja in der Regel aus freien Stücken handle.

Viele von uns verwechseln Prioritäten mit dem Gefühl von Dringlichkeit und Verpflichtung. Wir haben auf unserer Liste mit den zu erledigenden Punkten zwanzig Positionen und sehen uns gezwungen, sie unter allen Umständen abzuhaken. Dann rationalisieren wir, indem wir uns sagen: »Ich werde mehr Zeit mit den Kindern verbringen, sobald ich diese Liste abgearbeitet habe.« Oder: »Ich würde ja gern in der Kirche mitarbeiten, aber ich habe momentan einfach nicht ausreichend Zeit.« Oder: »Mit dem Sport fange ich nächste Woche an, wenn mein Terminkalender sich lichtet.«

In der Zwischenzeit stehen auf der Liste aber schon wieder neue Punkte wie die Garage aufräumen, zum Einkaufen gehen, einem Bekannten einen Pflichtbesuch abstatten usw. Wir sitzen vielleicht in irgendwelchen Komitees oder melden uns zu freiwilligen Arbeiten, die uns bei näherer Betrachtung gar nichts bedeuten. Ich will hier gar nicht behaupten, dass Derartiges grundsätzlich nicht wichtig ist. Es geht vielmehr darum, ehrlich zuzugeben, dass die Art, wie wir unsere Zeit verbringen, unsere eigene Entscheidung ist. Wir wollen alles machen - und dann vergessen wir unsere Prioritäten, weil es uns am Gespür für das wirklich Dringende fehlt.

Mein bester Freund Benjamin und ich bringen uns aus dem Urlaub keine Geschenke mit. Eigentlich war das seine Idee, er sagte nämlich zu mir: »Zu wissen, dass du nicht deine wertvolle Zeit vergeudest, indem du durch irgendwelche Einkaufszentren läufst und nach einem Mitbringsel für mich suchst, freut mich mehr als jedes Geschenk!« Und das Beste daran ist, dass er es auch wirklich so meint. Er weiß, dass ich keinen Spaß am Einkaufen habe, vor allem wenn die Läden voll sind. Überlegen Sie mal einen Moment, welches Geschenk er mir gemacht hat. Jedes Jahr spendiert er mir ein, zwei oder sogar drei Stunden Zeit, die es mich kosten würde, in allen möglichen Geschäften nach dem perfekten Mitbringsel für ihn zu suchen.

Man hat mir einmal eine Geschichte erzählt, die mich unglaublich berührte: Ein »beschäftigter« Mann, der immer tausend Sachen gleichzeitig machte, versuchte die Zeit zu finden, um seine kranke Mutter in einer Reha-Klinik zu besuchen. Er sagte immer: »Ich besuche sie morgen.« Wie es weitergeht, können Sie sich denken. Sie verstarb, bevor er hinkam.

Die meisten Geschichten sind natürlich nicht so dramatisch. Sie sind subtiler und haben mit unseren tagtäglichen Entscheidungen zu tun, wie wir unsere Zeit und Energie einsetzen wollen. Dabei sollte man nicht außer Acht lassen, dass sich unser Leben aus der Gestaltung unserer Minuten, Stunden und Tage zusammensetzt. Unsere Zeit ist wertvoll, und wir können es lernen, auch so mit ihr umzugehen. Wenn Sie sich von nun an die Frage stellen: »Ist das in einem Jahr noch von Bedeutung?«, ist das schon einmal ein guter Anfang.

3 Wissen, dass man nichts weiß, und dann einen Schritt ins Unbekannte tun

Ich unterhielt mich einmal mit einem Mann, der nach seinen eigenen Worten von seinem Geschäftspartner »verschaukelt und über den Tisch gezogen« wurde. Dieser Sozius zählte zufällig auch zu seinen besten Freunden, was die Sache noch schlimmer machte. Mein Gesprächspartner fühlte sich betrogen und war verletzt, er empfand Ärger und Groll auf seinen mittlerweile Ex-Freund. Nach diesem Vorfall hatte er sich über ein Jahr lang das Gehirn zermartert, um eine logische Erklärung zu finden; er wollte eine Begründung, die seinen Schmerz lindern sollte. Er war wild entschlossen herauszufinden, warum die Angelegenheit derart aus dem Ruder gelaufen war, und wollte »alles durchblicken«. Er hatte sogar eine Therapie angefangen, um mit dem Ganzen ins Reine zu kommen.

Sosehr er sich jedoch auch anstrengte, das Endergebnis war immer dasselbe: noch mehr Frustration. Je mehr er darauf bestand, den Sachverhalt zu durchschauen, desto verwirrter wurde er. Er wurde zynisch und hatte das Gefühl, nie mehr jemandem vertrauen zu können. Der Mann hatte sich in einer endlosen Denkschleife verfangen.

Auf Grund eines glücklichen Zufalls, wie er selbst es darstellte, ermunterte ihn jemand, einen Vortrag zu besuchen, der sich unter anderem damit beschäftigte, dass es immer Ursachen gibt, die sich unserem Verständnis schlichtweg entziehen – und dass dies ganz in Ordnung ist. Wenn wir Frieden schließen mit der Tatsache, dass wir etwas nicht wissen, können wir die Vergangenheit – wie schmerzlich sie auch gewesen sein mag – einfach auf sich beruhen lassen und voranschreiten.

Als Kind hatte ich Schwierigkeiten, Wörter zu buchstabieren. Mein Vater sagte dann zu mir: »Richard, es ist nicht nötig, dass du weißt, wie man jedes Wort buchstabiert. Du musst nur wissen, welche Wörter du nicht weißt.« Er hatte natürlich Recht. Dafür gibt es ja schließlich Wörterbücher. Solange man weiß, dass man ein Wort nicht kennt, hat man kein Problem. Man schlägt es eben nach. Eine ähnliche Dynamik gilt für viele Herausforderungen, die sich im Leben stellen. Man muss nicht immer alles wissen. Aber es ist überaus wichtig zu wissen, dass man etwas nicht weiß.

Wenn man nicht weiß, wie man ein bestimmtes Wort buchstabiert, öffnet dies einer Antwort die Tür – in diesem Fall handelt es sich um ein Wörterbuch. Genauso öffnet das Eingeständnis, dass man nicht weiß, was man tun soll oder warum etwas passiert ist, eine Tür, die es noch zu entdecken gilt. Man braucht nur ein bisschen Zuversicht und Geduld, doch die Antworten werden sich einstellen. Indem man einen Schritt ins Unbekannte tut, anstatt zu kämpfen und Widerstand zu leisten, ebnet man den Antworten den Weg, sich zu entfalten.

Wenn jemand unehrlich, nicht vertrauenswürdig, betrügerisch und einfach unmoralisch handelt, wie in der Geschichte vorhin angedeutet, dann sind da Faktoren am Werk, die wir nicht begreifen können. Als der Mann, der von seinem Freund betrogen worden war, diesen Vortrag hörte, dachte er zuerst: »Na und?« Er stellte sich die Frage, die auf der Hand lag: »Was sollen wir tun – böse Taten vergeben, bloß weil wir die Motivation nicht verstehen? Was für ein oberflächliches Psychogerede soll das denn sein?«

Im Laufe der Zeit verstand er jedoch die tiefere Bedeutung von dem, was er hier hörte. Menschen sind unglaublich komplexe Wesen. Wir alle haben Schmerz und Enttäuschung erfahren und sind erfüllt von vielerlei Wünschen, die sich womöglich ausschließen. Unsere Motive sind oft unbewusst. Das bedeutet, dass wir häufig etwas tun, ohne die geringste Ahnung zu haben, warum. Manche Menschen haben schreckliche Vorbilder, und man hat ihnen sehr negative, zerstörerische Angewohnheiten beigebracht. Die Sicht der Welt ist häufig von Negativität, Eigennutz und Unsicherheit verzerrt. Wir alle haben innere Schäden erlitten, die unsere Urteilsfähigkeit, unser Mitgefühl und sogar unsere Ethik beeinträchtigen können.

Das Bedürfnis zu beweisen, dass er im Recht ist, kann zum Beispiel bei jemandem so ausgeprägt sein, dass dieser Mensch Personen, die er am meisten liebt, öffentlich kritisiert. Er wird versuchen, sie in ihre Schranken zu verweisen. Und er tut das nicht, weil er sie nicht mag, sondern weil die innere Notwendigkeit, unbedingt Recht haben zu wollen, einen Großteil seines Denkens und seiner Identität bestimmt. Es kann sich dabei um ein unbewusstes Motiv oder um eine Angewohnheit handeln, die für ihn – im wahrsten Sinn des Wortes – eine *Trieb*feder darstellt. Wenn jemand etwas sagt oder tut, das seine – richtige – Meinung in Frage stellt, dann reagiert er vehement, indem er seinen unbewussten Stolz verteidigt. Er wird praktisch alles tun oder sagen, was ihm selbst beweist, dass er Recht hat. Es ist Pech, aber dennoch fast unvermeidlich, dass wir einen Menschen kennen lernen, uns mit ihm anfreunden, in eine Geschäftsbeziehung treten oder womöglich jemanden heiraten, der auf ähnliche Weise geprägt wurde. Die Ausprägung ist jeweils individuell, doch der

Schaden ist da. Einen solchen Menschen bezeichnete einer meiner Lehrer einmal als jemanden, der »emotional im Rollstuhl sitzt«. Jemand, der im Rollstuhl sitzt, kann nicht gehen, und ein Mensch, der emotional verkrüppelt ist, ist eben nicht in der Lage, anders zu handeln – wie abscheulich das seinem Gegenüber auch vorkommen mag.

Der Mann, der seinen Freund betrogen hat, ist vielleicht mit seinem Eigennutz so überidentifiziert oder will in solchem Maß als Erfolgstyp dastehen, dass er nicht mehr in der Lage ist, mit seinen Mitmenschen anständig umzugehen und seine Geschäfte moralisch einwandfrei zu betreiben. Die Tatsache, dass sein »Opfer« ein guter Freund war, vermochte ihn in seiner Unsicherheit nicht abzuhalten.

Für jemanden mit einer Körperbehinderung empfindet man schnell Mitleid. Wir können die Behinderung sehen, wir verstehen und akzeptieren das Verhalten. Hingegen hat ein Mensch mit einer emotionalen Behinderung ein unsichtbares Problem. Auch wenn wir davon betroffen sind, können wir es meist lange nicht deutlich sehen und noch schwerer begreifen.

Doch was soll uns dieses Wissen nun bringen? Diese Erkenntnis in die Tat umzusetzen ist natürlich schwierig. Jedenfalls hat es nichts damit zu tun, das Verhalten von jemandem zu entschuldigen. Der Mann, der von seinem Freund betrogen wurde, dachte beispielsweise zunächst daran, Anzeige zu erstatten. Aber die neu gewonnene Einsicht kann es uns ermöglichen, mit der Tatsache Frieden zu schließen, dass es vieles gibt, das wir schlichtweg nicht wissen oder verstehen. Und dass wir es auch nie wissen werden.

Der erste Schritt in Richtung innerer Frieden ist zuzugeben, dass wir auf einiges keine Antwort haben. Der zweite Schritt in Richtung innerer Frieden ist, das Unbekannte anzunehmen und nicht dagegen anzukämpfen. Dadurch wird der Frieden verstärkt. Je umfassender wir die Tatsache akzeptieren, dass wir etwas nicht wissen, und je mehr wir Schritt für Schritt darauf zugehen und uns darauf einlassen, desto schneller können wir auch mit uns selbst Frieden schließen.

Für die meisten von uns haben Veränderungen etwas Beängstigendes an sich – eine Eheschließung oder Scheidung, ein Kind zu bekommen, ein Umzug, eine neue Arbeitsstelle oder das Ende einer Beziehung. Das alles macht ganz schön Angst, weil plötzlich etwas anders ist. Wir wissen nicht genau, was passieren oder wie sich die Zukunft gestalten wird. Das Unbekannte reißt uns aus unserem sicheren Kuschelbereich.

Saras Mann kam bei einem Autounfall ums Leben. Etwa ein Jahr später meinten ihre Freunde und ihre Familie, es sei an der Zeit, dass Sara ihre Zurückgezogenheit aufgeben und neue Leute kennen lernen solle, vielleicht sogar einen neuen Mann. Sie lernte tatsächlich jemanden kennen, an dem sie Interesse hatte. Doch obwohl sie sich gern mit ihm treffen wollte, hatte sie zu viel Angst. Wie Sara sind wir oft traurig, gelangweilt, einsam oder verängstigt. Und etwas in uns will dann lieber am Vertrauten festhalten – selbst wenn es schmerzlich ist –, als einen Schritt ins Neuland zu machen.

Ich hörte einmal eine Geschichte von einem Löwen, der aus einem brennenden Wald gerettet und in einem Käfig anderswohin transportiert wurde. Diese neue Gegend war perfekt für den Löwen. Es gab viele Tiere zum Jagen und ausreichend Wasser – aus der Sicht eines Löwen war da nichts mehr zu verbessern.

Doch als der Käfig geöffnet wurde, wollte der Löwe nicht herauskommen. Selbst als die Tür weit offen stand, verkroch er sich in die hinterste Ecke. Jeglicher Versuch, ihn in die Freiheit zu locken, wurde mit einem bösen, gefährlichen Knurren belohnt.

Doch was könnte für einen Löwen schlimmer sein, als sein Leben in einem Käfig zu verbringen? Es kann sich nur um eines handeln: Angst vor dem Unbekannten. Er wollte wirklich lieber in dem Käfig sterben, als einen Schritt in eine ihm unbekannte Welt zu tun.

Dieses Bild ist so ziemlich perfekt. Die meisten von uns sind wie dieser Löwe, bloß dass unsere Käfige in der Regel selbst geschaffen sind. Eines der traurigsten und tragischsten Beispiele ist eine misshandelte Frau, die zu ihrem gewalttätigen Freund oder Mann zurückkehrt. Sie weiß, dass die Beziehung mit ihm die Hölle auf Erden bedeutet, doch wird die Trennung als so beängstigend erlebt, dass sie das Vertraute dem Unbekannten vorzieht.

Es gibt Hunderte weniger krasse, aber dennoch wichtige Fälle, wo die Furcht vor dem Unbekannten unser Denken und unsere Entscheidungen beherrscht. Ein Bekannter machte einmal in seiner Ehe überaus traurige Erfahrungen. Die Liebe hatte längst Verbitterung und Groll Platz gemacht. Die beiden hatten einen praktischen Weg gefunden, wie sie auf einer sehr oberflächlichen Ebene zusammen sein konnten, und das funktionierte ganz gut. Die Rechungen wurden meist bezahlt, das Haus machte einen recht gepflegten Eindruck, und die Kinder wuchsen heran. Doch innerlich war dieser Mann am Absterben. Zwischen ihm und seiner Frau gab es keine Bindung, keine Intimität – nichts. Die Gespräche waren höflich, aber banal. Sie hörten einander schon lange nicht mehr richtig zu. Keiner wusste von den Träumen des anderen.

So schlimm und schmerzlich das auch war – zumindest war es vertraut. Die Probleme anzusprechen würde bedeuten, »Lunte zu legen«, wie er es ausdrückte. Es wäre gefährlich und riskant. Er wusste nicht, wie seine Frau reagieren würde. Vielleicht wäre sie ja fix und fertig. Vielleicht würde sie sich scheiden lassen. Viel-

leicht würde sie die Kinder wollen. Die Sache könnte ihn finanziell ruinieren. Das alles war so beängstigend, dass eine Veränderung das Risiko nicht wert war.
In schmerzlichen Situationen ist der Schlüssel zu mehr Freiheit, dass man zuerst einmal seinen Käfig erkennt. Wie können wir herauskommen oder uns befreien, wenn wir nicht einmal wissen oder uns eingestehen, dass wir in der Falle sitzen? Auch wenn dieser Käfig oft fälschlich als Sicherheit beschrieben wird, so ist er qualvoll. Ja, vertraut ist er wohl, aber nicht wirklich sicher. Manchmal muss der Schmerz fast unerträglich sein, bis schließlich der Wunsch nach Befreiung wach wird. Deshalb muss ein Süchtiger auch an der Talsohle ankommen, bevor er endlich Hilfe sucht. Ist der Schmerz schrecklich, aber noch halbwegs zu ertragen, wird der vertraute Käfig fälschlich als Sicherheit interpretiert; dann meint man, dass das Leben eben so ist oder sein muss. Nur wenn der Schmerz die Toleranzschwelle längst überstiegen hat und unerträglich wird, dann wird gehandelt.
Es ist schwierig, Risiken objektiv einzuschätzen. Es kann riskant sein, von einem Dach zu springen. Man kann sich verletzen, ein Bein brechen, ja sogar sterben. Steht jedoch das Haus in Flammen, bedeutet es den sicheren Tod, wenn man nicht springt. Für meinen Bekannten war es extrem riskant, seine traurige Ehe zur Sprache zu bringen. Es bestand schließlich die Gefahr, dass alles noch schlimmer würde. Er stellte sich seine Scheidung vor, Beratungsgespräche, Kämpfe, verletzte Gefühle, Geldnöte, Rechtsanwälte, dass man ihm seine Kinder wegnahm – und was nicht sonst noch alles. Wie kann man derartige Risiken nun also abschätzen? Wie real sind sie? Das lässt sich schwer sagen. Vielleicht ist es ja das reinste Ratespiel oder Spekulation.
Aber wenn man im Käfig bleibt, leidet man garantiert weiter. Die Wahrscheinlichkeit liegt bei hundert Prozent. Wer den Käfig vor-

zieht, sich nicht mitteilt, den Status quo wahrt, dem sind Qualen sicher. Und diese Qualen werden immer schlimmer.
Die »sicherste« Reaktion ist dann wohl doch, das Risiko auf sich zu nehmen. Ist der erste Schritt aus dem Käfig getan, fragt man sich oft, warum man überhaupt ein solches Aufhebens gemacht hat. Nicht immer, aber doch sehr häufig empfindet man spontan ein Gefühl von Freiheit, Erleichterung oder zumindest Hoffnung. Der erste Tag, den man nüchtern verbringt, die erste Nacht ohne den Mann, der einen misshandelt, die erste Verabredung, nachdem man einen geliebten Menschen verloren hat, wird als die reinste Freude erfahren.
Um in die Freiheit zu gelangen, muss man sich nur klarmachen, dass das Unbekannte weniger riskant ist als das Vertraute – und dann den Schritt wagen. Sogleich wird einem das Unbekannte in einem anderen Licht erscheinen. Es wird dann als etwas gesehen und erfahren, das dem Dasein Frische und Lebendigkeit verleiht. Wer gewillt ist, seinen vermeintlich sicheren Kuschelbereich zu verlassen, gelangt in die Freiheit.
Das Schwierigste ist der erste Schritt. Sobald der getan ist, beginn die Welt sich zu verändern. Was einem anfangs Angst eingejagt hat, erscheint einem eher wie ein Abenteuer. Es wird einem plötzlich bewusst, dass es das Risiko wert war, auf jemanden zuzugehen – oder sich zu entschuldigen. Plötzlich begreift man seinen neuen Beruf oder ein neues Unternehmen als eine Chance, die sich realisieren lässt, allen früheren Zweifeln zum Trotz. Man erkennt neue Möglichkeiten, die zuvor unsichtbar waren. Man versucht etwas Neues und hält Ausschau nach neuen Alternativen. Man reist an neue Orte. Und so wird das Leben plötzlich reicher und bedeutungsvoller.
Die Welt ist ein rätselhafter Ort. Die meisten Menschen sind geneigt zu glauben, dass es notwendig und klug ist, Unbekann-

tes zu meiden. Und sicher ist dies bisweilen auch zutreffend, doch ein Schritt ins Unbekannte kann auch die beste Alternative bedeuten. Dieser Möglichkeit offen gegenüberzustehen bringt Klugheit und Frieden ins Leben. Ich hoffe, dass Sie beim nächsten Mal, wenn Sie etwas »nicht wissen«, sehen, dass das ganz in Ordnung so ist.

4 Trauer zulassen

Wir leben in einer Gesellschaft, in der Trauer weitgehend unterdrückt wird. Es gibt zwar Unterschiede in den Religionen, doch von einigen Nischen abgesehen, wird Trauer nur in kleinen, wohl dosierten Mengen gestattet. Ich lernte einmal einen Mann kennen, dessen Bruder bei einem Skiunfall ums Leben kam. Die Brüder hatten im gleichen Gebäude gearbeitet. Der hinterbliebene Bruder sagte, er habe in den ersten ein oder zwei Tagen nach dem Unfall viel Anteilnahme in Form von Karten, Blumen und persönlichen Kondolenzbezeugungen erfahren.

Als er nach einem verlängerten Wochenende wieder an seinen Arbeitsplatz zurückkehrte, hatte das Mitgefühl jedoch praktisch aufgehört. Seine Kollegen schienen sich wegen der Geschehnisse unwohl zu fühlen und wollten ganz offensichtlich nicht mehr darüber reden. Die Eile, mit der die Stelle des Bruders neu besetzt werden sollte, hatte etwas Absurdes. Die ganze Belegschaft tat so, als wäre alles in bester Ordnung – es war fast schon wie eine Verschwörung. Die unausgesprochene Botschaft im Büro schien zu lauten: »Es ist Zeit zum Weitermachen. Jetzt gilt wieder Dienst nach Vorschrift.« Niemand sprach dies offen aus, was die Mitteilung noch verwirrender und verletzender machte.

Ich würde bei der Beschreibung dieses schweigsamen Gruppenverhaltens sogar noch einen Schritt weitergehen. Ich würde sagen, dass die unbewusste, von Furcht geprägte Botschaft an

den Hinterbliebenen lautete: »Begrab deinen Schmerz. Denk nicht mehr dran. Renn davon, dann verschwindet er schon.«
Es gibt viele Beispiele im Leben, in denen jemand die besten Absichten hat, seine Handlungen jedoch unbeabsichtigt negative Konsequenzen haben. Man denke nur an die Co-Abhängigen, die ihrem alkoholabhängigen Partner beziehungsweise ihrer Partnerin ein Bier oder ein Glas Wein eingießen. Sie machen das nicht aus böser Absicht. In den meisten Fällen ist es ihnen durchaus bewusst, was sie da tun und welche Rolle sie eigentlich spielen. Es kommt ihnen vor, als würden sie ihrem geliebten Partner etwas anbieten, was er gern haben möchte, etwas, das ihm Trost spendet. Sie helfen ihrem Partner, sich zu entspannen.
Die Art, wie jemand mit Trauer umgeht, steht ganz oben auf der Liste der Handlungen, die unbeabsichtigte Folgen nach sich ziehen können. Wer sich bei Themen wie Tod und Verlust unwohl fühlt, kann dem anderen unmöglich ein hilfreicher Freund sein, ganz egal wie sehr er sich das wünscht. Unsere Worte und Taten (oder auch unser Handlungsunfähigkeit) können dann mehr schaden als Nutzen bringen. Dass wir uns unwohl fühlen, kann sich auf ganz unerwartete Weise bemerkbar machen. Sie sagen zum Beispiel so etwas wie: »Das wird schon wieder« – und zwar im ungünstigsten Augenblick. Oder Sie versuchen womöglich, dem Verlust mit Logik und nicht mit dem Herzen zu begegnen. Dann sagen Sie so etwas wie: »Sein Tod war eine Gnade.« Auch wenn Sie dergleichen ganz liebevoll meinen, wirken Ihre Worte doch wie Salz auf einer Wunde.
Wenn Sie der Trauer mehr Akzeptanz, Offenheit, Einfühlungsvermögen und Aufrichtigkeit entgegenbringen, wird Folgendes passieren: Sie fühlen sich generell bei dem Thema und auch bei der Trauerarbeit, die jemand leistet, nicht mehr so unwohl. Somit sind Sie besser in der Lage, für andere in dieser Situation da zu

sein; und wenn Sie selbst mit Trauer konfrontiert werden, können Sie die Situation besser meistern. Man sollte immer bedenken, dass Trauer jeden irgendwann einmal trifft, es geht nur um das »Wann«. Und jeder wird sich irgendwann in der Gesellschaft eines Menschen aufhalten, der gerade trauert. Es ist also durchaus sinnvoll, sich möglichst gut auf diesen unvermeidlichen Fall vorzubereiten.

Es gibt viele hervorragende Bücher zum Thema Tod, Trauer und die Möglichkeiten der Heilung. Ich möchte Sie ermuntern, diese Titel zu lesen, *bevor* Sie sie wirklich brauchen. Zu meinen Lieblingsbüchern zählen »Sein lassen. Heilung im Leben und im Sterben« von Stephen Levine, »Über den Tod und das Leben danach« von Elisabeth Kübler-Ross, »Wenn guten Menschen Böses widerfährt« von Rabbi Harold Kushner und »Awakening from Grief« von John E. Welshons. All diese Titel sind für mich so eine Art Pflichtlektüre, und zwar nicht nur weil man lernt, wie man mit Tod und Trauer umgeht, sondern weil man auch erfährt, wie man sein Leben voll ausschöpft. Selbst wenn diese Bücher ernste Themen zum Inhalt haben, sind sie doch keineswegs deprimierend. Für mich haben sie etwas Erhebendes, Inspirierendes und Hoffnungsvolles.

Um sich mit dem Thema Trauer vertraut zu machen, können Sie sich auch an Hospize mit ihrem einfühlsamen, hilfsbereiten Personal wenden. Ich möchte Sie ermutigen, ja sogar eindringlich auffordern, sich einmal umzuhören, was in Ihrem Umfeld an Seminaren, Vorträgen und Gruppen geboten ist. Schauen Sie einmal in der Bibliothek oder im Internet nach. Erkundigen Sie sich bei Ihren Freunden nach deren speziellen Erfahrungen. Sie werden sehen, dass mehr Menschen mit Trauer konfrontiert waren, als Sie es sich vorstellen können. Und die meisten von ihnen sind dann auch gewillt, Beistand zu leisten.

Indem Sie sich die Zeit nehmen, Ihr Herz jetzt dem Schmerz zu öffnen, bereiten Sie sich darauf vor, anderen und sich selbst zu helfen, wenn der Fall wirklich eintritt. So können Sie eine Welt entdecken, die mehr Reichtum, Tiefgang und innere Erfüllung aufweist, als Sie ohne diese Vorbereitung je erfahren würden.

Ich habe in meinem Leben die Erfahrung gemacht, dass Schmerz heilt und hilfreich ist. Anstatt davonzurennen und großspurig daherzureden oder auch den Schmerz zu leugnen, indem man sich selbst etwas vormacht, geht man einfach in die Gegenrichtung. Wenden Sie sich dem Schmerz zu. Blicken Sie ihm ins Auge, aus vollstem Herzen. Anstatt sich abzuwenden, erkunden Sie mit aufrichtigem Interesse das Wesen dieses Schmerzes. Wie sieht er aus? Wie fühlt er sich an? Ist er immer gleich, oder verändert er sich? Indem Sie Ihren Schmerz langsam, aber sicher kennen lernen, anstatt ihn zu bekämpfen oder wegzurennen, freunden Sie sich praktisch mit ihm an. Sie entwickeln eine Art Beziehung zu diesem Schmerz.

Meine jüngste Tochter machte einmal eine beängstigende Erfahrung. Eine Freundin zündete ein Räucherstäbchen an, und plötzlich brannte ihr T-Shirt. Meine Tochter versuchte ganz automatisch, das Feuer einzudämmen, indem sie mit ihren Händen auf die Flammen einschlug. Innerhalb von ein paar Sekunden war das Feuer aus, und Gott sei Dank wurde weder sie noch ihre Freundin verletzt. Die Freundin meiner Tochter war sehr tapfer und dankte Kenna für ihren Mut.

Schmerz zu unterdrücken ist das Schlimmste, was man tun kann. Traurigkeit und Schmerz sind dann nämlich weniger zugänglich, und es ist schwieriger, damit umzugehen. Der Schmerz manifestiert sich und wächst sich zu einem größeren und noch leidvolleren Hindernis aus. Deshalb sage ich: Lassen Sie Ihre Trauer zu.

Die Notwendigkeit zu trauern verschwindet nicht, wenn man davonrennt oder sich abwendet. Man kann nicht so tun, als sei der Schmerz nicht da, bloß weil es an der Zeit ist, »wieder zur Tagesordnung überzugehen«. Wer etwas vergräbt, befördert es nur tiefer in den Boden. Wer seinen Schmerz vergräbt, macht ihn nur schlimmer und verschlechtert die Möglichkeiten, ihn zu besiegen. Der Schmerz wird zum Feind, rennt man vor ihm davon. Dann betrachten wir den Schmerz mit Ärger und Widerwillen. Und schließlich schieben wir ihn noch vehementer von uns weg. Es ist ein Teufelskreis.

Trauer ist ein natürlicher Prozess, der weit über das Thema Tod hinausgeht. Wir leben in einer Welt ständigen Wandels, in der nichts gleich bleibt. Jede Erfahrung hat ein Ende und jeder Gedanke ebenfalls. Jede Errungenschaft hat ein Ende wie auch jede Beziehung. Es ist ganz natürlich, dass man an den Dingen festhalten will, ja sich an sie klammert, besonders wenn es sich um positive Erfahrungen und Menschen handelt, die wir lieben.

Manche können lange an etwas festhalten. Sie können »stark sein« und den Schmerz beiseite schieben. Jemand stirbt. Das ist traurig, aber sie kommen darüber hinweg. Sie sind zäh. Sie sehen sich mit einem Verlust konfrontiert, und mit noch einem und noch einem. Aber sie tun großspurig und machen irgendwie weiter.

Aber an einem bestimmten Punkt – er liegt bei jedem woanders – wird dann alles zu viel. Es findet dann plötzlich so eine Art Sterbeprozess in Richtung Realität des Lebens statt. Meiner Meinung nach ist das der erste Schritt zur Heilung.

Damit ein wirklicher Heilungsprozess eintreten kann, ist es notwendig, den Schmerz, den es in unserem Leben gegeben hat beziehungsweise noch gibt, zur Kenntnis zu nehmen. Ich meine

damit nicht, dass man nun einem Freund oder Therapeuten sein Herz ausschütten muss, sondern eher ein reflektierendes Hinterfragen der Umstände, die Anlass zur Trauer geben.
Es gibt so viele Formen und Ausmaße der Trauer, wie es Menschen gibt, die trauern müssen. Eine Form der Trauer bedeutet nicht, dass kein Bedarf an einer anderen bestünde. Zum Beispiel hatte ich eine Weile Schwierigkeiten zu akzeptieren, dass aus meiner kleinen Tochter eine junge Frau wurde. Viele Eltern machen diese Erfahrung, wenn ihre Kinder erwachsen werden. Ich wusste, dass das ganz normal ist, aber weh tat es mir trotzdem. Ich vermisste unsere gemeinsamen Stunden, als sie noch klein war – durch den Park zu rennen, ein Boot am Stausee zu mieten, Spiele zu machen und so weiter. Ich war ihr Held gewesen. Aber dann passierte es. Sie war plötzlich in dem Alter, da es ihr mehr Freude bereitete, mit ihren Freunden zu telefonieren, als mit mir »Candyland« zu spielen.
In dieser Zeit erfuhr ich von einer Tragödie in unserer Gegend. Ein Kind war bei einem Unfall im Swimmingpool umgekommen. Der Schmerz der Eltern muss unerträglich gewesen sein. Ich vermag ihn mir kaum vorzustellen.
Ich denke, es ist wichtig, Schmerzen ihren Stellenwert einzuräumen, anstatt sie herunterzuspielen, weil andere eine noch leidvollere Erfahrung gemacht haben. Mit anderen Worten: Wenn Eltern über den Verlust ihres Kindes unvorstellbar trauern, heißt das nicht, dass ich den Verlust, den ich erfahren hatte, ignorieren sollte, nur weil er weniger gravierend war. Ich empfand tiefstes Mitleid mit den Eltern, aber so zu tun, als ob ich keine Schmerzen empfände, wäre falsch gewesen und hätte mir keinen Dienst erwiesen. So wie es immer jemanden gibt, der besser aussieht, jünger, stärker, schneller, reicher oder sonst etwas ist als man selbst, so wird es auch immer jemanden geben, des-

sen Erfahrungen mit dem Schmerz tief greifender sind als die eigenen.
Wenn Sie mitten in großen Schmerzen stecken, ist es schwierig, Trauer zuzulassen. Sind Sie jedoch nicht mit Schmerz und Leid konfrontiert, lassen Sie sich nicht davon abhalten, sich mit dem Prozess vertraut zu machen. Sie können mit einer »Kleinigkeit« anfangen, falls es so etwas überhaupt gibt. Sie können Ihren inneren Willen ausbauen, sich ein bisschen anders mit seinem Schmerz zu beschäftigen, nämlich mit liebevoller Einfühlsamkeit und Offenheit anstatt mit Härte und Verbitterung.
In gewisser Weise scheint es grotesk, aber die Lösung besteht darin, sich dem zuzuwenden, wovor wir immer davongerannt sind. Ich habe jedenfalls die Erfahrung gemacht und gelernt, dass mein Schmerz besser handhabbar wird, je mehr ich willens bin, dieses Leid zu erkunden und ihm direkt ins Auge zu blicken, anstatt mich zu verstecken.
Wenn Schmerz, Ärger und Traurigkeit aufkommen, sollte man versuchen, diesen Gefühlen einfühlsam und nachsichtig zu begegnen und nicht mit Hass und Wut. Die Gefühle sind nun einmal da und wollen anerkannt werden. Wenn man sie nur beiseite schiebt, sie ablehnt und hofft, dass sie verschwinden, funktioniert das jedenfalls nicht. Dann wird der Schmerz nur noch schlimmer.
Seine Trauer zuzulassen und sich seinem Schmerz auf einfühlsame Weise zu stellen kann einem vorkommen, als würde man eine neue Sprache sprechen. Am Anfang fällt es einem schwer. Aber wie beim Erlernen einer neuen Sprache hat man recht schnell ein Erfolgserlebnis. Man wird sich jedenfalls rasch bewusst, dass es enorm viel Energie kostet, seine Angst und seinen Kummer zu unterdrücken, wenn man eigentlich trauern möchte. Öffnen wir hingegen unser Herz und betrachten unseren Schmerz mit Freundlichkeit und Mitgefühl, haben wir die Mög-

lichkeit, uns ihm anders zu stellen. Wir sind dann sanfter und liebevoller zu unserem Schmerz und zu uns selbst. Wir lernen, uns und unserem Schmerz mit Nachsicht zu begegnen, anstatt ihn mit eiserner Faust zu kontrollieren.

Es hat noch einen wertvollen Nebeneffekt, wenn man lernt, seine Trauer zuzulassen: Man kostet sein Leben besser aus. Das ist sicher ein weiterer Grund, mit dem Lernprozess gleich jetzt zu beginnen, selbst wenn in Ihrem Leben zurzeit nichts Großartiges passiert. Fühlen wir uns bei unserer Trauer sicher, lernen wir, mit unseren tagtäglichen Kümmernissen und Frustrationen auf eine neue, heilsamere Weise umzugehen. Wenn wir uns zum Beispiel ärgern, können wir dies zur Kenntnis nehmen, ohne jedoch groß zu reagieren. Oder wir können uns Neid und auch Eifersucht eingestehen und ihnen einfach keine Beachtung schenken. Derartige Gefühle haben keine Kontrolle über unser Leben. Mir hat die Erforschung meines Schmerzes jedenfalls viel geholfen, und zwar nicht nur, wenn es sich um etwas Ernsthaftes gehandelt hat, sondern auch bei alltäglichen Kleinigkeiten. So bin ich jetzt besser in der Lage, mit einem Verkehrsstau, unerwarteter Hektik und schwierigen Menschen zurechtzukommen.

Ich unterhielt mich einmal mit einem Mann, der unendliches Leid durchmachte. Er hatte alles in sich vergraben und bemühte sich, die Fassung zu bewahren. Doch schließlich wandte er sich doch an eine Selbsthilfegruppe. Innerhalb von Stunden begann es ihm leichter ums Herz zu werden. Er hatte dem Liebe und Freundlichkeit zuteil werden lassen, was ihm so wehtat. Er hatte keine Ahnung, mit welcher Unnachsichtigkeit er sich selbst behandelt hatte. Dieser neue Wille, Liebe zu schenken, leitete den Heilungsprozess ein. Mit der Zeit verstärkte er diese Liebe und versuchte, seinem Schmerz gegenüber so offen und nachsichtig zu sein wie nur möglich.

Wenn Sie Schmerzen leiden, suchen Sie sich jemanden, der Ihnen hilft; jemand, der Ihnen beisteht, wenn Sie trauern. Vielleicht gibt es ja eine Selbsthilfegruppe mit Menschen, die eine ähnliche Erfahrung machen. Oder Sie haben einen guten Freund oder Therapeuten, an den Sie sich wenden können. Sie müssen wissen, dass Sie mit Ihrem Schmerz nicht allein sind und dass es nicht nur in Ordnung, sondern vielmehr ideal ist, wenn Sie Ihre Trauer zulassen. Gott segne Sie.

5 Sich vorbereiten und dann loslassen

Viele von uns machen sich Sorgen über große Probleme, die auf sie zukommen könnten – oder eben auch nicht. Wir machen uns Gedanken über unsere Finanzen, Naturkatastrophen, Notfälle, Terrorismus, Krieg, über die Gesundheit, das Alter, Krankheit, Tod und Katastrophen und was sonst noch alles. Wir haben tatsächlich die Möglichkeit, uns auf einiges vorzubereiten, zumindest ein wenig. Ich will hier nicht vorschlagen, dass man zwanghaft versuchen soll, alles in den Griff zu kriegen. Doch wenn man sich seelisch auf etwas einstellt, hilft diese geistige oder materielle Vorbereitung, einige Hindernisse zu beseitigen, die sich einem in den Weg stellen, wenn man loslassen will.

Wenn wir uns auf bestimmte Notfälle und Krisen vorbereiten, fühlen wir uns sicherer und können uns ein Gefühl von Frieden bewahren: Wir wissen dann, dass wir die Situation ohne größeren Schaden durchstehen werden und können voller Hoffnung unsere Sorgen loslassen.

Bezüglich der Vorbereitung auf Katastrophen gibt es im Wesentlichen vier Menschentypen. Da sind einmal all die, die sich gut vorbereiten, aber trotzdem ihre Sorgen nicht abschütteln können. Dann gibt es Leute, die sich zwar sorgen, sich aber nicht die Mühe machen, irgendwelche Vorkehrungen zu treffen. Andere bereiten sich nicht groß vor, scheinen sich aber auch keine besonderen Sorgen zu machen. Ich möchte hier anmerken, dass ein völliger Mangel an Vorbereitung – egal ob man sich nun sorgt oder nicht – irgendwie egoistisch ist. Denn das nämlich bedeutet, dass dieser Mensch in einem akuten Notfall Hilfe braucht, die nicht nötig wäre, wenn er sich die Zeit genommen hätte, Vorkehrungen zu treffen. Mein Vater hat mir beigebracht, dass jeder von uns letztlich ein Teil der Lösung beziehungsweise des Problems ist. Und wer sich nicht vorbereitet, ist meiner Meinung nach Teil des Problems.

Und schließlich gibt es noch die Kategorie Leute, der Sie sich anschließen sollten. Das sind die Menschen, die kluge und sinnvolle Vorbereitungen für den Notfall treffen und gut informiert sind, welche Möglichkeiten sich bieten. Gleichzeitig nutzen sie diese Anstrengungen, um voller Vertrauen ihre Sorgen loszulassen.

Sich vorbereiten und dann loslassen ist die bestmögliche Verteidigung, und zwar aus mehreren Gründen. Fangen wir mit dem Offensichtlichen an: Die Vorbereitung kann entscheidend für Leben oder Tod sein, für die Familie, Freunde oder Nachbarn. Hat man einen Plan für den Notfall, kann er einem bei einem Brand, Erdbeben, einer Naturkatastrophe oder einer anderen von Menschen verursachten Extremsituation, einem Raubüberfall zum Beispiel, das Leben retten. Es ist wichtig, genau zu wissen, was man tun würde, wie man sich herauswindet, wie man seine Kinder beschützt und für seine Sicherheit sorgt, je nachdem, wo man sich während der Krise gerade aufhält. Es ist wichtig zu wissen, wie man zu Hause das Gas abdreht, und man muss alle Vorsichtsmaßnahmen kennen, die während oder nach einer Krise zu treffen sind.

Hat man ein Transistorradio mit neuen Batterien, hilft dies einem, auf dem Laufenden zu sein, falls andere Kommunikationsmittel, die mit Strom betrieben werden, nicht mehr funktionieren. Es ist auch wichtig, einen angemessenen Vorrat an frischem Wasser sowie an Lebensmitteln zu haben, einen Dosenöffner, warme Decken, einige Feuerlöscher, Kleidung zum Wechseln und ausreichend verschreibungspflichtige Medikamente, die kurzfristig vielleicht schwer zu bekommen sind.

Doch noch vieles andere mehr kann möglicherweise wichtig sein wie trockene Zündhölzer, Kerzen, eine Taschenlampe und ein Sanitätskasten. Manche Leute haben auch gern ein bisschen Geld auf der Seite und ein Handy, natürlich ebenfalls mit aufgeladenen Batterien. All das und natürlich alles Weitere, was Ihnen persönlich noch einfällt, sollte man an einem sicheren Ort aufbewahren, der zudem im Fall einer Krise erreichbar ist. Worin diese Notausrüstung genau besteht und was sie enthält, hängt natürlich von den individuellen Lebensumständen ab und auch davon, in welchen Umfang man sich vorbereiten möchte. Ich kenne Leute, die ausreichend Vorräte für ein oder zwei Tage haben, aber auch welche, die mehrere Monate überbrücken können, falls die Notwendigkeit besteht.

Wenn Sie sich in einer Notlage selbst versorgen können, hat dies einen weiteren positiven Effekt: Nach einer Katastrophe wie einem Erdbeben oder einem Wirbelsturm können die Vorräte in der Gegend begrenzt sein. Geschäfte, Lager und der Großhandel mögen geschädigt oder absolut einsatzunfähig sein. So ein Engpass kann dann eine Panik auslösen, weil nämlich bei all den Leuten, die sich nicht auf so eine Situation vorbereitet haben, sofortiger Handlungsbedarf besteht. Je nach Größe und Art der Katastrophe und natürlich auch dem Schauplatz, wo sie sich abspielt, könnten sich Tausende, ja Zehntausende von Menschen um die lebensnotwendigen Dinge schlagen, die sie in nächster Zeit benötigen. Je mehr Leute in Panik verfallen oder etwas dringend brauchen und je weniger Möglichkeiten es gibt, an die Sachen heranzukommen, desto größer ist das Chaos.

Wenn wir nicht gerade jemandem heldenhaft das Leben retten, ist die einzige wirklich wichtige, selbstlose Handlungsweise in einer vertrackten Situation, voll vorbereitet zu sein. So können wir uns aus dem Chaos heraushalten, und je weniger Leute sich um die lebensnotwendigen Dinge schlagen müssen, desto mehr Ordnung herrscht. Außerdem kommt man selbst in die Lage, anderen helfen zu können, wenn man Lebensmittel, Wasser und andere Dinge zur Verfügung hat, die Nachbarn aber nicht. Auch sie geraten dann weniger schnell in Panik. Die simple Tatsache, dass man Vorkehrungen getroffen hat, kann einen dann zum Helden machen und womöglich anderen das Leben retten.

Warum bereiten Sie sich nicht gleich jetzt vor, noch bevor die wirkliche Notwendigkeit besteht, denn schließlich wissen Sie ja nun, wie wichtig es ist, Vorkehrungen zu treffen? Es geht ganz einfach, und man braucht dazu höchstens ein paar Stunden. Ich habe kürzlich festgestellt, dass es Seminare darüber gibt, wie man sich am besten für die diversen Notfälle wappnet. Vielleicht beschließen Sie, ein solches Seminar zu besuchen und auch mit anderen darüber zu sprechen, welche Vorkehrungen sie bereits getroffen haben.

Bereiten Sie sich vor, wenn der Notfall noch nicht eingetreten ist, wenn Sie Zeit und keine Angst haben und es Vorräte in Hülle und Fülle gibt. Haben Sie Kinder, sollten Sie ihnen unbedingt mitteilen, was Sie tun, und sie bezüglich Ihres Planes erziehen. Ich habe gerade eine wunderschöne Geschichte von einer Familie gehört, die einem schrecklichen, alles vernichtendem Brand entgangen ist. Es wurde ihnen kein Haar gekrümmt, und dass sie überlebt haben, schrieben die Eltern einzig und allein der Tat-

sache zu, dass sie knapp eine Woche vorher einen Brand-Notfall-Plan eingeübt hatten.
Können Sie sich vorstellen, was auf gesellschaftlicher Ebene passieren würde, wenn alle angemessen auf einen Notfall vorbereitet wären? Dann wäre sichergestellt, dass den Rettungsmannschaften, der Polizei, der Feuerwehr und allen anderen, die Menschen in Not zu Hilfe kommen, die größtmögliche Menge an Material bei einem Minimum an Chaos zur Verfügung stünde. In bestimmten Situationen stehen vielleicht auch Sie zur Verfügung, um anderen zu helfen oder sie zu retten – vorausgesetzt, dass Sie nicht zu denen gehören, die sich um die Vorräte streiten. Jeder Einzelne von uns macht da schon etwas aus, und mir kommt kein Argument in den Sinn, das gegen Vorkehrungen spräche.
Neben dem Aspekt der Vorbereitung ist es bei dieser Gleichung jedoch auch wichtig, einfach keine Angst zu haben und loszulassen. Jetzt, da Sie sich vorbereitet und einen Plan gefasst haben, können Sie sich der Gewissheit hingeben, alles Mögliche getan zu haben. Und dann ist es Zeit zum Loslassen.
Sich über Dinge Sorgen zu machen, die nicht unserer Kontrolle unterliegen, ist kontraproduktiv. Dann wird man angespannt – was wiederum die Urteilsfähigkeit beeinträchtigt. Machen Sie sich Sorgen, leben Sie in einem Zustand der Angst. Dann wird es schwierig, wenn nicht gar unmöglich, liebevoll, hilfsbereit und freundlich zu sein, und zwar Tag für Tag und in jedem Augenblick. Und Freundlichkeit ist, was die Welt momentan am meisten braucht. Wir benötigen Vorbilder in Sachen Zutrauen, Liebe, Freundlichkeit, Mut und Großzügigkeit. Sind wir als Individuen übermäßig besorgt über unsere persönliche und nationale Sicherheit, ist das diesen Idealvorstellungen nicht zuträglich. Sind wir zu sehr in Sorge, sind wir nämlich weniger großzügig.

Wir sind so mit unseren eigenen Bedürfnissen und Ängsten beschäftigt, dass wir nicht mehr an die anderen denken. Es gibt zwar Ausnahmen – so sind Menschen unmittelbar nach einer nationalen Krise oft extrem großzügig –, doch sind wir im Allgemeinen mit unserer Zeit und unserem Geld knauseriger, wenn wir uns auf uns selbst und unsere Sorgen konzentrieren.

Wenn Sie sich keine übermäßigen Sorgen machen, vertrauen Sie darauf, dass schon alles gut gehen wird. Dann fällt es Ihnen leichter, auf andere zuzugehen und ein gutes Beispiel von einem Menschen abzugeben, der keine Angst hat. Sie verstehen dann intuitiv, dass Geben und Nehmen zwei Seiten der gleichen Medaille sind. Je mehr Sie geben, desto mehr bekommen Sie auch. Sie vertrauen dann Ihrem Herzen, anstatt sich nur auf Ihren Kopf zu verlassen. Andere Menschen sehen, wie Sie Ihr Leben gestalten, und beginnen so selbst darauf zu vertrauen, dass Großzügigkeit und Freundlichkeit schon ganz in Ordnung sind. Ihr Mangel an Furcht verbreitet eine positive Botschaft.

Ein Nebeneffekt von zu vielen Sorgen ist außerdem, dass diese Haltung etwas Ansteckendes hat. Wenn Sie sich Sorgen machen, dann sprechen Sie darüber und jammern anderen gern etwas vor. Sie konzentrieren sich darauf, was in der Welt alles nicht stimmt, anstatt sich daran zu erinnern, wie viel Gutes es doch gibt. Auf diese Weise werden Sorgen und Negativität verbreitet, was das Problem verstärkt und uns das Gefühl einer noch größeren Unsicherheit vermittelt. Zu viele Sorgen lassen die Leute argwöhnisch und zynisch werden. Wenn unsere Kinder sehen, dass wir uns Sorgen machen, bekommen sie auch Angst. So entsteht ein Teufelskreis, und Abhilfe schafft man am besten, indem man einfach aus diesem Kreis heraustritt.

Neben all den konkreten negativen Folgen der Angst ist es eine Tatsache, dass Sorgen die Lebensqualität beeinträchtigen. Anstatt die Schönheit des Lebens ehrfürchtig zu betrachten, konzentrieren wir uns zu sehr auf die möglichen Risiken. Wir machen weniger Erfahrungen aus Angst vor dem, was passieren könnte. Sorgen beeinträchtigen spontane Freude. Sie machen angespannt, denn man ist ständig auf der Hut. Wir neigen dann eher zu Überreaktionen, was private wie auch andere Beziehungen negativ beeinflusst. Wir werden ungeduldig und schlecht gelaunt. Wenn wir uns zu viele Sorgen machen, fällt es uns schwerer zu erkennen, dass die anderen nichts Böses im Schild führen. Es gibt zwar Ausnahmen, doch die meisten Menschen sind anständig und liebenswürdig.

Die Abwesenheit von Sorgen bedeutet nicht ein Fehlen von Vorkehrungen, und schon gar nicht, dass einem alles egal sein sollte. Wir alle wünschen uns, dass unsere Regierung und unsere Streitkräfte in ständiger Bereitschaft sind. Ebenso möchten wir, dass unsere Polizei, die Feuerwehr und Rettungstrupps von einem Moment zum anderen einsatzbereit sind. Wir wollen, dass unsere Ärzte abrufbereit sind, falls wir sie brauchen. Und auch wir selbst wollen gewappnet sein, wenn etwas passiert.

Es ist klug, sich auf die Rente vorzubereiten, auf plötzliche Ereignisse und auf Notfälle. Haben wir Vorkehrungen getroffen, sind wir gewappnet. Mehr können wir nicht tun. Wenn wir unser Leben leben, und zwar nicht in Furcht, sondern in Ruhe und mit weiser Voraussicht, dann haben wir einen klaren Kopf und sind vorbereitet, auf alles zu reagieren, wenn die Notwendigkeit besteht. Dieses Wissen hat etwas sehr Tröstliches. Man kann nämlich mit innerem Frieden leben, wenn man weiß, dass man alle Widrigkeiten soweit möglich berücksichtigt hat. Und Ihr persönlicher innerer Frieden trägt maßgeblich zum Weltfrieden bei.

Sich Sorgen zu machen ist ein mentaler Prozess, der ganz unabhängig davon existiert, weshalb wir uns sorgen. Anders ausgedrückt: Die Sorge kann existieren, ganz egal wie vorbereitet oder unvorbereitet wir als Individuen, Gemeinschaft oder Nation auch sein mögen. Das sollte man sich unbedingt bewusst machen. Wenn man nämlich meint, dass der einzige Grund zur Besorgnis genau das ist, worüber man sich gerade Sorgen macht, dann gibt es keine Möglichkeit, seine Ängste zur Ruhe zu bringen. Man muss der Tatsache also ins Auge sehen: Unsere Gedanken vermögen weitere Sorgen zu schaffen, selbst wenn wir zehnmal so vorbereitet sind wie eigentlich nötig.

Das bedeutet natürlich nicht, dass es nichts gibt, worüber man sich mit gutem Recht sorgen müsste. Es ist nur wichtig zu wissen, dass wir uns diese Sorgen selbst machen, durch unsere eigenen Gedanken. Das ist nicht weiter schlimm. Man sollte jedoch verstehen, woher die Sorgen kommen, um dann die Möglichkeit zu schaffen, sie beiseite zu schieben. Sorgen zählen zu den Dingen, die sich aus sich selbst speisen und an Bedeutung gewinnen, wenn wir nicht erkennen, welche Rolle unser Denken bei diesem Prozess spielt.

Für viele Menschen hängen Sorgen mit Interesse oder auch Liebe zusammen. Damit bin ich nicht einverstanden. Sicher ist es angemessen, sich in bestimmten Zeiten Sorgen über unsere Lieben zu machen, aber Sorge ist kein Synonym für Liebe. Wenn Sie über Liebe und Interesse nachdenken oder beides beschreiben sollten, welche Worte würden Sie dann verwenden? Mir kommen da Worte wie sanft, freundlich, vertrauensvoll, entspannt, selbstlos, gebend, unterstützend, aufmerksam, willens und zärtlich in den Sinn. Wie steht es bei Ihnen?

Denkt man andererseits über Sorgen nach, fallen einem die gegenteiligen Adjektive ein, nämlich Wörter wie angespannt, misstrauisch, zynisch, argwöhnisch und auf der Hut, um nur einige zu nennen. Das hat wenig mit Liebe oder Interesse zu tun. Diese negativen Begriffe sollen für Sie ein weiterer Anstoß sein, Ihre Angstgefühle zu beseitigen oder zumindest zu reduzieren. Es fällt einem nämlich immer leichter, sich von einem Verhaltensmuster zu verabschieden, sobald man es als schädlich erkennt und nicht einfach als gegeben hinnimmt.

Was man auch macht, man sollte jedenfalls nicht so tun, als habe man keine Angst. Das ist nicht notwendig, und es ist sicher keine angemessene Methode, seine Angst loszuwerden. Der effektivste »Angstkiller«, den ich kenne, ist, sich die Angst voll einzugestehen. Und anstatt dann davonzulaufen – oder irgendwie sonst darauf zu reagieren –, ist es der Trick, sich seiner Angst zuzuwenden, ihr ins Gesicht zu sehen. Sie können sogar mit ihr reden, zum Beispiel so: »Ich sehe dich, Angst, und es ist schon in Ordnung, dass du da bist. Ich bin jedoch bereit, dir weniger Bedeutung zuzumessen. Von jetzt an gehe ich schneller über dich hinweg, wenn du auftauchst.«

Meiner Erfahrung nach stellt sich Angst von Zeit zu Zeit immer wieder mal ein. Ist das der Fall, fragen Sie sich, ob Sie auf alle Sorgen, die sich breit machen könnten, so gut vorbereitet sind wie nur möglich. Wenn nicht, überlegen Sie sich, welche Maßnahmen Sie treffen könnten, und wann genau Sie das tun wollen. Und dann stellen Sie sicher, dass Sie auch wirklich Vorkehrungen treffen.

Haben Sie sich schon vorbereitet, bewahren Sie sich möglichst viel von Ihrer Sorglosigkeit und Ihrem Abstand, während Sie sanft und vertrauensvoll überschießende Ängste loslassen. Sie betrachten Ihre Angst dann wie ein Tonbandgerät, das Bänder abspielt, für die keine Notwendigkeit mehr besteht. So habe ich es gemacht. Nach Jahren übermäßiger Sorgen wurde mir klar, dass es an der Zeit ist, das Band abzuschalten – oder zumindest die Lautstärke zu drosseln. Dieses Bild hat mir sehr geholfen.

Mein Rat ist einfach: Tun Sie alles, was vernünftig ist, um sich auf die zahlreichen Eventualitäten vorzubereiten, die eintreten könnten. Tun Sie das in aller Ruhe und mit Umsicht, und achten Sie darauf, Ihren gesunden Menschenverstand zu gebrauchen und nicht aus einer Art Wahnvorstellung heraus zu handeln.

Sobald Sie angemessen vorbereitet sind, erinnern Sie sich anfangs häufig daran, dass Sie vom praktischen Standpunkt aus gesehen alles getan haben, was in Ihrer Macht steht. Je mehr Vertrauen Sie in Ihre Vorkehrungen haben, desto leichter wird es Ihnen fallen loszulassen. Der positive Effekt macht sich dann in Ihrer Einstellung und in Ihren Gedanken bemerkbar. Wenn Sie Ihre Angst besiegt haben, können Sie das Leben voll genießen. Indem Sie sich vorbereiten und dann loslassen, erweisen Sie sich nicht nur selbst einen Dienst, sondern Sie leisten auch einen wertvollen Beitrag für die Sicherheit Ihres Umfelds sowie für das Wohlergehen Ihrer Mitmenschen.

6 Scheidungstanz

Als ich heute Radio hörte, sagte jemand, dass die beste Methode, mit einer Scheidung zurechtzukommen, sei, sich nie darauf einzulassen. Da ist natürlich etwas Wahres dran, aber es erscheint es mir dennoch ziemlich unrealistisch. In Amerika enden fünfzig Prozent aller Ehen mit einer Scheidung, und die meisten Menschen haben irgendwie schon Erfahrungen mit diesem Thema gemacht – weil die Eltern sich haben scheiden lassen, Freunde, Verwandte oder Kollegen.

Als ich dieser Strategie den Namen »Scheidungstanz« gab, lag es keineswegs in meiner Absicht, die Tatsache herunterzuspielen, dass das Scheitern einer Ehe etwas Schlimmes ist. Für mich ist eine Scheidung eines der schwierigsten Ereignisse, die ein Mensch durchzustehen hat. Ich kenne sehr viele Menschen, die diese Qualen durchlitten haben, und auch wenn einige meinten, dass es die beste, ja die einzige Lösung war, gibt es nicht einen, dem das besonderen Spaß gemacht hätte.

Ich verwende das Wort »Tanz« dennoch, weil eine Scheidung nämlich einen fließenden, lebendigen Prozess bedeutet. Es geht darum, eine sensible Balance zwischen widerstreitenden Gefühlen und Interessen zu finden. Menschen, denen eine Scheidung bevorsteht oder die sie schon hinter sich haben, haben mir von Gefühlen wie Liebe, Hass, Eifersucht, Verbitterung, Hoffnungslosigkeit, Furcht, Ärger, Rachegelüsten berichtet – und zwar alles

gleichzeitig! Kein Wunder also, wenn man in einer solchen Situation total durcheinander ist.
Von dem »Tanz« sind oft auch Kinder betroffen. Es gilt so viele Fragen anzusprechen und zu beantworten. Die wichtigste ist wohl: Was ist für meine Kinder am besten? Doch es gibt auch andere Fragen: Wie können wir die Zeit, Verantwortung und finanziellen Bedürfnisse der Kinder aufteilen? Wo sollen sie leben? Wie kommen alle Beteiligten mit dem Kummer, mit einer neuen Familie, mit neuen Beziehungen zurecht? Die Liste hat kein Ende.
Und dann gibt es natürlich noch das Thema »Krempel«. Wie können wir unsere Sachen, unser Hab und Gut und das Geld aufteilen? Wer bekommt was? Das ist nicht gerecht, und so weiter. Es ist ein ständiger Drahtseilakt zwischen gerecht und vernünftig auf der einen, aber auch der Wahrung der eigenen Interessen auf der anderen Seite. Wenn all das zusammengenommen nicht als eine Art Tanz gesehen werden kann, dann weiß ich nicht, was es sonst ist!
Wenn es im Leben je eine Zeit gibt, in der man sein Herz öffnen sollte, dann während und nach einer Scheidung. Doch die meisten Menschen neigen dazu, sich völlig abzukapseln. Im Herzen und Denken entsteht Engstirnigkeit, und man rutscht leicht ins Negative ab. Was können wir also tun, damit das nicht passiert?
Ich sprach einmal vor einer Gruppe von Leuten, die fast alle geschieden waren. Viele von ihnen hatten sich enorm angestrengt, um sich vom schmerzlichen Zerbrechen ihrer Ehe zu erholen. Sie hatten Bücher gelesen, Therapeuten konsultiert, an Seminaren teilgenommen, Selbsthilfegruppen besucht und so weiter.
Ich stellte dem Publikum damals drei Fragen. Die erste: »Haben Ihre Bemühungen bei dem Heilungsprozess geholfen?« Die überwältigende Mehrheit antwortete darauf mit Ja. Wie es schien,

waren viele der verschiedenen Methoden tatsächlich effektiv. Die zweite Frage machte eine etwas bedachtere Antwort notwendig. Ich wollte nämlich Folgendes wissen: »Wie viele von Ihnen glauben, dass sie, wenn sie ›wirklich gut drauf sind‹ und sich in einem liebevollen Umfeld aufhalten, in der Lage sind beziehungsweise waren, guten Rat in die Tat umzusetzen, egal vom wem er kam?« In dem Saal hob eine Person nach der anderen die Hand. Meine letzte Frage bezog sich dann auf die andere Seite der Medaille. »Wie viele von Ihnen haben das Gefühl, dass sie, wenn sie ›total daneben sind‹, also unsicher sind und zu Überreaktionen neigen, in der Lage sind beziehungsweise waren, einen Ratschlag zu befolgen, egal wie lauter er auch sein mag?« Wie vorherzusehen war, hob keiner die Hand.

Meine Schlussfolgerung, die ich der Gruppe schließlich auch mitteilte, war identisch mit der Schlussfolgerung, zu der ich hinsichtlich vieler Aspekte im Leben gekommen bin: Die einzige und wichtigste Möglichkeit, jemandem zu helfen, sich von seiner Scheidung zu erholen, besteht darin, diesen Menschen dabei zu unterstützen, ein Gefühl für sein eigenes Wohlbefinden zu entwickeln.

Es gibt natürlich auch andere relevante Faktoren – unsere Freunde, Unterstützung, Rechtsberatung, die Kooperation des Ex-Partners, gute Bücher, ja sogar eine Therapie, um nur einige zu nennen. Doch wenn man genauer darüber nachdenkt, ist letztlich nichts wirklich hilfreich, wenn jemandem die richtige Einstellung fehlt. Andersherum betrachtet bedeutet dies, dass wir über alles hinwegkommen, wenn die innere Einstellung stimmt.

Es gibt zwei generelle Geisteshaltungen, nach denen die Menschen leben und handeln, wobei es natürlich einige Schattierungen gibt. Die eine ist so eine Art »gesunder Modus«, die andere ist eine Haltung, in der wir zu Überreaktionen neigen.

Befinden wir uns in unserer zuträglichsten Geisteshaltung, im »gesunden Modus«, dann »tanzen« wir mit dem Leben. Wir sind geduldig, klug, einfühlsam und freundlich. Wir treffen gute, sinnvolle Entscheidungen. Wir behandeln andere mit Respekt und Mitgefühl – und uns selbst auch. Wir bringen Korrekturen an, falls nötig, und sind in unserem Denken flexibel.

Betrachten Sie nun einen Augenblick Ihr Leben. Können Sie sich an Zeiten erinnern, in denen Sie sich Ihre gesunde, ruhige Geisteshaltung bewahren konnten, selbst wenn die Umstände schwierig waren?

Im Überreaktionsmodus sieht die Sache ganz anders aus. Dann können wir auf die gleichen Tatsachen völlig unterschiedlich reagieren. Einmal können wir eine Situation gut handhaben, selbst wenn es sich um ein gravierendes Problem handelt. Aber schon im nächsten Moment geht uns der Gaul durch!

Sind wir im Überreaktionsmodus, haben wir weniger Geduld. Wir bäumen uns auf und kämpfen. Wir reagieren vorschnell und geben auch solche Urteile ab. Wir sind frustriert, hart zu uns selbst und anderen gegenüber. Unsere Fähigkeiten, ein Problem zu lösen, sind eingeschränkt, und unsere Sichtweise und Vorstellungskraft nicht minder.

Es ist hilfreich, wenn man sich den Unterschied zwischen diesen beiden Seinszuständen beziehungsweise Geisteshaltungen einmal bewusst macht, denn auf diese Weise bekommt man eine Art Plattform und auch einen Ausgangspunkt, um daran zu arbeiten. Es ist tröstlich zu wissen, welche Macht unsere Geisteshaltung über uns hat, denn im Gegensatz zu anderen Faktoren, die bei einer Scheidung eine Rolle spielen, entspringt sie unserem Innern. Man kann sie also kontrollieren.

Manchmal kann man das kaum glauben, aber letztlich sind wir die Quelle unserer eigenen Liebe. In dem wunderschönen Audiokurs »To Love and be Loved« von Stephen und Ondrea Levine (veröffentlicht im Sounds True-Verlag) berichten die Levines von einer Frau, die sagte: »Meine Mutter gestattet es mir nicht, sie zu lieben.« Sie sagten darauf etwas, das ich erst nach einer Weile verdauen konnte. Sie machten die Frau nämlich in einem sehr einfühlsamen Ton darauf aufmerksam, dass ihre Mutter sie nicht daran hindern könne, sie zu lieben.

Unser gesündester Denkmodus ist stark. Er ist voll von Liebe. Befinden wir uns in diesem Modus, fühlen wir uns sicher und ausgeglichen – und zwar in gewissem Maße unabhängig davon, was um uns herum passiert. Dieser Modus ist der natürlichste.

Jeder reagiert irgendwann über, und manchmal hat man den Eindruck, dass wir immer dazu neigen. Im Prinzip ist nichts dagegen einzuwenden, außerdem ist mir keine Möglichkeit bekannt, derartige Reaktionen komplett zu unterbinden. Wenn Sie jedoch je den Frieden verspürt haben, der mit geistigem Wohlbefinden einhergeht, dann wissen Sie, dass diese Gabe in Ihnen steckt und es nur gilt, sie wieder zu finden. Allein dieses Wissen, dass sie da ist, ist schon die halbe Miete. Sobald Sie einsehen, dass es eine gesunde, zuträgliche Geisteshaltung gibt, können Sie lernen, darauf zu vertrauen und öfter darauf zurückzugreifen. Und das ist schließlich auch der Schlüssel bei einer Scheidung: Mit einer gesunden inneren Einstellung wissen Sie, an wen Sie sich wenden sollen, wer Ihre Freunde sind und was Sie tun können. Das ist kein Geschwätz, sondern die Wahrheit.

Es ist schon fast Ironie, aber Zugang zu seiner inneren Gesundheit und Kraft findet man nicht, indem man es »versucht«, sondern indem man einfach loslässt. Die Idee ist, seinen Geist zu läutern und von jeglichem analytischen Denken abzusehen. Sobald wir das tun und uns langsam beruhigen, treten natürliche, geordnete Gedanken zutage und sogar Einsichten, was als

Nächstes getan werden muss. An diesem Hort der Ruhe existiert unsere innere Weisheit.
Sie werden feststellen, dass Ihnen das Leben recht gut handhabbar und mühelos vorkommen wird. Anstehende Entscheidungen und Handlungen fließen, als würden Sie tanzen. Sie sind in der Lage, das wahre Wesen einer Sache zu erkennen, und können dementsprechend agieren. Wer sich hingegen in den Überreaktionsmodus gleiten lässt, dem ist alles zu viel, und er empfindet Stress. Sie müssen – und können – diesen Unterschied wirklich *spüren.*
Mein lieber Freund und Co-Autor des Buches »Reg dich nicht auf!«, Joe Bailey, vergleicht unser Denken mit einem Walkie-Talkie. Er sagt, wir sind entweder auf »Sprechen« oder auf »Zuhören« geschaltet – ebenso sind wir entweder in einem gesunden Modus oder in einem der Überreaktion. Und wie bei einem Walkie-Talkie ist es notwendig zu wissen, in welchem Modus man sich gerade befindet, wenn man vom Sprechen zum Hören schalten will. Doch sobald das der Fall ist, muss man nur noch den Knopf loslassen, und der Wechsel passiert ganz automatisch.
So ist das auch, wenn wir denken. Wenn wir überreagieren, uns auflehnen und mit aller Macht versuchen, alles in den Griff zu kriegen, liegt der Schlüssel in der Erkenntnis, dass wir das gerade tun. Dann müssen wir nichts weiter tun außer loslassen und abwarten. Entspannen Sie sich und warten Sie gelassen darauf, dass Ihre innere Weisheit in die Gänge kommt. Dazu muss man sich nicht anstrengen, sondern vielmehr Vertrauen haben, Bescheidenheit und Geduld. Dieses Vertrauen ist erforderlich, denn Sie müssen darauf vertrauen, dass Ihre innere Weisheit und Ihr gesunder Verstand auch wahrhaftig existieren. Bescheidenheit ist erforderlich, weil es oft schwer fällt zuzugeben, dass der

ganze Aufwand zu keiner Lösung führt. Und schließlich braucht man Geduld, weil dieser Prozess – so simpel er auch klingen mag – eben doch nicht so einfach ist.

Nach ihrer Scheidung war Sally verbittert und gefühlskalt. Sie beschrieb ihren Ex-Mann als schwierig und unkooperativ. Er versuchte, ihr das Leben zu vermiesen. Ihr Verstand bemühte sich nun zu ergründen, was schief gelaufen war, kam aber zu keinem Ergebnis. Die meiste Zeit waren ihre Gedanken auf Hass und Rache ausgerichtet.

Sally vermochte sich nicht mit der Idee anzufreunden, dass sie sich wieder wohl fühlen könnte, solange sie in dieser schwierigen Lebensphase gezwungen war, mit so einem Spinner umzugehen. Dann sah sie allerdings ein, dass es sehr wohl möglich war.

Der erste Schritt war zu erkennen, wann ihr Denken in altbekanntes Territorium »abhob«. Sie ließ sich sogar einen Namen dafür einfallen: Apollo Sally. Mit der Zeit merkte sie, was geschah, wenn sie so abhob. Gedanken wie »Dieser Spinner, wie ich ihn hasse!« griffen um sich wie ein Buschfeuer. Langsam lernte sie, den Brand zu löschen, bevor er zu groß wurde – und dann war er irgendwann unter Kontrolle. Sally sagte, sie habe dabei etwas Wichtiges gelernt: Jeder Erfolg, den sie hatte – oder je haben würde –, stellte sich *trotz* ihres Ärgers und ihrer Angst ein, nicht *wegen* beidem.

Sie gab ihren berechtigten Ärger deshalb nicht auf, und sie war manchmal wirklich sehr wütend. Sie musste noch immer die Erfahrung, die eine Scheidung bedeutet, durchstehen – aber dieser Prozess war nun weniger ein Kampf als ein Tanz. Es gab noch immer Momente von Bedauern, Stress, Unruhe und Frustration. Aber insgesamt waren es viel weniger, und sie dauerten auch bei weitem nicht so lange. Es lief nicht perfekt – absolut nicht. Ihr Ex-Mann war noch immer schwierig, aber nicht mehr ganz so schwierig, wie sie irgendwann zugab. Sie hatte neue Reaktionsmuster auf alte Probleme gelernt.

Eine Scheidung ist, wie auch andere gravierende Ereignisse im Leben, kompliziert, schmerzlich und manchmal auch vertrackt. Eines ist jedenfalls sicher: Wenn Sie diese Situation tanzend meistern und die notwendigen Korrekturen so ganz nebenbei anbringen, dann kommen Sie gut durch. Geben Sie sich viel Zeit und Raum, und seien Sie sich selbst gegenüber nachsichtig. Etwas in Ihnen ist stärker als jedes Ihrer Probleme – selbst dieses.

7 Die Angst vor dem Alter überwinden

Ich saß in einem Straßencafé in der Innenstadt von San Francisco. Vier ältere Herren hatten an einem Tisch neben mir Platz genommen. Ich kann mich nicht erinnern, je vier Menschen gesehen zu haben, die solchen Spaß miteinander hatten. Sie lachten so laut, dass ich schon dachte, einer würde vom Stuhl fallen!

Als eine Pause bei all dem Gelächter eintrat, stand einer der Männer auf und entschuldigte sich für ein paar Minuten. Einen Augenblick später wendete sich eine Dame am Nebentisch mit einem herzlichen Lächeln an die übrigen drei und fragte: »Wie alt seid ihr Leutchen eigentlich?« Wie es schien, war sie einfach nett und neugierig. Ich teilte die Freude, die diese Dame wohl auch empfand, auf Grund der bloßen Gegenwart dieser Menschen.

Doch plötzlich trat ein Stimmungsumschwung ein, wie ich ihn in diesem Ausmaß noch nie miterlebt hatte. Einer der Männer wurde sichtlich nervös. Verärgert und mit einer Art Abwehrhaltung antwortete er: »Wir sind alle über achtzig, warum?«

Es war nicht schwer nachzuvollziehen, was da passiert war. Während der Mann vorher einfach sein Leben lebte und am Zusammensein mit seinen Freunden seinen Spaß hatte, dachte er jetzt über sein Alter nach. Die unbeabsichtigte Folge der – unschuldigen – Frage der Dame war, dass der Mann das Hier und Jetzt verließ und sich in seinen Kopf begab. Er fing an nachzudenken. Auf der Stelle wurde er gehemmt. Alles andere war plötzlich nicht mehr so wichtig, seine Gedanken drehten sich nun um das Alter.

Wie konnte das sein, dass ein Mann sich von einem Augenblick zum andern von einem lockeren, zufriedenen und fröhlichen Menschen in jemanden verwandelte, der ernst, deprimiert und voller Selbstmitleid war? Am Alter selbst konnte es nicht liegen, denn dann hätte er diese Sorge ja immer gehabt. Außerdem gibt es Menschen, die mit ihrem Alter absolut zufrieden sind. Manche behaupten sogar, dass sie, seit sie älter sind, viel glücklicher sind als in jüngeren Jahren. Und natürlich werden in vielen Kulturen auf der ganzen Welt alte Menschen nicht nur geschätzt, sondern sogar verehrt.

Es ist wirklich seltsam. Viele von uns wollen mit jungen Jahren unbedingt möglichst schnell erwachsen werden, und wenn sie dann älter sind, wünschen sie sich, jünger zu sein. Was bedeutet, dass sie konstant mit ihrem Alter unzufrieden sind!

Ich glaube nicht, dass es ein Heilmittel gibt für die Angst vor dem Altern. Wenn doch, dann hätten wir es längst gefunden! Tagtäglich werden Milliarden ausgegeben, damit man sich jünger fühlt und aussieht und um das Unvermeidliche zu verzögern oder gleich ganz zu leugnen. Das Geld wird für so ziemlich alles angelegt, von Nahrungsmitteln über Fitnessprogramme und -geräte bis hin zu spezieller Kleidung und kosmetischer Chirurgie. Es gibt Seminare, Selbsthilfegruppen – was man sich nur denken kann. Und die Versprechen ähneln sich alle: Wenn Sie dieses Produkt nehmen beziehungsweise kaufen, werden Sie sich jünger fühlen und aussehen, wenn nicht gar »jung bleiben«. Das Problem dabei ist: Selbst wenn sich ein – vorübergehender – Erfolg einstellt, bleibt der Kernpunkt, nämlich die Angst, weiter vorhanden.

Bevor ich fortfahre, muss ich ehrlicherweise zugeben, dass ich ein großer Fan von allem bin, was einem mehr Wohlgefühl und Attraktivität verschafft – oder was dazu beiträgt, dass man ein besseres Selbstgefühl hinsichtlich des biologischen Alters besitzt. Ich glaube an die moderne Wissenschaft und schätze sie, und ich bin der Meinung, dass wir uns die Erkenntnisse der Medizin, Physiologie und Ernährung zu Nutze machen sollten, wann immer es nur geht. Mein Hausarzt, Dr. Timothy Smith, den ich für ein wahres Genie halte, hat ein Buch geschrieben, wie man den Alterungsprozess umkehrt; es heißt: »Renewal: The Anti-Aging Revolution«. Wenn Sie es noch nicht gelesen haben, möchte ich es Ihnen sehr ans Herz legen! Ich finde, wir sollten unseren Körper hegen und ehren, denn er ist nicht nur ein Geschenk Gottes, sondern auch der Ort, wo – vorübergehend – unsere Seele wohnt. Aber wenn wir alles getan haben, damit wir gesund und voller Energie sind, dann sollten wir von unserem Alter und unserem Körper zumindest etwas Abstand gewinnen. Ich erinnere mich noch, dass mein Vater mir vor vielen Jahren im Scherz sagte: »Wenn du garantiert Panikattacken und ständigen Frust haben willst, dann konzentriere dich unentwegt darauf, jung zu bleiben. Kämpfe die ganze Zeit darum. Es ist ein Kampf, den du nicht gewinnen kannst, und wenn du ständig Depressionen haben willst, dann bietet sich so eine prima Möglichkeit.«

Mein Vater hat eine überaus gesunde Einstellung, was das Altern angeht, wobei er sehr auf seine Gesundheit bedacht ist. Er hat mit der Tatsache Frieden geschlossen, dass das Altern eben existiert. Wenn wir darüber sprechen, meint er scherzend: »Ich kann locker Dinge akzeptieren, die sich sowieso absolut nicht ändern lassen.« Dieser Aussage kann ich nur beipflichten, und in gewisser Weise mache ich meine Sache hinsichtlich dieser Lebensanschauung wohl auch ganz gut.

Vor ein paar Monaten bat mich ein Freund, für einen verletzten Spieler in seiner Basketball-Mannschaft der über Vierzigjährigen einzuspringen. Begeistert willigte ich ein, einmal pro Woche zu spielen. Es war Jahre her, seit ich einen Basketball angerührt hatte, aber, na ja, so schlimm würde es schon nicht werden.
Die Erfahrung sollte sich als überaus peinlich erweisen. In der Liga und mit Sicherheit in meiner eigenen Mannschaft war ich der schlechteste Spieler auf dem Feld! Aber schlimmer noch waren die körperlichen Prügel, die ich einsteckte. Mein vierzig Jahre alter Körper brachte einfach nicht mehr fertig, was er früher locker geschafft hatte, und als ich abends nach Hause kam, wusste Kris nicht, ob sie über mich lachen oder mich umarmen sollte. Sie tat dann beides.
Ich musste über mich selbst lachen, als mir eines meiner liebsten Zitate in den Sinn kam: »Wenn du keinen Sinn für Humor hast, ist es nicht lustig.« An einem bestimmten Punkt muss man in der Lage sein, einen Schritt Abstand zu nehmen, um eine neue Perspektive zu gewinnen. Man darf das alles nicht zu ernst nehmen. Schließlich wollte ich Michael Jordan keine Konkurrenz machen. Der Körper tut, was die Natur für ihn vorgesehen hat, nämlich altern. Doch auch hier kann man sich natürlich sinnvoll verhalten. Stretching, Fitnesstraining, eine ausgewogene Ernährung, Nahrungsergänzungsstoffe und natürlich die innere Einstellung sind hilfreich. Ideal ist es jedoch, eine gesunde Balance zwischen Festhalten und Loslassen zu entwickeln. Schließlich wollen wir keine ängstliche Geisteshaltung an den Tag legen, die dann unsere Lebensqualität beeinträchtigt.
Es gibt meines Wissens nur eine Möglichkeit, sich von jeglicher Angst vor dem Alter zu befreien. Es handelt sich um etwas, das man in keinem Laden kaufen kann. Die Lösung ist eher spiritueller Natur und hängt mit der Perspektive zusammen: Betrachten

Sie sich selbst. Aber nicht als ein Mensch, der eine spirituelle Erfahrung hat, sondern genau anders herum: Sehen Sie sich – wie der Autor Wayne Dyer es formulierte – als »spirituelles Wesen, das eine menschliche Erfahrung hat«. Diese von innen nach außen gewandte Perspektive lässt uns gelassen werden und nimmt uns den Druck, dass ein Alter besser ist als das andere.

Denn in Wirklichkeit ist kein Alter besser oder schlechter. Das ist nicht wahr, weil ich das behaupte oder ich es für wahr halten will. Es ist wahr, weil Alter etwas Neutrales ist. Es ist einfach so, wie es ist. Sie und ich, wir haben exakt das Alter, das wir gerade haben, und wir haben das ideale Alter. Unsere Gedanken können uns natürlich weismachen, dass die Sache viel ernster ist, aber das sind nur Gedanken. Unser Denken sagt uns zum Beispiel, dass es besser ist, vierzig als fünfzig zu sein. Und dann lässt sich unser Denken Jahr für Jahr ein neues Alter einfallen, das vorzuziehen wäre.

In der spirituellen Welt gibt es jedoch kein Alter. Es gibt nur das Hier und Jetzt. Unser Körper ist in diesem Augenblick hier, und das Leben ist nichts weiter als ein Moment nach dem andern. Wir können ein großes Aufhebens darum machen, dass wir ein bestimmtes Alter haben, und unser Kopf kann uns hinsichtlich dieses Themas fürchterliche Streiche spielen, aber die Zeit bleibt weiterhin einfach »jetzt«.

Im Hier und Jetzt zu leben und zu altern ist eines der verblüffendsten Rätsel, mit denen wir uns konfrontiert sehen. Auf der einen Seite ist es total simpel. Was sollte schon so schwierig daran sein, dort zu sein, wo man sich in dem Moment eben gerade aufhält? Doch auf der anderen Seite ist es dann doch wieder nicht so einfach. Wir sind nämlich so sehr daran gewöhnt, uns mit der Vergangenheit zu beschäftigen oder darüber nachzudenken, wie schön es wäre, noch einmal jung zu sein. Oder wir denken über die Zukunft nach – und prompt kommen Ängste auf. Wir werden älter. Wie wird das sein? Wird uns etwas Leid tun müssen? Es können uns Hunderte von Angst einflößenden Gedanken durch den Kopf gehen.

Eines der fantastischsten Bücher, die ich je gelesen habe, ist »A Parenthesis in Eternity« von Joel Goldsmith. Wie der Titel (zu Deutsch etwa: Ein Einschub in der Ewigkeit) vermuten lässt, leben wir unser Menschenleben als Parenthese, zwischen zwei Gedankenstrichen. Solange wir über unsere physischen Probleme nachdenken, über unsere missliche Lage und vor allem über das Alter, machen wir uns Sorgen. Es erscheint uns dann, als stünde viel auf dem Spiel. Es kann sogar das Gefühl einer Notsituation aufkommen, denn zwischen diesen Gedankenstrichen bleibt uns sehr wenig Zeit. Wenn wir uns also nur damit identifizieren, kann es ganz schön beängstigend werden. Wie haben nur zwei Möglichkeiten: die Reise gegen Ende der Gedankenstriche hin zu verlangsamen oder die Gedankenstriche weiter auseinander zu rücken.

Auf spiritueller Ebene ist die Zeit hingegen unbegrenzt. Wir sind nicht nur unser Körper – wir sind *in* unserem Körper. Diese Sichtweise bedeutet einen enormen Unterschied! Wir treten in einen Körper ein und bewohnen ihn – wir leben unser Leben als Mensch –, dann trennen wir uns wieder von diesem Körper. Doch das »Ich« ist nicht der Körper.

Um mit dem Anteil von uns in Kontakt zu treten, der außerhalb dieser Gedankenstriche lebt, dem Anteil also, der keinen Körper benötigt, gibt es verschiedene Methoden. Von den mir bekannten ist Meditation am besten geeignet. In dem Maße, wie wir innerlich Ruhe gewinnen, rühren wir an etwas in uns, das nie altert. Sobald diese Komponente berührt ist, verschwindet die Panik und macht einem Gefühl von Akzeptanz und Frieden Platz. Wir sind dann auch in der Lage, uns mit dem Anteil in uns zu identifizieren, der das Altern unseres Körpers beobachtet, jedoch ohne Überidentifizierung. Wir werden so zum Zeugen, und der Körper legt nicht Zeugnis gegen uns ab. Wir können unseren Körper immer noch schützen, ihn ernähren und pflegen, ihn ehren und schätzen. Aber ein großes Aufhebens ob seiner Vergänglichkeit machen wir dann nicht mehr.

Bei der Meditation verbinden wir uns mit dem Augenblick, nämlich dem Hier und Jetzt, der zwischen jeder Art von Erinnerung oder Bezugnahme auf die Vergangenheit existiert – und jeglichen Sorgen, Hoffnungen, Ängsten hinsichtlich der Zukunft. Wir können diesen Kontakt unmittelbar herstellen. In diesem Augenblick, in dem wir lernen, uns zu verbinden, sehen wir, dass unser biologisches Alter irrelevant ist. Wir sind einfach da, so wie wir auch mit neunzehn da waren, und wie wir auch mit neunundachtzig da sein werden. Haben wir uns erst einmal mit Hilfe der Meditation, durch ruhige Reflexion oder auch einfache Einsicht mit diesem angenehmen Ort verbunden, fällt es uns leichter, dieses Prinzip auch auf unser Leben anzuwenden. Nach und nach fällt es uns dann auf, wenn wir Gedanken eine Bedeutung einräumen, die uns vom Hier und Jetzt entfernen.

Sie selbst stellen die Verbindung zwischen Ihren Gedanken und Ihrem Alter her – und Ihrem Gefühl für das Alter. Es wird Ihnen klar, dass es unmöglich ist, sich alt zu fühlen, wenn man keine »alten Gedanken« denkt – und genau das ist dem Mann aus meinem Beispiel vorhin passiert, der sich zuerst angegriffen, dann verängstigt fühlte, als die Dame sich nach seinem Alter erkundigte.

Vor Jahren hielt ein Lehrer von mir einmal einen Vortrag, in dem er darlegte, wie diese Dynamik im tagtäglichen Leben funktioniert. Er tat so, als würde er in einen Spiegel schauen, und begann sich dann die Haare zu raufen. »Hm«, sagte er, »wie mir scheint, kriege ich immer mehr graue Haare.« Ein paar Sekunden später fuhr er fort: »Mann, fühle ich mich alt. Und welch ein Zufall, gerade eben habe ich gedacht, dass ich alt bin, und nur ein paar Augenblicke später fühle ich mich alt.«

Das Publikum lachte, weil alle nachvollziehen konnten, wie absolut Recht er hatte. Immer wenn wir uns Gedanken über unser Alter machen, es ernst nehmen und ihm Bedeutung beimessen, können wir die Auswirkungen dieser Überlegungen spüren. Ohne diese Gedanken gäbe es nichts, worüber wir uns sorgen müssten. Wir leben einfach unser Leben, so gut es eben geht.

Das Dumme an der Sache ist, dass Gedanken nicht einfach verschwinden, wenn wir uns die Haare färben, eine kosmetische Operation vornehmen lassen oder ein paar Pfund abnehmen. Und sie verschwinden auch nicht, weil Sie möchten, dass sie verschwinden, oder Sie sie mit einer positiven Grundeinstellung zum Verschwinden bringen wollen. Eine Affäre mit einem jüngeren Partner hilft nicht, und seine Figur zu verbessern bringt ebenfalls nichts. Was man auch tut und welche Mühen man auf sich nimmt, die Gedanken an das Alter werden sich immer wieder einstellen.

Die gute Nachricht ist, dass alle Gedanken, die man sich wegen seines Alters macht, eben bloß Gedanken sind. Solange man sie als solche nimmt – und nicht als Realität –, kann man an jedem Alter seinen Spaß haben. Sobald derartige Gedanken aufkommen, betrachten Sie sie als das, was sie sind – und lassen sie fallen oder messen ihnen zumindest weniger Bedeutung bei.

Lassen Sie sich einmal einen Augenblick folgende Überlegung durch den Kopf gehen. Es gibt Unmengen neunundzwanzigjähriger Männer und Frauen, die total durchdrehen und überzeugt sind, dass sie jenseits von Gut und Böse sind und langsam alt werden. Stellen Sie sich nun die Frage: »Liegt das Problem dieser Person wirklich im Alter, oder sind es die Gedanken, die er oder sie sich wegen des Alters macht?« Wenn Sie zu dem Schluss kommen, dass es sich eindeutig nicht um das Alter handelt, sondern um die Gedanken, dann lautet die nächste Frage: »Wann ändert sich das?« Wird das Alter zu einem wichtigen Faktor, wenn man dreißig, vierzig, fünfzig oder sechzig wird?

Über derartige Fragen nachzudenken ist sehr wichtig. Sobald Sie nämlich zu der Überzeugung gelangen, dass das Problem nichts mit dem wirklichen Alter zu tun hat, sind Sie nur noch einen kleinen Schritt davon entfernt, jegliche Sorgen hinsichtlich des Alterns über Bord zu werfen. Dann werden Sie sich selbst gegenüber den gleichen Maßstab gelten lassen wie einer Neunundzwanzigjährigen gegenüber, und Sie werden den Rest Ihres Lebens frei sein.

8 Zu einer heilenden Kraft werden

Wir alle brauchen manchmal jemanden, auf den wir uns verlassen können. Wir wollen, dass andere für uns da sind, uns zuhören und uns verstehen. Das Gefühl der Verbundenheit mit anderen, die uns nicht nur mögen, sondern auch die Fähigkeit haben, uns zu umarmen und uns ein Gefühl der Sicherheit zu vermitteln, macht es uns möglich, unbeschadet durchs Leben zu kommen.

Es ist jedoch auch wichtig, selbst zu einer heilenden Kraft zu werden. Das bedeutet, dass Sie selbst ein Mensch werden, auf den andere sich verlassen können. Sie sind für Ihre Mitmenschen da in Zeiten der Not oder wenn jemand einfach einen Gesprächspartner braucht. Somit werden Sie zum Gebenden in einem Kreislauf von Geben und Nehmen.

Eine heilende Kraft zu sein heißt nicht, sich zu einem Märtyrer zu entwickeln. Es bedeutet auch nicht, dass immer Sie derjenige sein müssen, der klug und umsichtig ist. Ebenso wenig soll es besagen, dass die Menschen sich an Sie wenden, weil Sie nette Dinge sagen und so tun, als sei alles anders, als es in Wirklichkeit der Fall ist. Mit das Schlimmste, was Sie jemandem, der in Not ist, antun können, ist zu versuchen, etwas schönzureden, wenn es einfach nicht stimmt. Stellen Sie sich zum Beispiel eine Frau vor, die gerade ihren Mann verloren hat, oder einen Jungen, dessen Vater gestorben ist. Das Letzte, was diese Menschen gebrauchen können, ist jemand, der ihnen sagt, dass »alles in Ordnung« ist. Es ist nichts in Ordnung! Das Gleiche gilt, wenn jemand seinen Job verliert oder seine finanziellen Sicherheiten. In solchen Zeiten ist ungebrochener Optimismus nicht nur wenig hilfreich, sondern schlichtweg eine Zumutung.

Als heilende Kraft steht man seinem Gegenüber zur Verfügung und ist da, wenn man gebraucht wird. Diese Menschen sind bereit zuzuhören. Sie wissen, dass es oft am wichtigsten ist, ein guter Zuhörer zu sein – und nicht der schlaue Ratgeber. Sie haben einen ausgeprägten Sinn für Präsenz. Das bedeutet, dass sie sich als Person zurücknehmen und auch nicht auf bestimmten Themen beharren. Sie planen nicht im Voraus, was sie sagen wollen, wie sie es sagen wollen oder auf welche Weise sie helfen wollen. Solche Menschen sind eher spontan in ihren Bemühungen und passen sich der Situation an.

Jemandem im Heilungsmodus ist mehr daran gelegen, Trost zu spenden, als selbst getröstet zu werden; ihm liegt mehr daran zuzuhören, als dass man ihn anhört. Er oder sie möchte verstehen und weniger selbst verstanden werden.

Es gibt zahlreiche Möglichkeiten, wie man im Leben anderer zu einer heilenden Kraft werden kann. Wenn Sie diese Absicht haben, sollten Sie zuerst einmal zur grundlegendsten Methode greifen und Ihren Verstand zur Ruhe bringen. Auf diese Weise lässt sich viel besser auf andere eingehen. Sie sind dann weniger zerstreut und somit ein sensiblerer Zuhörer. Sie gehören dann zu den Leuten, von denen man sagt: »Wenn ich mit ihr zusammen bin, habe ich das Gefühl, dass ich der wichtigste Mensch in ihrem Leben bin.« Die Leute haben das Gefühl, dass Sie bereit sind, alles liegen und stehen zu lassen, wenn sie Sie brauchen, selbst wenn das natürlich nicht immer möglich ist.

Sie bringen Ihren Verstand zur Ruhe, indem Sie die Lautstärke

Ihres eigenen Denkens verringern. Wenn Sie Ihr Denken deaktivieren – auch Ihre Urteile und Wertungen –, öffnen Sie Ihrer Fähigkeit, anderen zu helfen, Tür und Tor.

Vergessen Sie nie, dass unser Denken die Realität schafft, es ist ausschlaggebend dafür, wie wir etwas wahrnehmen und erfahren. Sind wir zum Beispiel in Eile, haben wir auch rasende Gedanken wie: »Ich habe jetzt keine Zeit – ich bin total beschäftigt.« Das ist wichtig zu wissen. Unsere Mitmenschen spüren nämlich unsere Ungeduld, wie sie auch unsere Geduld wahrnehmen können.

Sie empfinden unsere Urteile und Meinungen ebenso wie unsere Liebe. Wenn Sie verstehen, welchen Einfluss Ihre Gedanken auf Ihre Gefühle haben, dann schaffen Sie die Basis, anderen eine Hilfe sein zu können. Sobald Sie Frieden erfahren, werden auch Ihre Mitmenschen diesen Frieden empfinden. Ihr ruhiger Verstand wird dann zu einem Werkzeug, um anderen zu helfen.

Hatten Sie je eine Ärztin, die sich am Krankenbett intensiv um Sie kümmerte? Oder einen Therapeuten oder guten Freund, der in einem bestimmten Moment von Herzen lieber bei Ihnen sein wollte als irgendwo sonst auf der Welt? Wenn ja, dann waren Sie in Gesellschaft von jemandem, der es gelernt hatte, sich nicht von seinen Gedanken negativ beeinflussen zu lassen. Stellen Sie sich nun vor, wie Sie bei dieser Ärztin sind, doch anstatt ihre Aufmerksamkeit Ihnen zu widmen, macht sie sich Gedanken um ihren Pool, den sie sich gerade im Garten anlegen lässt.

Können Sie sich den Unterschied in ihren Fähigkeiten als Ärztin vorstellen? Das ist so wie Tag und Nacht. Die gleiche Person mit den gleichen Qualifikationen und Erfahrungen ist im einen Fall eine liebevolle heilende Kraft in Ihrem Leben – im anderen Fall bloß ein Mensch mehr, dem alles egal ist. Der einzige Unterschied besteht in der Aufmerksamkeit, die diese Person den Gedanken in

ihrem Kopf schenkt – oder eben genau nicht. Dieser Faktor kann gar nicht genug betont werden.
Diese Dynamik ist bei uns allen gleich. Ist unser Verstand klar und verfügbar, werden wir zu einer heilenden Kraft für andere. Ob einem nun die fünfjährige Tochter etwas von einem gemeinen Kind in der Schule erzählt oder unsere beste Freundin uns ihr Herz ausschüttet, weil ihr Mann eine Affäre hat, wir sind entweder eine Quelle der Heilung und der Liebe – oder nicht. Der entscheidende Faktor ist: In welchem Ausmaß gestatten wir es unseren Gedanken, unserer Fähigkeit, zuzuhören und zur Verfügung zu stehen, ins Gehege zu kommen?
Wenn Sie eine heilende Kraft sind, dann entwickeln Sie Intuition und können spüren, wenn Sie gebraucht werden. Sie gehen dann, ohne sich aufzudrängen, sanft auf andere zu, noch bevor derjenige sich an Sie gewandt hat. Sie könnten zum Beispiel anrufen oder einen Brief schreiben, um sich zu erkundigen, ob Sie etwas tun können. Oder Sie planen Zeit für jemanden ein, selbst wenn Ihnen der Moment nicht gelegen kommt. Ihre Bemühungen werden kaum je als Übergriff bewertet, weil Sie ja stets gewillt sind, sich als Person zurückzunehmen, wenn Sie im Leben eines anderen eine heilende Kraft darstellen. Ihre Absicht ist, Beistand zu leisten, und es ist Ihnen bewusst, dass die beste Hilfe manchmal darin besteht, Abstand zu wahren und jemandem seinen Freiraum zu geben.
Die letzte Komponente, wenn man anderen eine heilende Kraft sein möchte, lässt sich nicht übersehen. Zudem ist sie eine der besten Möglichkeiten, sich selbst durch eine schwierige Situation zu lavieren. Es ist fast unmöglich, sich Sorgen zu machen, aufgeregt oder verärgert zu sein, wenn das Hauptaugenmerk auf dem Dienst am Mitmenschen liegt. Als Mutter Teresa einmal gefragt wurde: »Wie kann ich mir selbst helfen?«, antwortete sie:

»Geh jemand anderem helfen.« Ich glaube nicht, dass sie jemals Unrecht hatte.

9

Wir müssen selbst der Wandel sein, den wir in der Welt sehen wollen.

Wir alle wollen Veränderungen. Viele von uns hätten nichts lieber als eine friedlichere Welt, eine Welt voll von Liebe und Freundlichkeit, Großzügigkeit, Mitgefühl und Vergebung. Wir werden Zeuge von Grausamkeit und Hass und sagen uns dann: »Diese Menschen müssen sich ändern.« Wir sehen, dass Geschäfte moralisch nicht in Ordnung und von Habgier geprägt sind. Wir sehen Leute, die egoistisch und unfreundlich sind. Wir werden Zeuge von Ungeduld, Eigennutz und einem Mangel an Toleranz und fühlen uns deswegen niedergeschlagen. Wir machen uns und andere immer wieder und mit allem Recht darauf aufmerksam, wie schrecklich doch heute alles ist.

Es ist interessant, dass wir in der Regel von anderen erwarten und fordern, dass sie sich ändern sollen, wir selbst weigern uns jedoch. Wir rechtfertigen unseren Ärger und unsere Frustration, indem wir sagen: »Die haben damit angefangen.« Oder: »Die müssen den Anfang machen!« Ohne uns dessen bewusst zu sein, legen wir unterschiedliche Maßstäbe an, wenn wir andere und uns selbst beurteilen.

In Wirklichkeit ist es jedoch so, wie Gandhi sagt: »Wir müssen selbst der Wandel sein, den wir in der Welt sehen wollen.« Wenn wir uns eine friedlichere Welt wünschen, müssen wir selbst friedlicher werden. Wenn wir eine moralische Welt wollen, müssen wir uns bemühen, uns moralisch zu verhalten. Es gilt dann, einfühlsam, freundlich und großzügig zu sein. Wir – Sie und ich – müssen diesem Kreislauf ein Ende bereiten, selbst wenn es schwierig ist. Indem wir uns selbst friedfertig verhalten und friedliche Entscheidungen treffen, zeigen wir anderen, dass Frieden wirklich möglich ist. Wir ebnen ihm den Weg.

Es ist nämlich sehr einfach, wegen jeder Kleinigkeit mit dem Finger auf andere zu zeigen; erheblich schwieriger ist es, in den Spiegel zu schauen und zuzugeben: »Ich bin selbst Bestandteil des Problems.« Findet man allerdings den Mut dazu, ist das der erste wichtige Schritt, um die Welt zu verändern. Wer gewillt ist, sich seinen eigenen Unzulänglichkeiten zu stellen, sowie der Tatsache, dass er zu Problemen einen Beitrag leistet, ist in der Lage zu erkennen, wie er von größerem Nutzen sein kann. Er wird dann Bestandteil der Lösung.

Sind wir also bereit, uns selbst kritisch zu betrachten, hilft uns das bei der Erkenntnis, in welchem Ausmaß wir in einer Sache mit drinstecken. Das soll nicht heißen, dass wir hart mit uns ins Gericht gehen sollen, indem wir uns vornehmlich auf unsere Fehler konzentrieren. Es soll auch nicht bedeuten, dass wir die Fehler nur bei uns selbst suchen sollen. Sondern es geht lediglich um die Erkenntnis, dass wir alle, wie Alexis Zorbas einmal so schön sagte, »die ganze Katastrophe« sind. Indem wir uns ehrlich und mit Sympathie selbst betrachten, können wir sehen, dass wir alle gute und schlechte Seiten haben. Wir alle besitzen Stärken und Schwächen. Sobald wir uns diese Tatsache eingestehen, können wir anfangen, andere mit mehr Nachsicht zu betrachten. So wird es möglich, eine angemessene Sichtweise zu entwickeln und zu verzeihen.

Besagter 11. September 2001 war für Amerika so leidvoll wie kaum einer in der Geschichte. Es war ein Tag, an dem wir mit unvorstellbarer Gewalt und Grausamkeit, mit maßlosem Leid und Schmerz konfrontiert wurden. Wir mussten die Erfahrung machen, dass es schwierig ist, auf Hass anders als mit Hass zu reagieren. Sogar diejenigen unter uns, die immer betonten, dass andere Nationen auf Gewalt mit der Einstellung reagieren: »Man muss als Erster auf den anderen zugehen« oder: »Das muss man überwinden, damit der Frieden eine Chance hat«, fanden es schlichtweg unmöglich, in dieser Situation selbst so zu denken.

Immer wieder hörte ich normalerweise besonnene Menschen sagen: »Ich weiß, dass wir nicht perfekt sind, und wir machen viele Fehler – aber ich will Rache.« Man hatte den Eindruck, als würden sie sich auf dieses »Wir sind nicht perfekt« konzentrieren, um den Anschein zu erwecken (oder sich selbst zu überzeugen), dass sie wirklich gewillt seien, vor der eigenen Tür zu kehren. Doch derartige Reflexionen werden außer Acht gelassen, sobald Hass und Frustration vorherrschen. Und leider ist das, was notwendig ist, um Frieden in uns sowie in der Welt zu finden, viel tiefgründiger. Es ist wie der Unterschied zwischen der Überlegung, dass es Spaß machen würde, als Athlet an den Olympischen Spielen teilzunehmen, und wirklich anzutreten.

Ich will nicht so tun, als hätte ich die richtigen Antworten parat, und ich bin mir sehr wohl der Komplexität der Frage bewusst, wie mit Gewalt umzugehen ist. Ich weiß jedoch nur zu gut, dass mehr Hass – ob auf nationaler oder individueller Ebene – das Problem nicht zu lösen vermag. Wir müssen einen Weg finden – als Einzelperson und im Kollektiv –, wie wir mehr Einfühlsamkeit an den Tag legen. Und damit wir dazu auch in der Lage sind, müssen wir zuerst einmal den Willen haben, unsere eigenen Hassgefühle unter die Lupe zu nehmen und Ärger nur als eine »Lösung« zu akzeptieren, die sich weiterentwickeln lässt.

Diese Einsicht gilt nicht nur für schreckliche Tragödien, sondern auch für Lebenskrisen. Viele von uns oder auch unsere Freunde waren schon einmal in schlimme Auseinandersetzungen bei einer Scheidung oder wegen des Sorgerechts für die Kinder verwickelt. Ich persönlich habe Unmengen Frauen und Männer gesehen, die forderten, dass ihr Ex-Partner sich anders verhalten solle. Ärger, Groll und Verbitterung waren dabei ihre vorherrschenden Gefühle. Dass jemand unter solchen Umständen meinen kann, der andere würde darauf mit Freundlichkeit reagieren, ist bei genauer Betrachtung eigentlich ziemlich absurd. Und trotzdem verhalten sich viele genau so.

Wie sollte es machbar sein, dass Leute, die derart wütend sind – egal mit welcher Berechtigung –, eine friedlichere Welt schaffen? Jeder von uns ist wichtig. Die Gefühle, die unser Leben prägen, wie auch unser Handeln färben auf andere ab. Greifen wir andere an, werden sie zurückschlagen wollen. Wer Groll empfindet, löst diese Empfindung auch bei seinem Gegenüber aus. Ich habe noch keinen getroffen, der auf meinen Ärger sanft reagiert hätte im Sinn von: »Du hast mich überzeugt, meine Einstellung, meine Denkweise zu ändern.« Ganz im Gegenteil: Mein Misstrauen, Zynismus, Ärger und meine Frustration wurden in hundert Prozent aller Fälle mit einer ähnlichen Reaktion beantwortet.

Buddha sagte: »Hass endet nie durch Hassen. Hass endet durch Liebe. Das ist eine ewige Wahrheit.« Wann wäre der Kreislauf von Gewalt und Hass nicht durch noch mehr Hass und Gewalt geschürt und verlängert worden? Sicher wurde manch ein militärischer Konflikt durch reine Macht und Dominanz beendet, aber ich kenne keinen einzigen Fall, bei dem dann Ärger, Hass und Argwohn verschwunden wären.

Deshalb ist dieser Punkt so wichtig. Die Wurzeln für Gewalttaten liegen in Hass und Wut begründet. Wir müssen diesem Hass und dieser Wut ein Ende bereiten – jeder Einzelne von uns –, wenn wir jemals in einer wirklich friedlichen Welt leben wollen. Es liegt auf der Hand, dass wir in unserem Leben nur über einen Menschen wirklich die Kontrolle haben: über uns selbst. In dem Ausmaß, wie es uns gelingt, zu freundlichen, einfühlsamen und vergebenden Menschen zu werden, vermögen wir auch ein Instrument des Friedens zu sein, ein Paradebeispiel, wie man es besser macht.

Es kann sehr schwierig sein zu verzeihen. Dennoch vergiftet Ärger die Seele. Man sagt sogar, dass der Ärger oft schädlicher ist als die Kränkung, die ihn verursacht hat. Ich weiß, dass das stimmt. Ich war oft total sauer auf jemanden, fühlte mich betrogen und konnte nicht verzeihen. Mit der Zeit wurde mir dann jedoch bewusst, dass mein Schmerz viel größer war als die eigentliche Kränkung, über die ich so wütend war. Der Ärger lebte fort, Tag für Tag, bis er schließlich vergeben und vergessen war.

Sobald jemand wirklich in der Lage ist zu verzeihen, wird es ihm leichter ums Herz und es stellt sich ein innerer Frieden ein. Der Autor Robert Müller sagte einmal: »Vergebung ist das Höchste und die schönste Form der Liebe. Und man bekommt unsagbaren Frieden und großes Glück zurück.«

Müller hatte wahrhaftig Recht. Auch wenn ich die Entscheidung treffe, mit bestimmten Leuten keinen Kontakt mehr haben zu wollen, besteht in meinem Kopf diese Beziehung dennoch oft weiter. Deshalb ist es so wichtig, wirklich voll zu vergeben. Ich habe jedenfalls die Erfahrung gemacht, dass zu vergeben mir mehr Freude bereitet hat, als wenn es zu dem »Verrat« oder zu der Kränkung gar nicht gekommen wäre. Eine derartige Macht hat das Verzeihen.

10 Die Fiktion des Versagens

Ich glaube, dass wir auf einer gewissen Ebene fast alle wissen, dass es so etwas wie zu versagen gar nicht gibt. Im Grunde können wir nur konstatieren, dass das, was wir als »Versagen« zu bezeichnen gelernt haben, ein absolut notwendiger Bestandteil im Leben ist. Dennoch neigen wir dazu, dies zu vergessen, wenn unsere Bemühungen nicht die Resultate zeigen, die wir gern hätten; dann tun wir dieses innere Wissen als theoretisch oder oberflächlich ab. Immer wieder habe ich gehört, wie Leute gesagt haben: »Ich sehe ja ein, dass die früheren Misserfolge durchaus notwendig waren, aber bei diesem jetzt ist es was anderes. Damit komme ich nicht klar.«

Versagensängste machen sich auf vielerlei Weise subtil bemerkbar. Ich habe mir oft überlegt, wie viele Unternehmungen nie in die Tat umgesetzt werden, und zwar nur wegen dieser Angst. An wie vielen Seminaren nimmt man nicht teil? Wie oft vermeiden wir es, einen sympathischen Menschen einfach anzusprechen, auf jemanden zuzugehen, etwas Neues auszuprobieren, um Hilfe zu bitten, uns anzustrengen oder schlicht und ergreifend über unseren Horizont hinauszublicken? Versagensängste können den Unterschied zwischen Gewinn und Verlust ausmachen. Es ist ein interessantes Thema, das sowohl unsere Lebensqualität als auch unseren Erfolgsquotienten betrifft.

Somit ist die Erkenntnis ein wahres Geschenk, dass zu versagen eigentlich nur eine Fiktion ist, die sich schlau als Enttäuschung tarnt. Sobald einem das bewusst ist, taucht eine ganz andere Welt auf. Man hat dann weniger Ängste und ist eher geneigt, öfter einmal etwas Neues in Angriff zu nehmen. Es wächst dann die Bereitschaft, einschätzbare Risiken mit weniger Furcht auf sich zu nehmen, man wird ein wenig wagemutiger – und führt so ein interessanteres Leben. Am wichtigsten ist jedoch, dass Sie auf Widrigkeiten mit mehr Selbstvertrauen und Intuition zu reagieren vermögen.

Ich bezeichne Versagen ganz bewusst als Fiktion, denn sobald das vermeintliche Versagen eingetreten ist, kann es nur in unseren Gedanken und in unserer Vorstellung weiterleben. Das soll nicht heißen, dass der Vorfall geleugnet und seine Bedeutung heruntergespielt werden sollen. Es bedeutet auch nicht, dass er nicht enorm enttäuschend sein kann und keine weiter reichenden Konsequenzen haben könnte. Es geht vielmehr darum, folgende simple Wahrheit zu verdeutlichen: Vorfälle, die sich in der Vergangenheit ereignet haben, sind vorbei. Wenn wir uns als Versager fühlen, geschieht das einzig und allein in unserem eigenen Denken.

Stellen Sie sich einmal vor, eine Chirurgin hat im Lauf ihres Berufslebens fünftausend Operationen vorgenommen, und sie waren alle erfolgreich. Am Tag vor ihrer Rente unterlief ihr bei ihrer letzten Operation ein geringfügiger Fehler. Hätte ihre Kollegin nicht eingegriffen, hätte sie der Patientin ernstlich geschadet. Aber Gott sei Dank nahm alles ein gutes Ende.

Die Chirurgin sah das jedoch nicht so. Sie fühlte sich plötzlich als Versagerin. Sie dachte: »Ich hätte meiner Patientin nicht nur schaden können, es hätte außerdem noch einen Prozess geben können.« Immer wieder spielte sie gedanklich die schlimmsten Szenarien durch.

Nach ihrer Pensionierung wurde sie immer deprimierter. Es ging ihr einfach nicht aus dem Kopf, was passiert war, sie verlor allen Mut. Ihr Mann, ihre Freunde und Kollegen taten ihr Bestes, um sie zu überzeugen, dass sie eine erfolgreiche Chirurgin gewesen sei und ihre Kompetenz außer Zweifel stand. Dennoch war sie zehn Jahre nach dem Vorfall noch immer deprimiert.

Ich hoffe, dass Sie jetzt denken: »Es ist doch ganz offensichtlich, dass sie keine Versagerin war. Das war doch alles bloß in ihrem Kopf.«

Bei anderen liegt diese Erkenntnis natürlich auf der Hand, viel schwieriger wird es allerdings, wenn wir selbst die Betroffenen sind. Unsere Gedanken haben große Überzeugungskraft. Denken wir an uns selbst oder an Bemühungen, die sich als Flop erwiesen haben, dann hält man diese Gedanken gern für real.

Betrachten Sie das Ganze jedoch mit etwas Abstand, dann werden Sie mir vermutlich zustimmen, dass das Unsinn ist. Das Ausmaß des Versagens hängt völlig von den Gedanken und Wahrnehmungen des Denkenden ab. Eine andere Chirurgin, der dasselbe passiert ist, würde vielleicht denken: »Bloß ein Fehler in zwanzig Jahren – echt gar nicht so übel.« Die Chirurgin aus dem vorherigen Beispiel dagegen machte sich nur die absolut schlimmsten Gedanken. Doch von den persönlichen Überlegungen einmal abgesehen, was bestimmt das Ausmaß eines »Versagens«?

Ich möchte nicht, dass es den Anschein hat, als würde ich Fehler entschuldigen. Das liegt nicht in meiner Absicht. Der Fehler ist passiert. Die Chirurgin gab ihr Bestes, und wenn sie weiterhin operieren würde, würde sie sicher aus diesem Fehler lernen. Die Frage ist: »Wie macht man anschließend weiter?«

Ich lernte einmal einen Jurastudenten kennen, der bei seiner Zulassung als Anwalt durchgefallen war. Er erzählte mir, dass die letzten drei Jahre die absolute Zeitverschwendung gewesen seien und dass er ein »lausiger Versager« sei. Meine Frage lautete: »Wer ist zu dem Schluss gekommen?« Es sind schon Tausende von künftigen Anwälten durch das Examen gefallen, und sie haben sich einfach gesagt: »Nun ja, ich probiere es noch mal, und dann wird es schon besser klappen.« Ich schätze, dass hundert Prozent aller Prüflinge enttäuscht wären, wenn sie durchfallen würden, doch nur eine Hand voll von ihnen wäre wirklich deprimiert.

Vor Jahren trainierte ich für den San-Francisco-Marathon, an dem ich dann auch teilnahm. Etwa drei Wochen vor dem Rennen traf ich einen Mann, der sich den Knöchel verletzt hatte. Er sprach von sich und seinem Training als »totaler Flop«. Er sagte, er habe zwei Jahre lang für rein »gar nichts« trainiert. Man konnte sehen, wie sehr er sich seine Gedanken über seine Verletzung zu Herzen nahm. Es war ihm förmlich anzusehen, wie ihn diese Gedanken hinunterzogen.

In derartigen Fällen ist die Lösung immer die gleiche. Ohne seine Enttäuschung herunterzuspielen, hat ein Mensch, dem so etwas widerfährt, zwei Möglichkeiten. Er kann sich intensiv mit den Gedanken, die sich hinsichtlich des vermeintlichen Versagens einstellen, beschäftigen, oder er kann sie einfach nur zur Kenntnis nehmen. Wem die zweite Variante gelingt, der tut diese Gedanken dann sanft und voller Respekt als Gedanken ab, betrachtet sie also nicht als Realität, und fährt dann mit seinem Leben fort.

Wenn Sie es in Frage stellen, dass Versagen ein legitimes Konzept ist, dann werden Sie allmählich die Erfahrung machen, welch einen Zauber diese Losgelöstheit birgt. Es ist eines der größten Geschenke, die das Leben zu bieten hat. Diese Lösgelöstheit hat nichts mit Desinteresse oder Apathie zu tun. Sie geben vielmehr Ihr Bestes, wissen Ihre Vorteile zu nutzen, arbeiten hart auf Ihr Ziel hin – sind aber gleichzeitig gelassen, was das Endergebnis angeht. Sie sind dann mehr mit dem Prozess beschäftigt und weniger auf die Früchte Ihrer Bemühungen fixiert. Sie wollen natürlich, dass die Dinge den Lauf nehmen, den Sie sich wünschen, doch Ihr Leben und Seelenfrieden hängen nicht davon ab. Jegliches Gefühl der Verzweiflung wird durch sanfte Zuversicht ersetzt.

Ich bezeichne diesen Vorgang manchmal als »entschlossen durchhalten, aber gelassen loslassen«. So zu handeln verschafft einem enorme emotionale Freiheit. Es bedeutet, dass man sein Bestes gibt, sich hundert Prozent anstrengt, sich mit Leib und Seele einer Sache verschreibt, egal worum es sich handelt – aber im gleichen Moment willens ist, das Endresultat einfach auf sich zukommen zu lassen. Es bedeutet, dass man ohne einen Schatten des Zweifels eines weiß: Wenn etwas den eigenen Erwartungen, Hoffnungen, Träumen und Visionen nicht entspricht, dann hat das Universum eben etwas anderes mit einem vor. Das ist kein Wunschdenken, sondern so funktioniert das Leben wirklich. Und es ist die beste mir bekannte Möglichkeit, wie man glücklich und effizient sein kann.

Ich gebe ja zu, wenn ich vor zwanzig Jahre das jemanden hätte sagen hören, dann hätte ich die Augen verdreht und erwidert: »So, so.« Aber ich wurde selbst mit zu vielen Enttäuschungen konfrontiert und bin Zeuge der Enttäuschung so vieler anderer Leute geworden, um daran noch irgendwelche Zweifel zu haben. Mit anderen Worten: Was oberflächlich wie eine Enttäuschung oder ein Versagen erscheint, ist eben wirklich nur die Oberfläche. Was dahinter liegt, bleibt ein Geheimnis.

Stellen Sie sich den Ozean vor. So schön er auch ist, können Sie trotzdem vom Ufer aus nur die Oberfläche sehen. Unter Wasser befindet sich jedoch ein Universum voller Überraschungen. Die

Tatsache, dass wir sie nicht sehen können, bedeutet nicht, dass sie nicht vorhanden wären.

Auf dieses Geheimnis, auf das Unbekannte zu vertrauen, öffnet das Tor in die Freiheit. Nur weil es momentan keinen akzeptablen Grund oder keine Erklärung für etwas gibt, heißt dies nicht, dass es nicht vorhanden wäre; darauf kann man vertrauen lernen. Und so erkennen wir langsam, dass trotz der Enttäuschung, die wir empfinden, und trotz des Schmerzes jede Erfahrung etwas Gutes in sich birgt, etwas zum Lernen, ja sogar eine Chance. Wir werden alles meistern, egal worum es sich handelt.

An etwas festzuhalten ist, als sei einem ein Klotz ans Bein gekettet. So entsteht Angst, und man ist ständig damit beschäftigt, sein Leben zu »überdenken«. Wir überlegen uns dann: »Was ist, wenn aus dem Geschäft nichts wird?« »Was ist, wenn sie mich nicht mag?« Wir meinen dann, dass wir nur glücklich sein können, wenn alles wie geplant funktioniert. Wenn das kein Druck ist, was dann? Je mehr man diesen Gedanken Glauben schenkt, desto mehr Druck empfindet man.

Losgelöstheit vermittelt einem dagegen enorm viel Zutrauen und nimmt einem den Stress. Es ist wie das sprichwörtliche Gewicht, das einem von den Schultern genommen wird. Versagensängste lenken immens ab und beeinträchtigen die Konzentration und die Freude. Ohne Angst wachsen wir über uns selbst hinaus!

Rückblickend betrachtet ist es meist recht einfach einzusehen, dass jeder Fehler, der uns unterläuft, und auch jede Enttäuschung oder jedes »Versagen« notwendig waren, um zu dem Menschen zu werden, der wir heute sind, um unseren Standpunkt zu bestimmen. Ich unterhielt mich einmal mit einem Forscher, der auf dem Gymnasium in Englisch durchgefallen war. Damals kam ihm das wie eine Katastrophe vor. Er hatte Angst, dass es mit seinem Traum, einmal Lehrer zu werden, vorbei sei. Wegen dieses »Versagens« nahm er jedoch einen Richtungswechsel vor und begann sich für die Naturwissenschaften zu interessieren. Seit er in der Forschung tätig ist, hat er dazu beigetragen, Menschenleben zu retten, und er liebt seinen Beruf sehr. War das vermeintliche Versagen also wirklich eines? Mit Sicherheit nicht, wie ich meine.

Die gleiche Aussage lässt sich praktisch bei allem treffen. Ich lernte einmal einen außergewöhnlichen Mann kennen, der in ernstliche Schwierigkeiten geriet, als er noch auf dem College war. Nach einiger Peinlichkeit lernte er aus seinen Erfahrungen und gelobte, ein großzügigerer und liebevollerer Mensch zu werden. Jahre später war er, was ich als »Engel in Menschengestalt« bezeichne. Es stand für ihn außer Frage, dass sein »Versagen« der einzige und wichtigste Katalysator für seine persönliche Entwicklung gewesen war. Und Tausende profitieren davon. Seine Irrtümer hätte er seinem schlimmsten Feind nicht gewünscht. Aber war seine Erfahrung im College nun letztlich ein Versagen?

Ich selbst habe meinen Eintritt in eines der Colleges vermasselt, die ich mir ausgesucht hatte, und war deswegen damals recht enttäuscht. Wäre mir das nicht passiert, hätte ich jedoch Kris nicht kennen gelernt und hätte jetzt keine Familie mit ihr. Außerdem gefiel mir die Schule, die ich dann besuchte. Ich schätze, es wäre vieles anders gekommen, hätte man mich in dem anderen Institut aufgenommen. War es ein »Versagen«, nicht hineinzukommen?

Ich lernte einmal eine Frau kennen, die von der Schule abgegangen und dann drogenabhängig geworden war. Ihre Eltern – und so ziemlich alle anderen auch – bezeichneten sie als Versagerin. Jahrelang kämpfte sie und machte eine traurige Zeit durch. Doch schließlich kam sie von ihrer Drogenabhängigkeit los, und seitdem hilft sie mit viel Engagement jungen Leuten in Anti-

Drogen-Programmen. Die Frau sagte mir, wenn sie diese schreckliche Verzweiflung nicht selbst erfahren hätte, wäre sie nicht in der Lage, sich heute für andere so einzusetzen.

Das Geheimnis besteht darin, die innere Weisheit, die man mit ziemlicher Sicherheit in der Zukunft spüren wird, in die Gegenwart zu integrieren. Dazu muss man sich bewusst machen, dass das, was so problematisch erscheint, ja oft sogar hoffnungslos, es eigentlich gar nicht ist.

Um es noch einmal zu wiederholen: Es geht mir nicht darum zu sagen: »Ach ja, da kann man auch nichts machen«, wenn etwas schief läuft, so als wäre es einem egal. Ich möchte Sie vielmehr ermuntern, mit etwas mehr Distanz und philosophischer mit vermeintlichem Versagen umzugehen. Wenn also etwas passiert, das Ihnen nicht passt, dann bewerten Sie den Vorfall nicht als »Versagen«, sondern lassen keinen Zweifel daran, dass Sie schon wieder in die Gänge kommen und schließlich alles in Ordnung kommen wird. Auch wenn Sie voller negativer Gedanken sind, lernen Sie, sie einfach zu beseitigen wie eine Fliege bei einem Picknick. Einige der simpelsten Methoden, um zu innerem Frieden zu finden, sind gleichzeitig die effektivsten.

Es ist interessant, mit der Vorstellung, seine Zweifel zu beseitigen, zu experimentieren. Sie können sich daran erinnern, dass es immer eine Antwort gibt, selbst wenn Sie sich Ihnen nicht unmittelbar zeigt. Wenn sich in Ihren Gedanken Zweifel breit machen, üben Sie, diese zur Kenntnis zu nehmen und zu würdigen und sie dann sanft loszulassen. Jedes Mal, wenn das passiert, vertrauen Sie auf das Unbekannte. Vertrauen Sie darauf, dass Sie schon wissen werden, was als Nächstes zu tun ist und wann der richtige Zeitpunkt dafür gekommen ist.

Mit der Zeit werden Sie mehr Vertrauen in Ihre »innere Intelligenz« entwickeln. Anstatt zu versuchen, Antworten oder Lösungen zu erzwingen, lernen Sie, zur Ruhe zu kommen, um zu wissen, was als Nächstes vonnöten ist. Sind Sie innerlich ruhig, hält das Ihren Verstand nicht vom Denken ab. Es aktiviert vielmehr eine tiefere Intelligenz, die manche Menschen als Weisheit bezeichnen.

Wer die innere Ruhe schätzen lernt, übt seine Geduld, was wiederum das Vertrauen stärkt, dass sich bald eine Antwort einstellen wird. In vielen Fällen kommt die beste und klügste Antwort nicht von unserem Intellekt, sondern aus unserem Inneren. Wenn wir still sind, verbinden wir uns mit etwas, das sich als »universelle Intelligenz« beschreiben lässt. Niemand weiß wirklich, wo sie herkommt, doch hat die Geschichte gezeigt, dass es diese Weisheit wahrhaftig gibt. Es ist sehr tröstlich, von dieser tieferen Intelligenz zu wissen. Sie hilft uns, darauf zu vertrauen, dass die angemessene Lösung eines Problems nicht weit weg ist und kommen wird, wenn man nur ruhig und geduldig genug ist.

Eine meiner Lieblingsbeschreibungen des Lebens ist, dass es sich dabei nur um »einen Fehler nach dem anderen mit ein bisschen zeitlichem Abstand« handelt. Das klingt zwar witzig, ist aber dennoch eine recht zutreffende Sichtweise. Denken Sie einmal darüber nach. Uns unterlaufen Fehler, wir lernen – hoffentlich – aus ihnen; wir bringen Korrekturen an und machen weiter. An einem gewissen Punkt passiert uns dann erneut ein Fehler, und so weiter. Unterdessen durchlaufen alle anderen den gleichen Prozess. Unser Eltern begehen Fehler, ebenso unsere Freunde, Nachbarn, Kinder, Kollegen und so weiter.

Ich habe bewusst gesagt, »einen Fehler nach dem anderen« und nicht »ein Versagen nach dem anderen«. Es besteht keine Notwendigkeit, unsere Fehler oder Dinge, die schief gehen, als Versagen zu betrachten. Fehler gehören so sehr zum Leben, dass sie sich nicht vermeiden lassen. Und eigentlich sind sie dafür verantwortlich, dass wir in unserem Leben Korrekturen vornehmen und lernen. Ohne sie wäre das Leben vermutlich längst nicht so interessant.

Ich glaube, die wichtigste Lektion ist folgende: Versagen ist eine Illusion, die von unserem Denken hervorgebracht und verstärkt wird. Zwei meiner Lieblingszitate zum Thema Denken sind: »Wir sind, was wir denken.« Und: »Was du denkst, das wirst du sein.« Wir wollen uns also nicht als Versager sehen – weil wir nämlich keine sind!

11 Krankheiten und Verletzungen: Gibt es einen Silberstreifen am Horizont?

In »Anatomy of Illness« schreibt Norman Cousins: »Was ich für mich selbst tue, entspringt meiner Philosophie, nicht meiner Wissenschaft.« Als Laie, der von Medizin praktisch keine Ahnung hat, habe auch ich nichts Besseres anzubieten. Meine Gedanken und Ideen über das Wesen der Heilung auf spiritueller Ebene entspringen meiner Intuition und haben nichts mit Medizin zu tun. Meine erste wichtige persönliche Erfahrung mit Krankheit machte ich mit dreizehn. Man entfernte mir bei einer Notoperation den Blinddarm. Meine Eltern waren damals nicht in der Stadt, ich war krank zu Hause gewesen und hatte gemeint, ich hätte die Grippe. Zu meinem Glück brauchte meine Mutter, als sie dann heimkam, gerade einmal fünf Sekunden, um festzustellen, dass mir etwas Ernsteres fehlte. Wir setzten uns also ins Auto und brausten in die Notaufnahme.

Selbst wenn diese Erfahrung nun fast dreißig Jahre zurückliegt, erinnere ich mich noch daran, dass ein paar Ärzte, Schwestern und Pfleger für mich wie leuchtende Sterne an einem dunklen Himmel waren. Für sie war der Fall mehr als nur ein Job. Sie setzten sich wirklich ein. Aus meiner Perspektive als Teenager waren sie wirkliche Heiler, und ihr Mitgefühl und ihre Liebe ließen ihr Wesen erstrahlen – man konnte es an ihren Augen sehen.

Diese Menschen, von denen hier die Rede ist, waren absolut präsent, was bedeutet, dass sie wirklich bei mir waren. Mehr noch als ihre Worte war ihre Gegenwart für mich sehr tröstlich und beruhigend. Heute weiß ich, dass sie sicher schrecklich in Eile und überarbeitet waren. Doch diesen Eindruck vermittelten sie nicht. Sie nahmen sich vielmehr eine zusätzliche Minute Zeit, um bei mir am Bett zu sitzen, und ein paar Sekunden, um mir in die Augen zu sehen. Wenn ich mit einem Kranken oder Verletzten zusammen bin, versuche ich mich immer daran zu erinnern, was ich damals gelernt habe, während und nach meiner Operation: dass nämlich Mitgefühl und Anteilnahme für einen Patienten so wichtig sind wie ein medizinischer Eingriff. Jetzt, da ich älter bin, bemühe ich mich, mir und meinen Lieben Ärzte zu suchen, denen diese Gabe des Mitgefühls zu Eigen ist.

Ich selbst war in den vergangenen Jahren nur selten krank, ich bekam allerdings irgendwann immer heftigere Rückenprobleme, die ich nur als mysteriös und qualvoll beschreiben kann. Es ähnelte dem Rückenschmerz – oder war gar schlimmer –, der Jahre zuvor als Teenager meiner Tenniskarriere ein Ende bereitet hatte. Anfangs war das Frustrierendste an diesen Schmerzen, dass ich nicht mehr all die Dinge tun konnte wie früher. Ich war gezwungen, vorübergehend bei meinen »Körperritualen« eine Pause einzulegen, wie intensiver Gymnastik und Yoga. Später verwandelte sich diese Frustration in Angst, als ich langsam glaubte, dass das mein restliches Leben so weitergehen würde. Ich hatte außergewöhnliches Glück, dass ich nun auf dem Weg der Heilung bin.

Natürlich will ich meine damaligen Rückenprobleme und auch meine anderen Verletzungen in der Folgezeit nicht mit ernsthafteren Krankheiten in einen Topf werfen, aber ich habe bei diesem Prozess doch eine ganze Menge über mich selbst gelernt. Es ist interessant, dass viele andere, die eigentlich erheblich schlimmer dran waren als ich, als Leidensgenossen zu mir standen, wenn ich ihnen von meinen Erfahrungen erzählte. Anstatt Bulletins auszutauschen, wer nun die schlimmere Krankheit oder Verletzung habe, war es heilsam, sich auf einer Herzensebene und nicht auf der Verstandesebene auszutauschen.

Durch meine eigenen Erfahrungen mit Krankheit, doch vor allem weil ich mit anderen zusammen war, die krank waren, habe ich viel von dem gelernt, was ich als »Silberstreifen« einer Krankheit oder Verletzung bezeichne. Die Silver Lining Foundation in Aspen, Colorado (ich bin kein Mitglied) wurde von der ehemaligen Tennisspielerin Andrea Yaeger mit ins Leben gerufen. Diese bemerkenswerte Organisation ermöglicht es Kindern, für kurze Zeit ihrer lebensbedrohlichen Krankheit, beispielsweise Krebs, zu »entkommen«, um ein Abenteuer in der Natur zu erleben. Ich bin eigentlich kein Freund von Werbung, besonders nicht in meinen eigenen Büchern, aber ich möchte Sie in diesem Fall auffordern, sich doch einmal die Website anzusehen und vielleicht auch eine Geldspende in Betracht zu ziehen. Sie lautet: www.silverliningfoundation.org.

Wenn ich von einem Silberstreifen im Zusammenhang mit einer Krankheit oder Verletzung spreche, will ich das Thema keineswegs herunterspielen. Ich sage somit nicht: »Konzentrier dich auf das Positive.« Es ist viel subtiler. Was ich gelernt habe und Ihnen mitteilen möchte, sind ein paar Goldklumpen an Weisheit, die durch Krankheit oder eine Verletzung vielleicht sogar eine Art positive Verstärkung erfahren.

Eine der ersten und auffallendsten Beobachtungen, die wir machen können, wenn wir krank oder verletzt sind, ist, dass wir nicht unser Körper sind. Wir sind die Seele, die in diesem Körper wohnt, aber nicht der eigentliche Körper. Einer meiner liebsten spirituellen Lehrer, Ram Dass, hat immer seinem Gegenüber in die Augen gesehen und gesagt: »Bist du da drin? Ich bin hier drin. Wie fühlt sich das da drinnen für dich an?« Das ist eine unterhaltsame Methode, der Tatsache Nachdruck zu verleihen, dass wir hier auf Erden spirituelle Wesen sind – dass wir eine menschliche Erfahrung teilen in diesem Behälter, den wir als Körper bezeichnen. Und zu dieser Körpererfahrung gehört aus irgendwelchen Gründen eben auch, dass der »Behälter« Probleme bereitet und sich mit der Zeit erschöpft. Körper werden krank und erleiden Verletzungen.

Selbst Menschen, die enorme körperliche Schmerzen und Beschwerden durchlitten, haben gesagt, dass es überaus hilfreich ist, sich mit seinem Körper nicht überzuidentifizieren. Mit anderen Worten: Es ist natürlich wichtig, mit seinem Körper freundlich und respektvoll umzugehen und ihn gut zu pflegen, doch ist es ebenso hilfreich, einen gewissen Abstand zu ihm zu wahren, zu wissen, dass dieser Körper nicht »ich« ist.

Obwohl meine eigenen körperlichen Schmerzen im Vergleich zu vielen anderen Menschen bislang sicher minimal waren, denke ich doch, dass dieser Abstand der Schlüssel war, um mir meine angemessene Sichtweise zu bewahren. Zu wissen, dass ich *in* meinem Körper bin, dass ich jedoch nicht dieser Körper bin, war sehr tröstlich für mich. Diese Erkenntnis hat es mir gestattet, meinem Schmerz gegenüber nachsichtig zu sein und mir sogar einen gewissen Sinn für Humor zu bewahren. Eines Abends kam ich nach einem Basketballspiel nach Hause und hatte ziemliche Beschwerden.

Halb im Scherz sagte Kris: »Richard, ich weiß mit Sicherheit, dass dir der Sport vor zwanzig Jahren, als wir uns kennen lernten, keine solchen Schwierigkeiten bereitet hat.« Und sie hatte in der Tat Recht. Ich war und bin der gleiche Mensch, doch all meinen

Bemühungen zum Trotz, meine Kondition beizubehalten, bin ich eben nicht mehr derselbe Körper. Als ich mich in Richtung Sofa begab, konnte ich nicht anders, als über die Missliebigkeit, einen Körper zu bewohnen, zu lächeln. Anstatt mich wegen meines Schmerzes zu verspannen und Ärger und Hass in diese Richtung zu verströmen, entspannte ich mich und ließ los. Ich werde immer dankbar dafür sein, einen Körper zu haben, und ich will alles tun, was in meiner Macht steht, um ihn gut zu hegen und zu pflegen. Allerdings will ich nicht den Irrtum begehen, anzunehmen, dass dieser Körper mich wirklich ausmacht. Joy Thomas formuliert diesen Sachverhalt in ihrem Buch »Life Is a Game, Play It« folgendermaßen: »Der Körper bedarf keiner Heilung; eigentlich ist der Verstand, der denkt, er sei ein Körper, wirklich krank.«

Ähnliches lässt sich zum Thema Demut sagen. Bei einigen Menschen geht der Luxus bester Gesundheit mit einer gewissen Arroganz einher. Wir nehmen einfach an, dass Schmerzen und Qualen, Krankheit und sogar der Alterungsprozess nur andere Leute betrifft – uns nicht! In unserem tiefsten Innern wissen wir, dass Altern und Krankheiten ganz unvermeidlich sind; doch solange uns momentan nichts das Gegenteil beweist, leugnen wir diese Tatsachen beharrlich. In gewisser Hinsicht sind Krankheiten und Verletzungen also ein Instrument, das unsere Mitmenschlichkeit in uns weckt. Sie können als Katalysator für Mitgefühl fungieren und uns so daran erinnern, dass – auch wenn es oberflächlich nicht den Anschein hat – wir doch alle im gleichen Boot sitzen oder zumindest in einem ähnlichen. In gewisser Weise hilft uns das dann, weniger selbstbezogen, freundlicher und großzügiger zu sein.

Es gibt nur wenige Dinge im Leben, die mehr dazu angetan wären, uns an unsere Sterblichkeit zu gemahnen, als Krankheiten und Verletzungen. Sie führen uns vor Augen, wie zerbrechlich unser Körper ist und wie schnell das Leben vorübergeht. Wenn wir selbst oder jemand, den wir lieben, verletzt wird oder ernstlich erkrankt, dann fühlen wir uns aufgerufen, jeden Tag als Geschenk zu betrachten – was ja auch der Fall ist. Anstatt das Leben als Selbstverständlichkeit hinzunehmen, sehen wir uns eingehend um und staunen über die Wunder unseres ganz alltäglichen Lebens. Viele unserer vermeintlichen Probleme, die so riesig und unüberwindlich scheinen, verlieren dann an Bedeutung.

Meine Großmutter Emily sagte einmal zu mir: »Es ist wirklich eine gute Sache, dass Gott auch Schmerzen und Qualen erschaffen hat. Sie fordern uns auf, dankbar zu sein, wenn wir uns wohl fühlen.« Ich fand diesen Ansatz, körperliche Unbill zu betrachten, damals recht klug, vor allem weil meine Großmutter selbst an einer sehr schmerzhaften Arthritis litt.

Kürzlich riss ich mir mal beide Knie auf. Als die Verletzung nur langsam abheilte, fielen mir die klugen Worte meiner Großmutter ein. Es war erstaunlich, wie dankbar ich plötzlich für die Fähigkeit war, gehen zu können. Eine interessante Frage ist: »Warum war ich für diese Fähigkeit vor meiner Verletzung nicht so bewusst dankbar?« Ich möchte Sie nun bitten, sich diese Frage ebenfalls zu stellen. Besteht die Möglichkeit, dass Sie bestimmte Gaben auch für selbstverständlich halten?

Und zuletzt: Falls Sie an einer ernsten Krankheit leiden, verwerfen Sie nie die Möglichkeit, dass Sie wieder völlig gesund werden. Wie Sie wissen, soll das keine Strategie in Sachen physisches Wohlbefinden sein. Doch selbst wenn sich die wahre Heilung im Herzen und nicht im Körper vollzieht, ist es dennoch wichtig, die wundersame Verbindung zwischen Geist und Körper zu würdigen. Ich glaube, es besteht stets die Möglichkeit, dass

sich die Dinge zum Besseren wenden – sogar wenn die Ärzte und andere Kapazitäten nicht dieser Auffassung sind.
Ich habe dieses Kapitel mit einem Zitat von Norman Cousins begonnen. Da »Anatomy of an Illness« eines meiner Lieblingsbücher ist und die Macht des menschlichen Denkens demonstriert, eignet es sich vielleicht auch gut als Schluss. Gegen Ende seines Buches schreibt Cousins nämlich: »Mein Körper hat mich bereits weit über den Punkt hinausgebracht, von dem die Mediziner 1954 ausgingen. Meiner Berechnung nach hat mich mein Herz mit 876 946 280 mehr Herzschlägen versorgt, als die Ärzte von der Versicherung es damals für möglich hielten.«

12 Alles besser in den Griff kriegen

Was wäre, wenn es eine Möglichkeit gäbe, mit emotionalem Kummer besser umgehen zu lernen, egal was man durchlitten hat? Ich rede nicht davon, den Schmerz abzuschaffen oder seine Existenz zu leugnen. Aber ich glaube, dass es Mittel und Wege gibt, auch mit großem Kummer besser fertig zu werden.

Stellen Sie sich einmal einen winzigen Schneeball vor, der eine gigantische Skipiste hinunterrollt. Am Anfang ist er gerade so groß wie Ihre Faust. Ist der Berg jedoch steil und sind zudem noch ein paar andere ideale Bedingungen gegeben, dann wird der Schneeball schnell größer, während er seinen Weg den Hang hinunter nimmt.

Dieser Schneeball wird immer größer und gewinnt dementsprechend an Geschwindigkeit. Er rollt schneller und schneller, wird größer und größer, bis er – hypothetisch – völlig unkontrollierbar und destruktiv ist.

Genauso funktioniert das Wesen unseres Denkens. Selbst die qualvollsten Gedanken fangen klein an. Aber sie haben etwas Nagendes an sich und gewinnen rasch an Bedeutung, sobald man ihnen Aufmerksamkeit schenkt. Wie besagter Schneeball sind kleine Gedanken aller Art am Anfang handhabbar und man kann mit ihnen umgehen. Würde man Sie bitten, sich ein paar Meter unterhalb des Schneeballs hinzuknien, nachdem man ihn ins Rollen gebracht hat, dann könnten Sie ihn auffangen und zerdrücken oder ihn sogar wieder den Berg hinaufwerfen. Doch wären Sie etwa dreihundert Meter weiter unten am Hang, könnte dieser Schneeball bereits Sie zerdrücken! Der Trick besteht also darin, den Schneeball so früh wie möglich aufzufangen, noch bevor er an Stoßkraft gewinnt.

Ich kannte einmal eine Frau, die vor ihrer Ehe eine Reihe platonischer Freunde hatte. Sie war völlig offen ihrem Verlobten gegenüber und machte ihm klar, dass sie diese ihr wertvollen Freundschaften auch während der Ehe pflegen wolle. Die Art, wie sie ihre Absicht vermittelte, war direkt und aufrichtig. Diese Freundschaften zu pflegen beinhaltete für sie gelegentliche Treffen zum Essen oder Kaffeetrinken. Sie forderte ihren Verlobten herzlich auf, an diesen Freundschaften teilzuhaben, und tat nichts hinter seinem Rücken, da sie ja nichts verbergen wollte. Als offene, freundschaftlich denkende Frau ging sie sogar so weit, ihm zu erzählen, dass zu den Wesenszügen, die sie an ihrem Verlobten so liebe und weswegen sie ihn auch heiraten wolle, gehöre, dass er mit ihren Freundinnen *und* Freunden zurechtkam. Er willigte also ein und versicherte ihr, dass es deswegen nie ein Problem geben würde. Er beteuerte, er würde sie in ihren Bemühungen, alle ihre Freundschaften zu pflegen, stets unterstützen.

Doch schon bald nach der Hochzeit wurden diese Freundschaften zu einem Streitpunkt. Ihr Mann bekam Eifersuchtsanfälle und war tagelang mit ihr böse, wenn sie sich mit einem Freund verabredet hatte – sogar wenn sie ihren Mann mit eingeladen hatte. Er wollte wissen, warum sie nicht die ganze Zeit mit ihm verbringen wolle. »Warum«, fragte er, »bin ich dir etwa nicht genug?« Er fühlte sich hintergangen, wurde argwöhnisch und verbittert. Die beiden nahmen schließlich therapeutische Hilfe in Anspruch, und sie lernten unter anderem zu meditieren. Ihr Therapeut wollte ihnen zeigen, wie vereinzelte kleine Gedanken und Gefühle unbeabsichtigt außer Kontrolle geraten können – fast wie ein Buschfeuer, das mit einem Zündfunken seinen Anfang nimmt. Ein Funke, den man rechtzeitig erwischt, kann jedoch mit einer Fingerspitze gelöscht werden, während ein Buschfeuer sich zur Katastrophe auswächst.

Der Therapeut erklärte, dass ein Mensch wie ihr Ehemann wohl Zweifel im Kopf habe, was die Bedeutung der Ehe und Treue angeht – eine Quelle der Unsicherheit also. Sie konnten so klein und selten sein, dass sie ihm nicht einmal selbst auffielen. Mit anderen Worten: Sie waren am Gären und beeinträchtigten ihn – und er hatte nicht einmal eine Ahnung davon!

Weil er diese Zweifel nicht bemerkte und als seine Gedanken erkannte, konnten sie wachsen, sich vervielfachen und an Raum gewinnen. Es war, als würden diese Gedanken ihm auflauern und ihm dann von hinten in den Rücken schießen. Ganz plötzlich, ohne zu wissen warum, überwältigten ihn dann diese Gefühle und er reagierte, indem er einen Wutanfall bekam – oder in völlige Verzweiflung verfiel.

Es lässt sich unschwer erkennen, wie das passieren konnte. Wenn wir unseren Gedanken keine Aufmerksamkeit schenken und gar nicht wissen, worauf wir achten sollen, dann können sie ganz schnell unsere Gefühle bestimmen – wie dieser Schneeball, der den Abhang hinunterrollt. Bis wir mitkriegen, was da eigentlich abläuft, ist es schon zu spät. Die Angelegenheit lässt sich nicht mehr in den Griff kriegen.

Doch was wäre, wenn man die ersten Anzeichen für solche Gedanken erkennen könnte? Wenn uns bewusst würde, was da passiert, wenn der Schneeball – das heißt der Gedanke – noch eine Schneeflocke ist, die gerade vom Himmel fällt? Was wäre, wenn wir diese Schneeflocke behutsam mit der geöffneten

Hand auffangen und dann mit liebevoller Zuwendung behandeln würden? Ob Sie es glauben oder nicht, ich will hier nicht irgendwie poetisch sein! Ich möchte nur aufzeigen, wie wichtig es ist, Gedanken und Gefühle in ihrem frühesten Stadium zu erkennen. Gelingt das, können wir ihnen mit Freundlichkeit und innerer Weisheit begegnen. Wir können sie aufrichtig und mit einer angemessenen Sichtweise betrachten. Wir können aus ihnen lernen und dann intelligente, adäquate Entscheidungen treffen.

Wenn Sie einmal darüber nachdenken, macht das nicht nur spirituell einen Sinn, sondern ist eines der praktischsten Werkzeuge, das man sich nur vorstellen kann. Die Anwendungsmöglichkeiten sind breit und effizient. Was wäre, wenn Ihnen ängstliche Gedanken hinsichtlich eines beruflichen Projekts auffielen, wenn sie noch winzig sind? Was wäre, wenn Sie erkennen könnten, wie subtil Ihre Ängste sind? Was wäre, wenn Sie mit Umsicht darüber nachdenken und diese Ängste mit dem Stellenwert sehen könnten, der ihnen zukommt, um dann anders mit ihnen umzugehen? Dann fiele es Ihnen erheblich leichter, mutig zu sein. Sie könnten entweder Rat einholen, wie man die Angst überwindet, oder vielleicht sogar einfach loslassen – anstatt es der Angst zu gestatten, überhand zu nehmen. Dieser Denkansatz würde bedeuten, dass Sie das Projekt übernehmen *trotz* einiger Unsicherheiten, statt zu einer Ausrede zu greifen, warum Sie das »nicht machen können«. Sie entscheiden sich für Tatkraft statt für Zögerlichkeit. Ich habe festgestellt, dass sich ängstliche Gedanken schnell zu Wahnvorstellungen auswachsen. Ebenso wird aus Ärger schnell Wut. Die einfachste und effektivste mir bekannte Möglichkeit, dergleichen besser in den Griff zu kriegen, ist, möglichst früh einzuschreiten. Auf diese Weise kommt einem das alles nicht mehr so bedeutungsvoll vor.

Der eifersüchtige Gatte war nicht in der Lage, seine Ehe zu retten, doch es gelang ihm, seine Neigung zur Eifersucht zu überwinden. Mit Hilfe der Meditation – ich werde dieser Thematik in diesem Buch noch ein ganzes Kapitel widmen – lernte er, wie er seinen Geist beruhigen kann. Die Neigung zur Eifersucht war sein ganzes Leben lang vorhanden, doch nun war er erstmals in der Lage, diese mentale Aktivität zu erkennen. Er beschrieb seinen Geist als eine Art schweren Verkehrsstau. Durch die Meditation war es ihm möglich, diesen »Verkehr« grundlegend zu reduzieren, sodass er schließlich die einzelnen Fahrzeuge sehen konnte. Vorher war sein Denken so chaotisch, dass die Autos den Anschein erweckten, als wären sie eine einzige riesige Schlange aus Stahl.

Das alles hat noch einen tiefgründigeren Aspekt. Indem wir unseren Geist beruhigen, lernen wir auch zu unterscheiden zwischen Denken, das sich allein auf den »Inhalt« bezieht, und Denken, das einen Prozess beinhaltet. Mit anderen Worten: Die meiste Zeit haben wir Gedanken wie: »Das ist nicht gerecht.« Beziehen wir uns dabei ausschließlich auf den Inhalt, können wir uns schnell überfordert, ja verängstigt fühlen. Wir analysieren den Gedanken und bilden uns ein Urteil. Wir schenken ihm noch mehr Aufmerksamkeit. Weitere Gedanken nähren und rechtfertigen ihn. Wir reagieren auf den Inhalt mit Ärger, Angst und sogar Hass. Wir gehen hart mit uns ins Gericht und sagen uns: »Warum denke ich so schreckliche Sachen?« Oder wir rechtfertigen uns, indem wir uns sagen: »Das ist wirklich nicht gerecht.«

Wir denken darüber nach, »was das zu bedeuten hat«, konzentrieren uns darauf und schenken der Sache immer noch mehr Aufmerksamkeit. Die Angelegenheit verlässt uns nie, wird größer und gewinnt an Bedeutung. Bestimmte Gedanken können uns regelrecht heimsuchen, wie bei dem eifersüchtigen Ehemann.

Seine Schuld war das nicht. In seinem Fall haben einfach seine Gedanken an ihm genagt, ohne dass er sich dessen bewusst war. Und plötzlich erschienen sie ihm real und bedrückend. Weil wir uns also in einer bestimmten Form auf diese Gedanken beziehen, räumen wir ihnen so viel Bedeutung ein. Sind sie dann da, halten wir sie auch für wichtig.

Genau derselbe Gedanke kann von einem beruhigten Geist ganz anders gesehen werden, und auch der Umgang mit ihm ist dann ganz anders. Er wird dann frühzeitig als simpler Gedanke erkannt, einfach als Bestandteil eines Prozesses. So ist er weniger personalisiert. Anstatt dass aus einem »Das ist nicht gerecht« ein Notfall wird, erkennt man dieses »Das ist nicht gerecht« einfach als einen Gedanken mehr, der gerade im Gehirn herumschwirrt. Und da diese Gedanken uns nicht bedrohen, können wir effizienter mit ihnen umgehen. Zum ersten Mal haben Sie die Wahl, wie Sie reagieren wollen. Es muss keine Krise daraus werden. Sie haben ausreichend emotionalen Spielraum. Sie können entscheiden, ob es nötig und in Ihrem besten Interesse ist, derartige Gedanken weiterzuverfolgen und den nächsten Schritt zu tun. Oder Sie können den Gedanken einfach fallen lassen. Das soll natürlich nicht heißen, dass Sie etwas, das wirklich wichtig ist, übergehen. Es bedeutet vielmehr, sich aus dem geistigen Gefängnis zu befreien. Es bedeutet, dass man sich nicht aufregen muss, bloß weil einem ein Gedanke in den Sinn gekommen ist.

Einer der faszinierendsten Aspekte eines ruhigeren Geistes besteht in der Möglichkeit, vorher unbewusste Gedanken ins Bewusstsein dringen zu lassen. Wegen der Ruhe und weil man den Gedanken mit Akzeptanz begegnet, hat das Unbewusste offensichtlich weniger Angst, sich zu offenbaren. Neue Gedanken und Ideen, die man noch nie erfahren hat, beginnen zutage zu treten.

Ein Bekannter erzählte mir einmal ein dramatisches Beispiel zu diesem Thema. Sobald er gelernt hatte, seinen Geist zur Ruhe zu bringen, wurde ihm rasch bewusst, dass er sein ganzes Leben lang nur um Anerkennung gekämpft hatte. Seine Berufswahl und andere wichtige Entscheidungen hatten wenig mit dem zu tun, was wirklich sein Herzenswunsch war. Sie hatten vielmehr das Ziel, andere zufrieden zu stellen. Er war dieser Tatsache gegenüber noch bis vor kurzem völlig blind gewesen, doch jetzt wurde ihm alles klar, und er konnte sogar über seine bisherige Lebensweise lachen. Im Lauf der nächsten Jahre nahm er einige gravierende Veränderungen in seinem Leben vor – alle zu seinem Besten.

Meinen Geist zur Ruhe zu bringen hat es mir ermöglicht, mir selbst gegenüber ehrlicher und einfühlsamer zu sein. Ich bin nun in der Lage zu erkennen, in welchem Zustand ich mich manchmal befinde, nämlich in einem der Ungeduld und Unfreundlichkeit. Ich kann jetzt an einige meiner alten Gewohnheiten auf eine neue Art und Weise herangehen, wobei ich oft völlig mit ihnen breche. Sicher haben mir im Lauf meines Lebens viele ganz unterschiedliche Menschen und Denkansätze geholfen, doch nichts war für mich persönlich effizienter, als zu lernen, meinen Geist zur Ruhe zu bringen. So wurde es mir möglich, meine eigenen Verhaltensmuster zu erkennen, auch die destruktiven – und natürlich auch die Lösung für viele meiner Probleme. Ich habe noch einen langen Weg vor mir, doch ich vertraue auf die Kraft der Ruhe.

Ich lernte einmal einen ehemaligen Heroinsüchtigen kennen, der sich nun langsam erholte. Er hatte sich einer Vielzahl von Drogenprogrammen unterzogen, die ihm alle sehr geholfen hatten. Doch erst als er lernte, seinen Geist zur Ruhe zu bringen, konnte er die Drogen gänzlich aufgeben. Er war schon seit fünf Jahren clean, und ihm war klar, dass seine Impulse – real, wie sie waren – mit einem einzigen Gedanken begannen. Er lernte, sich auf diese Gedanken wirklich als reine »Gedanken« zu beziehen und nicht als Wünsche. Er würdigte sie dann, behandelte sie einfühlsam, sagte sich, dass das schon in Ordnung käme – und dann ließ er sie vorüberziehen. Er erzählte, es sei ihm nun möglich, mit seinen »Drogengedanken« umzugehen, als würde er ein Papierschiffchen ganz sachte in einen reißenden Fluss setzen und ihm gestatten davonzutreiben.

Es gibt so vieles im Leben, Kleinigkeiten und Gravierendes, mit dem Potenzial, uns in Aufregung zu versetzen. Der Vorteil, wenn man lernt, seinen Geist zur Ruhe zu bringen, liegt auf der Hand: Selbst wenn etwas Wichtiges und Schmerzliches passiert, sind wir in der Lage, die Ursache dieses Schmerzes zu erkennen, und dann können wir zwar nicht immer, aber doch oft eine positive Veränderung vornehmen.

Ich lernte zum Beispiel einmal eine Dame kennen, die mir erzählte, sie würde ihre im Sterben liegende Mutter »hassen«. Sie hatte Dutzende von Gründen und empfand ihren Hass als völlig berechtigt.

Ganz vorsichtig schlug ich ihr vor, sich doch einmal ruhig hinzusetzen und ihrem Geist einen Moment der Stille zu gönnen. Sie tat also nichts, als ein paar Minuten lang dazusitzen, zu atmen und still zu sein. Obwohl sie ihre Augen geschlossen hielt, konnte ich sehen, wie ihr die Tränen übers Gesicht liefen.

Nach ein paar Minuten öffnete sie die Augen, und noch immer weinend sagte sie mir, es sei ihr bewusst geworden, dass dieser Hass sich nicht lohne. Sie empfand Vergebung gegenüber ihrer Mutter und sie erzählte mir, dass sie die alte Frau besuchen und die Sache ins Reine bringen wolle. Auch wenn einem dieser Wandel wie Zauberei vorkommt, ist es eigentlich doch ganz simpel zu durchschauen, wie es dazu kommen konnte.

Es schien mir, dass diese Dame Dutzende und Aberdutzende von Gedanken hatte, die sich gegenseitig rechtfertigten. Sie nahm sie alle sehr ernst. Es ist nicht so, dass ihr Ärger nicht berechtigt gewesen wäre oder dass sie keine »guten Gründe« gehabt hätte. Ihr wurde schlichtweg bewusst, dass diese fürchterliche Bürde von Gedanken, an denen sie festhielt, nicht den Vorteil überwog, die Beziehung zu ihrer Mutter zu verbessern, bevor es zu spät war. Sie tat nichts weiter, als sich die Zeit zu nehmen, sich die Natur ihrer Denkweise einmal ein bisschen anders anzusehen. Es wurde ihr klar, dass die bloße Tatsache, dass sie derartige Gedanken hatte, nicht bedeutete, dass sie nicht anders damit umgehen oder sie gleich ganz fallen lassen konnte. Es war, als würde sie gleichzeitig ihre eigene Unschuld wie auch die ihrer Mutter sehen.

Ich hoffe, dass Sie mit dieser Idee, die eigenen Gedanken frühzeitig zu erkennen, nämlich noch bevor sie die Chance haben, Kontrolle über Ihre Reaktionen zu erlangen oder Ihnen ein Schnippchen zu schlagen, experimentieren werden. Meist geht es hauptsächlich darum, zum jeweiligen Zeitpunkt dem mehr Aufmerksamkeit zu schenken, was sich gerade im Inneren abspielt. Anstatt diesen Gedanken zu gestatten, aufs Geratewohl zu wachsen und sich zu entwickeln, entscheiden Sie, ob und wann Sie möchten, dass das passiert. Ich habe diese Strategie immer sehr hilfreich und bekräftigend gefunden, und ich hoffe, dass es Ihnen ebenso geht.

13
Sich vor der Belastung eines hyperaktiven Geistes in Acht nehmen

Eines Tages hatten meine beiden Kinder ein paar Freunde zu uns nach Hause eingeladen. Es war fast Essenszeit, und alle hatten Hunger und wurden ungeduldig. Ich machte mich also schleunigst daran, etwas vorzubereiten.

Zuerst stellte ich eine Herdplatte auf die höchste Stufe und warf ein paar Nudeln in einen Topf. Ich kochte sie, so schnell es nur ging, und gab rasch noch ein paar andere Zutaten hinzu, darunter mehrere Sorten Gemüse.

Das Ergebnis war katastrophal. Die Nudeln und ein Teil des Gemüses waren verkocht, während andere Zutaten noch roh waren. Nichts schmeckte lecker. Was die Sache noch schlimmer machte, war, dass ich die Küche in ein Schlachtfeld verwandelt hatte und die Lebensmittel überall verstreut herumlagen. Das Ende vom Lied war, dass ich noch einmal von vorn anfangen musste. Statt Zeit zu sparen, hatte ich mir also mehr Arbeit aufgehalst, und die Kinder mussten noch länger auf ihr Essen warten.

Beim Schreinern gilt Ähnliches: »Miss zweimal nach, und schneide dann einmal zu.« Die Idee ist folgende: Wenn man sich nur einen Tick mehr Zeit nimmt und rechtzeitig sorgfältig und aufmerksam ist, dann lässt es sich meist vermeiden, Zeit, Energie und Geld zu vergeuden. Anstatt unnötige Fehler zu machen, klappt dann alles beim ersten Mal.

Rückblickend sehe ich natürlich ein, dass den Kindern mein Essen sicher geschmeckt hätte, wenn ich die Ruhe bewahrt und mir fünf Minuten mehr Zeit zum Kochen genommen hätte – und außerdem hätte ich Zeit, Energie und auch Geld gespart.
Sich einmal bewusst zu machen, welche Belastung ein hyperaktiver Geist bedeutet, kann im Leben eine enorme Veränderung bewirken. Mich persönlich hat diese Strategie ruhiger, glücklicher, weniger vorschnell und effizienter gemacht. Man kann das leicht lernen, und dann wird man plötzlich feststellen, dass man sich sagt: »Es darf ja nicht wahr sein, dass ich früher so gelebt habe!« Sie werden sich wundern, wie Sie mit einem Geist, der derart übervoll von Gedanken, Ideen und Überlegungen war, die sich alle gleichzeitig aufdrängten und zudem oft in Widerstreit miteinander lagen, früher überhaupt so gut funktionieren konnten.
Wird man sich der möglichen Schäden bewusst und des Tributs, den ein hyperaktiver Geist fordert, dann ist das, wie wenn einem klar wird, dass ein zu hastiges Zubereiten einer Mahlzeit ein schlechtes Ergebnis bringt. In beiden Fällen besteht ein Gefühl von Dringlichkeit und Geschwindigkeit, und in beiden Fällen liegt es auf der Hand, dass die Qualität des Endresultats beeinträchtigt wird. Wir scheinen Unmengen zu tun, doch in Wirklichkeit stehen uns unsere Bemühungen nur im Weg. Es fehlt an Ordnung, der Einsatz wird verdoppelt, und wir schaffen mehr Durcheinander, als es eigentlich sein müsste.
Denken Sie doch einmal einen Moment über Ihr Zuhause nach. Die meisten von uns würden vermutlich zustimmen, dass es eine ideale Menge an Ausstattung gibt – Möbel, Nippes, Dekorationsgegenstände, Kunst, Kleidung, Töpfe und Pfannen –, wenn also alles prima Platz hat. An einem gewissen Punkt, das heißt, wenn man eine bestimmte Grenze überschreitet, ist das Endergebnis

ein Durcheinander. Es gilt also zu reduzieren. So ein bisschen Wirrwarr ist ja vielleicht gar nicht so schlimm, und jeder hat da seine individuelle Toleranzschwelle, doch ab einem gewissen Punkt wird das Gefühl von Ordnung, Ästhetik und Organisation in unserem Zuhause beeinträchtigt. Es ist dann zu voll und somit wird es schwieriger, etwas zu finden. Am Ende verlegt man dann seine Schlüssel, die Brieftasche und andere wichtige Sachen, bloß weil alles so chaotisch ist. Es wird immer schwieriger, den geeigneten Platz zu finden, um etwas aufzubewahren, und es ist auch aufwendiger, das Haus sauber zu halten. Weil es schlichtweg zu voll ist.

Das ist ein hervorragendes Bild für die Art, wie wir unseren Geist behandeln.

Es besteht bei vielen von uns eine ausgeprägte Neigung, uns zu viel auf einmal durch den Kopf gehen zu lassen. Es ist zu voll dort drinnen. Überlegen Sie sich einmal, was im Kopf eines jeden Einzelnen ständig abläuft.

Da wären einmal all die Pläne die Zukunft betreffend. Was wollen wir mit unserem Leben anfangen? Was wird heute später noch passieren, was nächste Woche, nächsten Monat und nächstes Jahr? Wie können wir unsere ganze Arbeit schaffen, die Kinder ins Fußball-Training bringen und die Wäsche aus der Reinigung abholen – alles vor fünf Uhr? »Huch, ich habe vergessen, Bill anzurufen«, denken wir uns. Und: »In der Arbeit ist zurzeit so viel los.« In der Zwischenzeit planen wir die Geburtstagsfeier von unserem Sohn und versuchen, uns zu erinnern, wo wir die Belege hingetan haben, weil die Steuererklärung fällig wird. Gleichzeitig denken wir: »Wie werde ich leben können, wenn ich in Rente gehe und älter werde? Wie wird das alles laufen?«

In unserem Geist kann sich das alles sehr kompliziert und verwirrend gestalten. Unsere Gedanken sind gnadenlos. Hunderte

von Überlegungen und unterschiedliche Entscheidungen wetteifern um unsere Aufmerksamkeit. Zwischen unseren Gedanken bestehen Konflikte. »Ich möchte die Stereoanlage kaufen, aber eigentlich will ich Geld sparen.« Und dann gibt es noch die vielen Überlegungen, was andere von uns halten könnten.
Auch das Gedächtnis spielt eine Rolle – alles, was uns in der Vergangenheit passiert ist. Es gibt das Kurzzeitgedächtnis, das uns an den Streit vor einer Stunde erinnert, und das Langzeitgedächtnis, das uns die Ereignisse in unserer Kindheit in Erinnerung ruft. Dann wären da noch der stündliche Zeitplan, unsere Liste, was wir Tag für Tag zu tun haben. Selbst wenn uns technisch perfekte elektronische Zeitplaner zur Verfügung stehen, haben wir das meiste auch im Kopf. Wir sind ohne Unterlass dabei, die Liste zu verändern und abzuschätzen, ob wir gut im Rennen liegen. Wir fügen einiges hinzu, streichen anderes, bringen Korrekturen an. Dann stellt sich die gute, altbekannte Sorge ein. Was könnte uns passieren – was könnte schief gehen? Wie können wir uns für den schlimmsten Fall wappnen? Man füge nun noch Groll, Fantasien und weitere Ziele hinzu, und dann ist es recht schnell zu viel des Guten.
Was es so schwierig macht, einen hyperaktiven Geist zu erkennen und dann den Wunsch zu entwickeln, sich seiner zu entledigen – oder ihn zumindest einzudämmen –, ist, dass alles den Anschein hat, als wäre es total »normal«. Sie waren vermutlich schon immer viel mit Ihrem Denken beschäftigt und haben das nie als problematisch angesehen. Außerdem leidet ja so ziemlich jeder an diesem Problem. Unser Geist ist wie ein komplexer Computer mit einem Überschuss an Daten. Irgendwann verheddern sich die Drähte, was dann zu Fehlfunktionen oder einem Absturz führt. Die meisten von uns haben sich jedoch so sehr daran gewöhnt, dass sie keinen weiteren Gedanken daran verschwenden.

Es ist nicht nur gesellschaftlich akzeptabel, einen hyperaktiven Geist zu haben, sondern es wird in gewisser Weise sogar bewundert. Wir schauen auf zu Menschen, die bis zum Anschlag belastet sind und mit vielen Bällen gleichzeitig jonglieren. Wir sind manchmal sogar stolz, dass wir ständig an so vieles denken müssen und dass wir das irgendwie auf die Reihe kriegen. Es besteht kein Zweifel: Es ist schwierig, etwas sein zu lassen, das wir bewundern.

Schließlich scheint ein geschäftiger Geist notwendig zu sein. Wie sollten wir in unserer »geschäftigen« Welt mit unserem »geschäftigen« Leben klarkommen, wenn unser Denken nicht auch jeden Augenblick mit Volldampf voraus liefe?

Ein hyperaktiver Geist kann jedoch sehr trügerisch sein. Wenn Sie etwas belastet, ist es – oberflächlich betrachtet – offensichtlich, dass die Wurzel des Problems – der Schuldige sozusagen – genau das ist, worauf man gerade seine Aufmerksamkeit richtet. Nehmen wir beispielsweise einmal an, Sie haben einen Streit mit Ihrer Ehefrau. Sie sagt etwas, das Ihnen gegen den Strich geht, und Sie werden wütend. Sie reagieren auf der Stelle. Sie verwickeln sich in dem Drama und steigern sich immer mehr hinein. Geistig suchen Sie nach Argumenten und proben Ihre Antworten. Sie sind überzeugt, dass die Schuld bei ihr liegt. Sie haben Recht – Ihre Frau hat Unrecht.

Die Frage ist: »Hätten Sie sich so leicht provozieren lassen und dann derart überreagiert, wenn Ihr Geist klar und ruhig gewesen wäre?« Mit Sicherheit weiß man das natürlich nie, aber zumindest ist es eine Überlegung wert. Vermutlich ist Ihr Geist gerade in ein Dutzend verschiedene Richtungen rotiert. Sie waren bereits angespannt und gestresst, bevor der Kommentar fiel, der Sie dann so aufgeregt hat. Sie haben sich unter Druck gefühlt, Ihr Kopf war voll von Sorgen, die mit der Beziehung zu Ihrer Frau in

keinem Zusammenhang standen. Rückblickend lässt sich leicht erkennen, dass Sie praktisch alles aus der Fassung hätte bringen können.
Denken Sie einmal darüber nach, was das für ein Stress ist, wenn man so lebt – mit einem vollen Kopf, der ständig irgendwelche Berechnungen anstellt. Ein Gedanke folgt auf den anderen, und dann kommt noch einer – und das den lieben langen Tag. Wie bei einem mentalen Ping-Pong-Spiel fliegen Ihre Gedanken hin und her. Sie ruhen nicht in Ihrer Mitte.
Es gibt eine ganze Reihe von Vorteilen, wenn man nicht ständig den Kopf so voll hat. Der erste hat damit zu tun, wie Sie sich fühlen. Sobald das reine Datenvolumen, die Informationen, Pläne, Sorgen, Grübeleien und Überlegungen reduziert sind – selbst nur ein bisschen –, werden Sie das Gefühl haben, Sie seien aus einer dunklen Höhle in die Sonne getreten. Sie empfinden einen Freiraum, Leichtigkeit und Freiheit. Für mich ist das eine Art geistiges Gegenstück zu einem unordentlichen Schreibtisch, auf dem sich Papiere und Ordner bis zur Decke stapeln, bis man plötzlich aufräumt. Sie spüren dann unvermittelt ein Gefühl von Klarheit, als würden Sie Licht am Ende des Tunnels sehen. Sie sind auch weniger angespannt und neigen nicht so zu Überreaktionen. Weil Ihr Geist ruhiger ist, haben Sie nicht den Impuls, auf alles loszugehen, was schief geht oder unerwartet kommt, oder auch jeden Gedanken überzuinterpretieren, inwiefern er Ihren Plänen und Erwartungen auch nur im Geringsten in die Quere kommen könnte. Sie sind in der Lage, eine Wahl zu treffen, welchen Gedanken Sie Bedeutung zumessen wollen, welchen Sie mehr Aufmerksamkeit schenken und welchen weniger, oder ob Sie manche Überlegungen nicht gleich ganz außer Acht lassen.
Eine meiner liebsten Metaphern zum Thema hyperaktiver Geist ist folgende: Stellen Sie sich einen Aufzug vor, dessen Kapazität

mit sechzehn Personen oder tausend Kilo voll erschöpft ist. Solange sich jeder an die Vorgabe hält und die Anzahl der Personen die Kapazität nicht übersteigt, funktioniert dieser Lift sicher und überaus effizient. Auch wenn es im Aufzug voll wird, ist er nicht überladen, und die Mitfahrenden fühlen sich relativ wohl. Sie kooperieren, indem sie versuchen, den anderen nicht in die Quere zu kommen.

Würde man nun aber versuchen, weitere zwanzig Personen in diesen Aufzug zu quetschen, dann bräche die Hölle los. Die Fahrgäste wären irritiert und angespannt, und der Lift wäre nicht mehr sicher. Die Leute kämen sich ins Gehege, und das reine Volumen an Fahrgästen würde das Auf und Ab des Lifts gefährden. Es käme zu Ärger, Verwirrung, Klaustrophobie und Chaos.

Unser Geist ist so einem Aufzug ähnlich. Es gibt ein optimales Niveau an mentaler Aktivität, bei dem wir relativ entspannt bleiben und höchst effizient arbeiten. Das Leben kann uns nicht viel anhaben, selbst wenn etwas schief geht oder viel auf dem Spiel steht. Ich kenne das, wenn mein eigener Geist frei und klar ist. Ich kann dann recht gut eine angemessene Sichtweise beibehalten. Ich kann, was ansonsten als »irritierende Nachricht« bei mir ankäme, aufnehmen und mühelos verarbeiten. Wenn sich meine Erwartungen nicht erfüllen, bin ich meist in der Lage, damit umzugehen. Und kommt wirklich ein gravierendes Problem auf mich zu, bin ich in der Regel fähig, klar und konstruktiv zu denken.

Ist unsere »Gedankenkapazität« jedoch überlastet, können die Ergebnisse katastrophal ausfallen, was häufig auch der Fall ist. Kleinigkeiten fangen an, uns Sorgen zu machen. Wir müssen uns um zu viel gleichzeitig kümmern, was uns dann verwirrt und frustriert werden lässt. Erst neulich stand ich zufällig neben einer

Fremden, der offensichtlich viel durch den Kopf ging. Ich konnte es an ihren Augen sehen und auch hören, wenn sie etwas äußerte. Sie wirkte aufgewühlt und angespannt, wie sie so nervös hin und her ging und dabei ständig auf die Uhr schaute. Ihre Gedanken und Worte waren überall und nirgends. Wir sahen beide bei einem Fußballspiel zu, und der Schiedsrichter traf eine strittige Entscheidung. Ich habe keine Ahnung, ob sie gerecht und korrekt war – es war nicht so wichtig. Diese Frau kam jedoch nicht darüber hinweg. Sie schrie den Schiedsrichter an und tigerte noch schneller hin und her als zuvor, wobei sie etwas von »dämlicher Schiedsrichter« und der Ungerechtigkeit des Lebens murmelte.

Oberflächlich betrachtet sind derartige Kleinigkeiten wirklich nicht so wichtig, doch sie summieren sich mit der Zeit, und dann macht es einen enormen Unterschied, besonders wenn viel auf dem Spiel steht. Stellen Sie sich vor, wie notwendig Klugheit und Klarheit sind, wenn wir mit einem gravierenden Problem konfrontiert sind. Ein Freund zum Beispiel ist verletzt und braucht Hilfe. Wenn Ihnen »tausend Sachen durch den Kopf gehen«, wie hilfreich vermögen Sie ihm dann zu sein?

Nehmen wir einmal an, Sie haben die Kontrolle über Ihre Ausgaben verloren und sich finanziell übernommen. Was Sie dann am meisten brauchen, ist ein kristallklarer Verstand. Auf diese Weise können Sie die nötigen Korrekturen vornehmen und einen intelligenten Plan ersinnen, der Abhilfe schafft. Was aber, wenn Ihr Geist stattdessen voller Sorgen ist und ständig am Rotieren? Dann könnten Sie leicht in Panik verfallen und das Problem gar noch verschlimmern, indem Sie unsinnige Entscheidungen treffen.

Für mich ist ein hyperaktiver Geist das Frühstadium von Nervosität, Irritation und Stress. Er ist die Brutstätte für Überreaktionen und falsche Entscheidungen. So gesehen, ist er also nicht wünschenswert, was es uns eigentlich einfacher machen sollte, die Motivation zu finden, die Lautstärke und die Geschwindigkeit unseres Denkens zu drosseln, um uns aus dem Griff dieses hyperaktiven Geistes zu befreien.

Der Schlüssel, wenn man seinen hyperaktiven Geist beruhigen und zur Ruhe bringen will, ist, darauf zu vertrauen, dass dann schon alles in Ordnung kommt. Wer sich seinen Kopf frei macht, der schaltet ihn nicht ab. Er arbeitet immer noch weiter. Aber er ist dann gewitzter, leistet bessere Arbeit und ist effizienter. Es stellen sich in einem geordneten Prozess kluge und intelligente Gedanken ein, und die angemessenen Einfälle tauchen auf, wenn man sie braucht. Wie Joe Bailey und ich in unserem Buch »Reg dich nicht auf!« erläutert haben, ist es tröstlich, sich klarzumachen, dass »weniger oft mehr ist«, wenn es ums Denken geht. Es hilft auch zu wissen, dass mentale Gesundheit unser Geburtsrecht ist.

Ich war einmal beim Joggen, da stolperte ich über den Randstein des Gehwegs und schlug mir das Knie auf. Eine schöne Bescherung! Alles war voller Blut. Gott sei Dank tat es nicht so weh, wie es aussah.

Als ich nach Hause kam, reinigte ich die Wunde und legte einen Verband an. Dann vergaß ich den Zwischenfall und ging zur Tagesordnung über. Abends, also acht oder neun Stunden später, nahm ich den Verband ab, um die Wunde zu reinigen. Zu meiner großen Überraschung hatte der lange Schnitt schon zu heilen begonnen. Ich konnte fast zusehen, wie sich der Schorf bildete. Die Frage, die ich mir stellte und die ich jetzt Ihnen stelle, lautet: »Woher weiß unser Körper, dass er das tun soll?« Denkt man einmal darüber nach, kommt man zu einem beachtlichen Ergebnis. Wir versuchen nicht, den Körper zu »richten« oder zu heilen – das geschieht ganz von selbst. Irgendwie weiß unser Körper, was er tun muss. Der gleiche Heilungsprozess gilt in vielen Fällen, wenn wir uns etwas brechen oder den Knöchel verstauchen, jedoch auch bei unzähligen anderen Dingen, die uns zustoßen. Das Wunder ist tagtäglich in vollem Gang.

Meiner Erfahrung nach sind sich mentale Gesundheit und Flexibilität erstaunlich ähnlich. Sie sind das mentale oder spirituelle Äquivalent zu einem gesunden Immunsystem. Wir müssen nicht lernen, wie man es »besitzt«, weil so eine Art mentales Immunsystem nämlich bereits vorhanden ist. Offensichtlich gibt es jedoch viele Zeiten, da es sich uns entzieht, zum Beispiel wenn wir uns in unseren Gedanken verheddern und die angemessene Sichtweise verlieren, doch weg ist dieses mentale Immunsystem nie. Wo sollte es auch hingehen? Anstatt uns zu verlassen, verbirgt es sich einfach – wie die Sonne hinter den Wolken.

Sie haben wahrscheinlich schon einmal die Erfahrung gemacht, dass Ihnen eine Idee oder Lösung kam – wie ein Blitz aus heiterem Himmel. Aus dem Nichts hatten Sie plötzlich eine Einsicht. Der perfekte Gedanke kam Ihnen genau zum richtigen Zeitpunkt in den Sinn.

Ich möchte vorschlagen, zu lernen, wie derartige Einsichten mehr zu einer Lebensweise werden, anstatt nur hin und wieder überraschend aufzutreten. Jeder von uns hat die Fähigkeit, sich von einem ruhigeren, klügeren Standpunkt aus auf das Leben zu beziehen. Anstatt sich zerstreut und getrieben zu fühlen, können wir aus einer Position der inneren Weisheit heraus handeln und Frieden empfinden, wir können uns auf unsere angeborene Intelligenz verlassen.

Es ist von unschätzbarer Bedeutung zu wissen, dass dieser Prozess funktioniert. Dann müssen wir uns nämlich nicht mehr jeden Moment und tagtäglich so enorm anstrengen. Wir können von der Notwendigkeit ablassen, alles ständig im Kopf parat haben zu müssen. Stattdessen können wir lernen, darauf zu vertrauen, dass sich, wenn wir uns entspannen, die angemessenen Gedanken und Ideen zum richtigen Zeitpunkt einstellen werden. Das soll nicht heißen, dass wir nicht sorgsam unseren Zeitplan im Auge haben sollten, einen Tagesplaner führen oder Dinge durchdenken sollten. Es hat nichts damit zu tun, dass wir an »Biss« verlieren. Ganz im Gegenteil – unser Zugriff wird sogar erhöht. Wir tun nichts weiter als lernen, wie man loslässt und viele der Gedanken, die uns niederdrücken, einfach fallen lässt – die überflüssigen nämlich, die wir in einem bestimmten Moment nicht gebrauchen können. Es ist, wie wenn man eine geballte Faust öffnet oder einen schweren Rucksack abnimmt.

Am besten beginnt man damit, indem man dem Ausmaß und Volumen an Aktivitäten, die sich im Kopf ständig abspielen, stille Aufmerksamkeit schenkt. Seien Sie nur aufmerksam, beurteilen Sie nicht, was Sie beobachten, und seien Sie nicht streng mit sich selbst. Sobald Sie Zeit aufbringen, um Ihr eigenes Denken zu beobachten, werden Sie feststellen, dass Sie präsenter werden. Sie werden den Frieden empfinden, der sich einstellt, wenn Sie Ihre Aufmerksamkeit dahin zu lenken verstehen, wo Sie sie zu einem bestimmten Zeitpunkt gerade haben wollen. Wenn Sie beispielsweise lesen, konzentrieren Sie sich auf den Inhalt. Spielen Sie Tennis, gehen Sie völlig in dem Match auf. Wenn Sie eine Diskussion führen, hat die Person, mit der sie zusammen sind, das Gefühl, dass Sie wirklich bei ihr sind.

Überprüfen Sie einmal, wie viele Ihrer Gedanken unnötig sind. Wenn Sie zum Beispiel gerade dasitzen und sich mit einem Freund unterhalten, dann versuchen Sie zu registrieren, wie andere Gedanken Sie abzulenken versuchen. Erst gestern unterhielt ich mich mit jemandem, als meine Gedanken mich nur so bombardierten! Es bestand kein akuter Notfall, um den ich mich hätte kümmern müssen. Diese Gedanken kamen aufs Geratewohl und erinnerten mich an alles Mögliche, das ich an dem Tag noch zu tun hatte. Jeder einzelne war total überflüssig in diesem speziellen Moment. Sie störten mich nur bei dem, was ich gerade tat – ein wichtiges Gespräch mit jemandem führen, mit dem ich einen Termin hatte. Meine Gedanken wollten mich jedoch überzeugen, dass diese Verabredung meine Aufmerksamkeit nicht wert war, all meine anderen Termine aber schon.

Dies ist die Natur unseres Denkens: Es raubt Ihnen Ihre Konzentration und Freude an dem, was Sie gerade tun, zu Gunsten von allem anderen, was Sie später tun wollen oder schon getan haben, und suggeriert Ihnen sogar Gedanken, über die Sie sich schlichtweg Sorgen machen. Wenn Sie einmal objektiv darüber nachdenken, dann ist das absurd und extrem uneffektiv. Ich persönlich würde mich jedenfalls lieber fünf Minuten bei ungeteilter Aufmerksamkeit mit jemandem unterhalten als eine volle Stunde bei mentaler Aktivität und Ablenkung. In besagtem Fall half mir das Wissen, was sich da abspielte. Anstatt mit meinem Gespräch – total abgelenkt – fortzufahren, war ich in der Lage, die unnötigen Gedanken fallen zu lassen und meine Aufmerksamkeit wieder zu konzentrieren.

Ich habe diese Strategie »Sich vor der Belastung eines hyperaktiven Geistes in Acht nehmen« genannt, weil die halbe Schlacht schon gewonnen ist, sobald man sich diese Bürde bewusst macht. Dann muss man nur noch die in einem bestimmten Augenblick überflüssigen Gedanken sanft fallen lassen. Der Trick besteht darin, dass man die Gedanken registriert und sie dann loslässt.

Sie können davon ausgehen, dass Ihre Gedanken immer da sein werden und auch wieder auftauchen, wenn sie gebraucht werden. Bei dem Gespräch, das ich gerade erwähnt habe, vertraute ich beispielsweise darauf, dass, wenn ich meine geistige Hyperaktivität sein ließe und mich einfach auf mein derzeitiges Gespräch konzentrierte, mein Gedächtnis mir anschließend schon mitteilen würde, was ich als Nächstes zu tun hätte. Und genau das ist auch eingetreten.

Ein nonstop hyperaktiver Geist ist eine Riesenbelastung. Wenn Sie diese Belastung nur ein wenig reduzieren können, werden Sie über diese neue Quelle der Kreativität erstaunt sein, denn frische Ideen und Einsichten stellen sich dann viel häufiger ein. Sobald Sie auf Ihren ruhigeren, weniger abgelenkten Geist vertrauen, werden Sie auch feststellen, wie viel ausgeglichener Sie sich fühlen und wie viel klarer Ihre Sichtweise sein kann. Wenn dann ein gravierendes Problem oder eine Lebenskrise eintritt, sind Sie gewappnet. Sie werden in der Lage sein zu erkennen, was sich genau abspielt, und zwar von einer höheren Warte aus gesehen und ohne die Bürde von Unmengen Kleinkram, der Ihre Aufmerksamkeit beansprucht.

Mit der Zeit kann einem diese Aufmerksamkeit zur zweiten Natur werden, ja zur Normalität. Wer langfristig seinen Geist immer wieder leert, schafft den notwendigen mentalen Raum, der die Quelle von Frieden, Einsicht, Entspannung, Weisheit und Glück ist. Schaffen Sie Platz zwischen Ihren Gedanken, fällt Ihnen auch auf, wenn Ihnen zu viel im Kopf herumgeht.

Ich bin der Überzeugung, dass ein hyperaktiver, geschäftiger Geist eine wirkliche Belastung ist, die unsere natürliche innere Weisheit, den gesunden Menschenverstand und unser Glück beeinträchtigt. Nun hoffe ich, dass Sie mir darin beipflichten, je vertrauter Sie mit dem Frieden und der Freude werden, die entstehen, wenn einem weniger durch den Kopf geht.

14

Der Wahrheit mit liebevoller Freundlichkeit ins Auge blicken

Diese Strategie enthält eine der wichtigsten Erkenntnisse, die ich je in mein Leben integriert habe. Ich gebe zu, dass mir das anfangs keineswegs leicht gefallen ist. Ich hatte zu viele Zweifel und Ängste, von denen mir einige nicht einmal bewusst waren. Aber nach etwas Übung und Geduld vermittelte mir dieses Konzept viel Kraft, Vertrauen und Mut, und dazu noch eine Möglichkeit, mich auftretenden Widrigkeiten unmittelbar zu stellen.

Einer der einfachsten und sicher auch nachvollziehbarsten Mechanismen, derer wir Menschen uns bedienen, ist die Verdrängung: Wir wollen unsere Probleme einfach nicht sehen. Wir tun einfach so, als sei etwas nicht so, wie es ist, oder wir schauen weg. Wenn ich sage, dass dieser Mechanismus nachvollziehbar ist, dann beruht das auf der Tatsache, dass er mit der Kampf-Flucht-Reaktion in Verbindung steht. Nehmen wir also etwas wahr, das uns Angst macht oder bedroht, tun wir eines von beidem. Wir schlagen entweder zurück, um Vergeltung zu üben, oder wir gehen in Deckung beziehungsweise rennen davon.

Dazu ein Beispiel: Vielleicht sind wir über jemanden in der Familie schon seit Jahren verärgert. Anstatt der Wahrheit ins Auge zu blicken, machen wir einfach so weiter, als sei nichts geschehen. Wir gehen diesem Verwandten entweder aus dem Weg oder reißen uns zusammen, wenn wir ihm begegnen. Um den Familienfrieden zu wahren, tun wir so, als würde die Sache anders laufen, als es in Wirklichkeit der Fall ist. Dann geben wir uns nach außen hin freundlich, obwohl wir innerlich kochen. Es besteht also ein Ungleichgewicht zwischen dem, wie wir uns präsentieren, und unserer wirklichen Erfahrung. Diese Art von Beziehung mag ja vielleicht ganz praktisch sein, aber nie so liebevoll, wie sie es sein könnte.

Manchmal ergehen wir uns in passiv-aggressivem Verhalten. Das bedeutet, dass wir gehässige Dinge sagen oder tun, die vordergründig mit unserem Ärger und unserer Frustration nichts zu tun haben. Wir werten zum Beispiel jemanden mit unserem Sarkasmus ab oder wir kommen zu spät, was für den anderen Stress bedeutet, wirken aber nach außen hin immer sehr nett und freundlich. Wir sagen vielleicht sogar: »Ach, das tut mir aber Leid!« Auf diese Weise erwecken wir den Eindruck, als würden wir keinerlei negative Absichten oder Gefühle haben. Wir benehmen uns dann sehr wohl aggressiv, müssen es aber nicht zugeben. Ich bezeichne dieses Verhalten als »passiv-aggressiv«. Es fällt nicht groß auf, und manchmal ist es nicht einmal beabsichtigt. Jedenfalls gelingt es uns auf diese Weise, so zu handeln, als sei alles in Ordnung, egal wie es in unserem Inneren aussieht.

Das Problem bei dieser Art von Selbsttäuschung und diesem Mangel an Aufrichtigkeit ist, dass sie letztlich absolut selbstzerstörerisch sind. Zu der negativen Einstellung, die man jemandem gegenüber hat, kommt die Selbsttäuschung noch hinzu, was – und das ist wichtig – zu einem immerwährenden Kreislauf und der Fortsetzung des jeweiligen Problems führt. Der Grund ist folgender: Wie sehr wir uns auch wünschen, dass es anders wäre, lässt sich an der Wahrheit doch nicht rütteln. Die Wahrheit bleibt, wie sie ist. Ob es sich nun um Ärger über ein Familienmitglied,

Furcht vor dem Unbekannten oder auch Angst vor einem bestimmten Risiko handelt, die Gefühle sind da und warten auf eine Lösung. Und solange man sich ihrer nicht bewusst wird, gehen sie nicht weg.

Ihre Gedanken können Bedauern über Vergangenes, Traurigkeit über eine gescheiterte Beziehung, Enttäuschung über einen Verlust und vieles andere beinhalten. Jedenfalls sind diese Gedanken, Erinnerungen und Gefühle noch Teil Ihres Lebens, egal ob sie gerade präsent sind oder in den Hintergrund gedrängt. Sie sind selbst aus einer gewissen Distanz noch einflussreich genug, um in Ihrem Leben Stress, Frustration und Verwirrung zu verbreiten. Wenn Sie sich diese Gefühle und Gedanken nicht bewusst machen und mit ihnen unmittelbar und auf eine gesunde Weise umgehen, dann machen sie sich in vielerlei Hinsicht negativ bemerkbar.

Unerkannte Gefühle können das Leben bestimmen und einen davon abhalten, bestimmte Dinge zu tun. Ihr Ärger und Ihr Hass vergiften beispielsweise Ihre Beziehungen und nehmen Ihnen die Fähigkeit, zu lieben und zu verzeihen. Sie neigen dann zu Überreaktionen oder sind verärgert, wissen aber nicht, warum. Aus Habgier oder Egoismus heraus verhalten Sie sich womöglich moralisch nicht ganz korrekt. Sie wissen allerdings nie, warum man Ihnen nicht voll vertraut. Und das alles kommt nur, weil Sie der Wahrheit nicht ins Auge blicken können oder wollen. Das soll natürlich nicht heißen, dass wir schlechte Menschen sind oder etwas nicht mit uns stimmt. Es handelt sich schlichtweg um das Ergebnis unseres Unwillens, einmal die Teile, die Gedanken in uns unter die Lupe zu nehmen, die uns Angst machen oder die wir nicht akzeptabel finden.

Was kann man also mit einer nagenden Furcht machen, die nie wegzugehen scheint? Was kann man mit seinem tiefen Groll auf einen Menschen machen, der einem einmal übel mitgespielt hat? Wie kann man je seine Traurigkeit überwinden, die auf einer verletzenden oder traumatischen Erfahrung beruht?

Wie wir bereits gesehen haben, bedeutet das Prinzip der Achtsamkeit, dass wir uns – ohne zu werten – bewusst werden, was in einem bestimmten Moment wirklich in uns vorgeht. Man atmet beispielsweise tief ein und wird sich bewusst, dass man atmet. Beim Ausatmen konzentriert man sich auf die Tatsache, dass man ausatmet. Sie sind sich also absolut im Klaren, was Sie in diesem Augenblick tun.

Wenn Sie ein auf Achtsamkeit begründetes Leben führen und dabei Ihre tagtäglichen Pflichten erfüllen, werden sich viele verschiedene Gedanken und Geisteszustände einstellen. Einige werden Ihnen gefallen, andere nicht. Sie müssen nichts anderes tun, als aufmerksam zu sein und auf das zu achten, was geschieht. Anstatt nur die Geisteszustände anzunehmen, die einem angenehm sind, sollte man offen und willens sein, alle zu akzeptieren.

Achten Sie darauf, wann sich Ängste bemerkbar machen. Es könnte sich dabei um die Angst vor dem Alter handeln, ja vor dem Tod. Oder es könnten die alten Versagensängste sein, die einen wieder einmal heimsuchen. Oder es ist die Angst vor der Einsamkeit oder dass etwas Schlimmes passieren könnte. Es scheint eine Ironie des Schicksals, doch genau diese Augenblicke bergen eine enorme Chance, sich weiterzuentwickeln und somit die Ursache seines Leids zu verringern.

Der Trick ist folgender: Anstatt sich von seinen Ängsten abzuwenden und sich irgendwie abzulenken oder gar ihre Existenz zu leugnen, wendet man sich ihnen unmittelbar zu. Atmen Sie ein, und sagen Sie zu sich: »Ich atme ein.« Atmen Sie aus, und sagen Sie zu sich: »Das ist mal wieder die alte Angst.« Ich empfehle

Ihnen, wirklich mit Ihrer Angst zu sprechen und dabei ganz freundlich zu sein. Machen Sie sich keine Sorgen und seien Sie nicht überrascht, dass sie da ist. Treten Sie vielmehr mit Ihrer Angst in einen liebevollen, einfühlsamen Dialog. Sie wird Ihnen nicht wehtun, und sie ist auch nicht Ihr Feind. Anstatt zu sagen: »Geh weg und lass mich in Ruhe!« oder einfach so zu tun, als wäre die Angst nicht da, haben Sie Geduld und gehen mit ihr um, als sei sie eine alte Freundin. Erforschen Sie Ihre Angst aus einer gewissen Distanz. Beobachten Sie, wie sie sich zeigt. Halten Sie einen gewissen Abstand, seien Sie aber dennoch interessiert und aufmerksam.

Ich stelle mir meine negativen, angstvollen Gedanken manchmal in einen Rucksack gepackt vor, den ich auf dem Rücken trage, egal wohin ich gehe. Hin und wieder kommt einer der Gedanken zum Vorschein und sucht mich heim. Ich bin zu dem Schluss gekommen, dass man seinen Rucksack nicht einfach wegwerfen kann – ich jedenfalls nicht. Aber ich habe gelernt, mich auf seinen Inhalt ganz anders zu beziehen. Während ich früher versuchte, Angst, Ärger, Frustration und Groll im möglichst fest verschlossenen Rucksack zu lassen, gestatte ich den Gedanken nun herauszukommen, wenn die Notwendigkeit besteht. Ja, manchmal mache ich den Reißverschluss auf – bildlich gesehen natürlich – und fordere die Gedanken auf, mir einen Besuch abzustatten. Es ist wirklich interessant festzustellen, wie schon der Wille, »sie herauszulassen«, sich auf die Dynamik auswirkt und diese Gedanken dann letztlich gar nicht herauskommen wollen.

Manche Menschen vergleichen die Erfahrung, ihre Gedanken auf diese Weise zu beobachten, mit einem Kinobesuch. Sie sind nur Zuschauer, beobachten Ängste, Eifersucht, Habgier, Hass, Unruhe, Frustration, Stress und was sonst noch so alles passiert auf dem »geistigen Bildschirm«. Sie geben kein Urteil ab über das, was sie sehen, und versuchen auch nicht, etwas daran zu ändern, sondern registrieren einfach nur, was da ist. Es geht also um den reinen Akt der Beobachtung, der dann das Negative auflöst und unserer inneren Gesundheit die Möglichkeit gibt, zutage zu treten.

Widerstand hingegen hält Angst und andere negative Gefühle am Leben. Unsere Abneigung gegen das, was uns ungelegen kommt, bewirkt, dass es immer wieder auf uns zukommt. Es ist wie bei einem Gummiband. Wenn wir stark daran ziehen und dann die Hand wegnehmen, schnellt es nur umso schneller und fester zurück.

Ohne Widerstand gibt es jedoch keinen Kampf; nichts schürt das Feuer. Sobald man seine negativen Gedanken erkennt und die Wahrheit des Augenblicks würdigt, und zwar ohne Panik oder Ablehnung, nimmt man ihnen die Spitze. Sicher, die ersten paar Male, wenn man das macht, kommen einem schon seltsam vor. Schließlich fordern Sie ja praktisch alles, wovor Sie Ihr ganzes Leben lang davongerannt sind oder was Sie vermieden haben, regelrecht auf, Ihnen nun einen Besuch abzustatten. Es ist, wie wenn man einen Nachbarn, mit dem man jahrelang verkracht war, zu sich nach Hause zum Kaffeetrinken einlädt. Ihre Beziehung zu Ihren Gedanken ist der Beziehung zu Ihrem Nachbarn ähnlich. Der Streit geht ewig weiter, wenn man sich nicht zu einer Geste der Versöhnung entschließt.

Wenn Sie nun also üben und langsam ein gewisses Vertrauen in die neue Art und Weise gewinnen, mit Ihren Gedanken hinsichtlich Angst, Ärger und Schmerz umzugehen, werden Sie feststellen, dass das Leid nachlässt. Es geht nie völlig weg und es ist sicher nicht angenehm, aber so schrecklich ist es dann bestimmt nicht mehr.

Ich machte einmal eine schwierige Zeit durch, als ich mit jemandem an einem Projekt arbeitete. Es traten sehr viele Konflikte auf, das Projekt kam nicht so richtig in Gang, es mangelte an Gemeinsamkeiten. Etwas lief total schief. Ich fing also an, mehr darauf zu achten, was in mir vorging. Mir fiel auf, dass sich in meinem Kopf immer wieder eine alte Leier abspulte, bei der es um Überlegenheit ging. Außerdem gab ich innerlich ständig negative Urteile über diese Person ab.

Anstatt zu versuchen, an dem Ganzen etwas zu ändern, es nicht wahrhaben zu wollen oder gar zu fordern, dass mein Gegenüber sich anders verhalten solle, stellte ich einfach fest, was sich da abspielte. »Mann, schon wieder eine Wertung, und noch eine. Und da ist auch noch ein ängstlicher Gedanke. Warum kommst du heute zu mir?«, fragte ich also. Im Handumdrehen wurde mir klar, dass meine Gedanken mich wieder einmal mit »altem Krempel« bombardierten. Doch anstatt zu versuchen, diese Gedanken auf die Reihe zu kriegen oder gar eine Veränderung herbeizuführen, ließ ich sie einfach fallen.

Die daraus folgende heilsame Erfahrung ist eigentlich gängig. Der simple Akt, sich seine Gedanken bewusst zu machen und ihnen zu gestatten, einfach da zu sein, ohne sie wegzustoßen oder zu leugnen, bewirkte eine Minderung ihres Einflusses. Es war, als würden die Gedanken ihre Macht verlieren, mich zu beunruhigen und meine Sicht der Dinge und meinen gesunden Menschenverstand zu beeinträchtigen. Ich reagierte weniger schnell über, ich war in der Lage, sinnvollere Entscheidungen zu treffen und in unserer Beziehung die notwendigen Veränderungen vorzunehmen. Sobald ich emotional nicht mehr aufgewühlt war, konnte ich korrigierend eingreifen und mit der Situation rationaler umgehen.

Ich erinnere mich noch, wie ich zum ersten Mal einem Menschen, der andere gerne schikanierte, ohne Angst gegenübertrat. Ich war etwa zehn Jahre alt und hatte vor dem Mann große Angst. Je mehr ich mich aufregte, desto mehr Spaß hatte er an seinem tyrannischen Verhalten. Eines Tages sah ich ihm – wie meine Mutter es mir geraten hatte – vor mehreren Leuten in die Augen und stellte ihm in aller Ruhe und ohne jegliche Ironie die folgenden Fragen: »Macht es dir wirklich Spaß, auf Leuten herumzuhacken, die kleiner sind als du? Tyrannisierst du auch kleinere Kinder oder nur zehnjährige wie mich?«

Ich war völlig wehrlos, doch von diesem Moment an schikanierte mich der Bursche nie mehr. Er zögerte sogar, nur in meine Nähe zu kommen. Indem ich ihm direkt, von Angesicht zu Angesicht und in aller Ruhe furchtlos gegenübertrat, war es für ihn nicht mehr interessant, auf mir herumzuhacken. Es bedurfte keiner Gewalt. Keine Drohungen, keine Muskeln, keine Vergeltung war erforderlich. Es war nur notwendig, meiner Angst unmittelbar ins Auge zu blicken.

Ich habe festgestellt, dass unsere Gedanken, Ängste und Frustrationen erstaunlich ähnlich reagieren. Begegnet man ihnen erhobenen Hauptes von Angesicht zu Angesicht mit Freundlichkeit, dann lösen sie sich auf und werden von selbst gut handhabbar.

Für mich ist das die beste Übung, wie man seine Lebenskrisen meistern lernt. Schmerz und Kummer sind Erfahrungen, die wir alle machen. Wir werden von unseren Lieben getrennt. Wir sind Veränderungen und Unwägbarkeiten ausgesetzt. Verluste, Enttäuschungen und Misserfolge kennen wir alle. Die Frage lautet also: »Was tun wir, wenn dergleichen passiert?« Für mich ist die Antwort schwierig, aber dennoch simpel. Wenn wir jemanden oder etwas verlieren, den beziehungsweise das wir lieben, dann blicken wir dem Schmerz unmittelbar ins Auge. Auf diese Weise kann der Schmerz uns nicht überwältigen, uns verzehren und von allen Seiten womöglich unerwartet bombardieren. Wir wissen nämlich, wo er ist, denn schließlich blicken wir ihn ja an.

Um keine Irrtümer aufkommen zu lassen: Diese Strategie soll nicht heißen, dass man locker-flockig sagt: »Ach ja, das tut weh« – und dann womöglich erwartet, dass der Schmerz nachlässt. Es geht vielmehr darum, sich seinen Schmerz bewusst zu machen, ihn anzuerkennen und zu erkunden. Es geht darum, Schmerzen mit Freundlichkeit und Mitgefühl zu begegnen und nicht mit Aversion.

Ich lernte einmal eine Frau kennen, die eine schwere Zeit durchmachte, nachdem ihre Kinder aus dem Haus gegangen waren. Sie hatte vier Töchter großgezogen, inzwischen waren alle weg. Ihre wohlmeinenden Freunde rieten ihr, sich von ihrer Einsamkeit abzulenken. Die Frau versuchte also, weiterhin viel zu unternehmen und ihre Motivation aufrechtzuerhalten. Doch je mehr sie sich bemühte, desto mehr nahmen ihre Verzweiflung und innere Leere zu. Die Zeit verstrich, doch die Zeit allein heilte die Wunden eben nicht.

An einem bestimmten Punkt riet ihr dann jemand, nicht mehr vor ihrem Schmerz davonzulaufen und ihn nicht mehr zu leugnen. Sie bekam den Rat, dem, was sie am meisten fürchtete, mit Mitgefühl und Freundlichkeit ins Gesicht zu sehen: ihrer Einsamkeit. Es war, als würde sie zu ihren eigenen Gedanken sagen: »Hallo, Einsamkeit. Wie ich sehe, bist du noch immer bei mir.« Anstatt den Schmerz beiseite zu schieben, hieß sie ihn willkommen.

Innerhalb von ein paar Tagen begann der Schmerz, der sie so lang gepeinigt hatte, langsam nachzulassen. Sie hatte sich mit ihrer schlimmsten Angst konfrontiert, und zwar nicht mit Härte und Zwang, sondern mit sanfter Neugier. Jetzt, da sie ihre Angst

anerkannt und sich um sie gekümmert hatte, veränderten sich ihre Gedanken und wurden positiver. Es war, als hätte sie sich selbst die Genehmigung erteilt, sich weiterzuentwickeln.
Der Wahrheit mit liebevoller Freundlichkeit ins Auge zu blicken ist eine gute Methode, den Dingen zu begegnen, die uns am meisten Angst machen. Wenn wir an unsere Angst, an Ärger oder Verzweiflung mit Mitgefühl rühren, anstatt uns angewidert abzuwenden, können sich unsere Selbstheilungskräfte entfalten. Ich hoffe, dass Sie den Mut finden werden, all dem ins Auge zu blicken, was Ihnen Schmerzen bereitet, und so liebevoll damit umzugehen, wie es notwendig ist.

15 Sich mit dem Mangel an Kontrolle abfinden

Für mich ist es fast schon grotesk, dass wir, um uns in dieser Welt »sicher« zu fühlen, vor allem einfach aufgeben müssen. Doch Aufgeben hat hier nichts mit Resignation zu tun. Wir lassen vielmehr das Kämpfen sein, das uns notwendig erscheint, um immer mehr Kontrolle zu erlangen.

Die meisten von uns versuchen mehr oder weniger, auf der sicheren Seite zu sein. Wir stellen uns vor – bewusst oder unbewusst –, dass es irgendwie möglich ist, sich angemessen vorzubereiten, um sich so vor Gefahren zu schützen. Also kämpfen wir, bauen Mauern, leisten Widerstand, raffen Wertgegenstände, leben ein von Zynismus geprägtes Dasein, gehen in die Defensive und tun weiß Gott was, um uns für alle eventuellen Gefahren zu wappnen – reale und eingebildete.

Ich lernte einmal einen Mann kennen, der nach objektiven Kriterien wirklich sehr erfolgreich war. Er hatte alles, was man sich nur wünschen konnte: großen Erfolg, ein beträchtliches Vermögen und er genoss hohes Prestige. Er hatte eine wunderbare Familie und sah auch gut aus. Er war gesund und sehr reich. Das Problem war, dass er an einer Art Verfolgungswahn litt. Er hatte das Gefühl, er wäre nur sicher, wenn er sich richtig »vorbereitete«. Wenn man ihn fragte, worauf er sich denn eigentlich genau vorbereite, vermittelte er seinem Gegenüber das Gefühl, naiv zu sein.

Wie die meisten von uns lebte er in der Illusion, dass es möglich sei, den Naturgesetzen Widerstand zu leisten, wenn er nur hart genug daran arbeitete. Er glaubte, dass Kontrolle machbar sei, und er war unermüdlich in seinen Bemühungen. So schuf er sich ein sicheres Ambiente, in dem er dann lebte. Er hatte die besten Anwälte, die man für Geld bekommen konnte. Es stand ihm die beste medizinische Behandlung zur Verfügung. Er schickte seine Kinder auf erstklassige Schulen und zu den besten Therapeuten. Er engagierte einen Sportlehrer, damit er und seine Frau fit und gesund blieben. Er hatte einen bombensicheren Ehevertrag ausgehandelt und einen überaus komplexen Vermögensplan. Seine Akten und Schubladen waren in schönster Ordnung. Seine Tage verbrachte dieser Mann damit, über sein Vermögen zu wachen und auf noch bessere Möglichkeiten zu sinnen, sein Hab und Gut beisammenzuhalten. Trat ein Problem auf, nahm er es auf der Stelle in Angriff. Er war immer auf der Hut, in Hab-Acht-Stellung.
Doch in gewisser Weise arbeitete sein Reichtum gegen ihn. Sein Geld und seine Macht ließen ihn annehmen, dass er sich so ziemlich gegen alles schützen könne. Das war natürlich ein Trugschluss. Wie es im Leben eben ist, unterliegt alles Veränderungen. Seine Kinder wuchsen heran und wurden rebellisch. Er hatte viel weniger Kontrolle, als er gemeint hatte. Seine Frau verließ ihn wegen eines jüngeren, attraktiveren Mannes. Der Ehevertrag war zwar hilfreich, hatte aber trotzdem seine Schwächen. Sein Körper alterte, er wurde krank, und schließlich starb er. Nach seinem Tod stritten sich die Erben um sein Geld.
Der Grund, warum ich einen reichen und mächtigen Mann als Beispiel heranziehe, ist folgender: Er vermittelte den Eindruck, er habe mehr als andere alle Widrigkeiten im Griff. Aber wie die berühmte Schauspielerin, die sich an ihren Ruhm klammert, oder

die attraktive Frau, die ihr Selbstwertgefühl aus ihrer Schönheit bezieht, steht am Ende ganz unvermeidlich ein gewisses Leid.

All das ist nur die äußerliche, leicht nachvollziehbare Seite der Kontrolle. Das Problem reicht erheblich tiefer und macht sich in unserem Leben auf viel subtilere Weise bemerkbar. Die meisten von uns kommen auf Grund ihrer Lebensumstände gar nicht auf den Gedanken, sie könnten alles kontrollieren. Dennoch bleibt vieles, das wir gern im Griff haben wollen. Und dieses Streben nach Kontrolle ist die Wurzel unserer Unsicherheit und unseres Leids.

Mir scheint, dass die meisten von uns vor allem eine »sichere« Zukunft wollen – und in gewisser Weise eine Garantie dafür. Ich meine damit nicht unbedingt finanzielle Sicherheit, sondern eher, dass wir uns wünschen, dass unser Leben und die Welt um uns herum vorhersehbar sein soll. Wir wollen uns hinsichtlich der Zukunft sicher fühlen, wollen wissen, was passieren wird – und wir wollen in der Lage sein, all das zu kontrollieren. Wir brauchen ein gewisses Maß an Planbarkeit für unser Wohlbefinden.

Das ist natürlich absolut verständlich. Das Problem ist, dass wir in einer sich ständig verändernden Welt leben, in einer Welt, in der es schlichtweg keine wirkliche Sicherheit und absolute Vorhersehbarkeit gibt. Je stärker wir also Widerstand leisten, desto schlimmer fallen wir herein. Je mehr wir investieren, um diese Planbarkeit zu schaffen, desto enttäuschter sind wir, wenn sich unsere Erwartungen und Hoffnungen nicht erfüllen.

Beispiele dafür gibt es allenthalben. Wir wollen, dass sich jemand auf eine bestimmte Weise verhält, was derjenige aber nicht tut. Wir möchten, dass unsere Kinder einen bestimmten Lebensweg einschlagen, aber sie treffen eine andere Wahl. Wir brauchen Schnee, weil wir Ski fahren wollen, aber es fällt keiner. Wir hoffen, bis zu einem bestimmten Alter arbeiten zu können, doch unsere Firma macht Pleite. Wir wollen, dass die Ehe unserer Freunde Bestand hat, doch sie lassen sich scheiden. Ich könnte seitenweise weitermachen.

Wie schon gesagt, es ist irgendwie grotesk. Doch dem Stress, sich einer ungewissen Zukunft und einer unsicheren Welt ausgesetzt zu sehen, kommt man am besten bei, indem man sich mit dem Mangel an Kontrolle abfindet. Was also heißt: Genau das, was wir am wenigsten wollen, ist unser einziger Ausweg, unsere einzige reale Möglichkeit, uns zu wappnen. Denken Sie einmal darüber nach. Der Druck, der sich durch die vermeintliche Vorhersehbarkeit ergibt, ist beträchtlich und endlos. Ist es unser vorrangiges Ziel, in Sicherheit und Planbarkeit zu leben, dann wird die Veränderung zu unserem Feind. Sobald es für unseren Seelenfrieden wichtig ist, all das zu bekommen, was wir uns wünschen – Materielles, Reaktionen, Ergebnisse und was sonst noch –, dann werden wir nie wirklichen und dauerhaften Frieden erfahren.

Ist unsere Reaktion auf eine Veränderung aggressiv oder versuchen wir, Widerstand zu leisten, so ist das, als befände man sich im Ozean, mitten in einer Rippströmung, wo verschiedene Strömungen aufeinander treffen. Je angestrengter wir schwimmen, desto weiter gehen wir unter und desto hilfloser werden wir. Aus einer Rippströmung kommt man eben nicht, indem man kämpft und Widerstand leistet. Tut man das, steigt sogar das Risiko, dass man schließlich ertrinkt. Die Befreiung besteht vielmehr darin, dass man einfach locker lässt und der Strömung gestattet, einen dorthin zu treiben, wohin sie will. In den meisten Fällen erweist sie sich nach einer Weile als harmlos, und dann kann man zum Ufer schwimmen und schließlich aus dem Wasser steigen.

Sie sollten sich dessen bewusst sein, dass Sie sich nicht mit der Rippströmung abfinden, weil Sie ertrinken wollen. Genau das Gegenteil ist der Fall. Sie geben sich der Strömung hin, weil Sie überleben wollen. Ihr Mangel an Widerstand wird so zu Ihrer größten Stärke.

Das Leben ist wie eine Rippströmung. Es kommt, wie es kommt, mit oder ohne Ihre Billigung oder Zustimmung. Es gibt Unmengen von Wendungen und Abweichungen. Und manchmal geht es sanft zu, und manchmal eben rau. Aber unvorhersehbar ist das Leben immer.

Mit alldem möchte ich die Bedeutung rationaler oder praktischer Vorbereitungen auf die Zukunft keinesfalls herunterspielen. Natürlich ist es klug, wenn man für sich selbst und seine Lieben gut sorgt. Ich bin ein überzeugter Befürworter der präventiven Medizin. So empfehle ich aus vielen Gründen Yoga, nicht nur, weil Sie dann nicht so steif sind, wenn Sie in die Jahre kommen. Außerdem bin ich ein Befürworter einer lebenslangen Ausbildung, denn Lernen macht nicht nur Spaß, sondern eine gute Ausbildung ist oft grundlegend wichtig für späteren Erfolg.

Ich habe auch eine Lebensversicherung abgeschlossen, um meine Familie abzusichern, für den Fall, dass ich unerwartet sterbe. Ich glaube an Hausratsversicherungen. Ich besitze sogar eine Katastrophenversicherung, falls eine Naturkatastrophe eintritt oder ein von Menschen verursachter Ausnahmezustand. Und ich möchte Sie auffordern, es ebenso zu halten. Ich bin der Auffassung, dass man alles tun sollte, was sinnvoll ist, um sich gegen Widrigkeiten zu schützen.

Diese Philosophie will also nicht besagen, dass Sie klein beigeben und sich in eine Opferrolle fügen sollen. Es geht nicht darum, anderen zu gestatten, auf einem herumzutrampeln, oder generell um eine passive Haltung. Man sollte vielmehr erkennen, welche

Kraft es hat, wenn man sich mit etwas abfindet. Es ist tröstlich zu wissen, dass die Zukunft nicht auf den eigenen Schultern lastet. Und es ist ganz in Ordnung – ja sogar wünschenswert –, dass dem nicht so ist. Die Lösung besteht nicht in dem Glauben, dass Sie jedes Problem meistern können, das sich Ihnen in den Weg stellt. Und es ist auch keine Lösung, wenn man meint, dass man über allem stehen kann oder jegliche Wendung des Schicksals vorhersehen und sich darauf vorbereiten kann, wenn man sich nur wirklich bemüht.

Ob es um einen Liebesakt, um das Vergnügen, ein Theaterstück anzusehen oder Musik zu hören, geht, um ein Essen mit einem guten Freund, um einen Spaziergang am Meer oder um sonst eine schöne Unternehmung, Ihre eigentliche Chance liegt in genau diesem Augenblick. Allein die Tatsache, dass Sie sich diesem Moment hingeben, macht diese Erfahrung zu etwas so Besonderem. Deshalb können Erinnerungen zwar wunderbar sein, aber in der Regel sind sie nicht ganz so schön wie die gelebte Wirklichkeit.

Der Grundgedanke ist, dass man sich *in* diesem Augenblick aufhält und ihn nicht mit anderen vergleicht. Haben wir Angst, sind enttäuscht oder verärgert, versuchen wir meist, der Realität zu entwischen. Wir ziehen uns entweder in unsere Erinnerung zurück, weil wir sie für zuverlässig und planbar halten. Oder wir stellen uns die Zukunft vor und versuchen, die Situation zu bereinigen, oder entwickeln Ängste deswegen. Unser Denken sinnt verzweifelt auf eine Antwort. Wir wollen nicht schutzlos sein.

Wenn wir jedoch einsehen, wie wichtig es ist, sich einfach mit etwas abzufinden, dann fühlen wir uns sicher genug, den Moment zu leben – selbst wenn er schmerzlich ist. Haben wir nämlich erkannt, dass wir uns nirgends verstecken können, hören wir auf zu rennen. Und dann wird uns erstmals bewusst, dass die wahre Sicherheit nicht darin besteht, uns vor dem Augenblick zu schützen. Sie besteht vielmehr in einer völligen Öffnung für das, »was ist«.

Erst gestern unterhielt ich mich mit einer Dame, die gerade erfahren hatte, dass ihre Tochter in der Schule beim Konsumieren von Drogen erwischt worden war. Die ruhige Art, wie sie damit umging, veranlasste mich, sie zu bitten, ein Kapitel dieses Buches zu schreiben. Sie war so ausgeglichen, weil sie wusste, dass sie sich nirgends verstecken konnte. Sie sprach davon, wie schwierig es sei, ihre Tochter in eine Reha-Klinik zu bringen, wobei ihre Augen voll unglaublicher Liebe waren.

Sie dachte über ihre eigene Jugend nach und über die Schwierigkeiten, mit denen sie damals zu kämpfen hatte. Den Ernst der Lage spielte sie dabei in keiner Weise herunter. Sie war vielmehr ein Paradebeispiel für tatkräftige Liebe. Sie hatte klare Vorstellungen von dem, was zu tun war, und sie tat, was notwendig war. Gleichzeitig hatte sie sich eine angemessene Sicht der Dinge bewahrt. Obwohl sie wusste, dass ihr Familienleben sich verändert hatte, war sie willens, sich der Aufgabe zu stellen. Sie hatte nicht damit gerechnet – und jemand anderem würde sie dergleichen auch nicht wünschen. Aber sie rannte nicht davon – weder physisch noch emotional. Anstatt sich zu wappnen oder so zu tun, als sei es nicht so, fand sie sich mit der augenblicklichen Wahrheit ab. Diese Aufgabe ermöglichte es ihrer inneren Weisheit zu leuchten.

16 Betreten verboten!

Ist Ihnen je aufgefallen, mit wie vielen Schildern Sie tagtäglich konfrontiert werden? Schauen Sie einmal genau hin: Sehr oft können Schilder eine Lektion für das eigene Leben beinhalten, die weit über ihre ursprüngliche Intention hinausgeht. Denken Sie nur einmal an die gängigen Straßenschilder. Wie wäre es mit »Bodenwelle«? Eine übertragene Bedeutung könnte sein, dass Ihnen raue Zeiten bevorstehen. Oder »Achtung!« Auch dieses Schild könnten Sie als eine Aufforderung betrachten, sich vorzusehen. Manchmal tut man gut daran, an das Leben mit offenen Augen heranzugehen. Oder wie wäre es mit den Schildern zur Geschwindigkeitsbeschränkung? Wer würde von diesem Rat nicht profitieren im Leben? Das ist doch wahrlich etwas, woran wir denken sollten, und zwar nicht nur beim Autofahren.

Dr. Rhonda Hull hat ein exzellentes Buch mit dem Titel »Drive Yourself Happy« geschrieben; es ist voll von solchen Metaphern. Sie legt uns nahe, wenn wir ein Schild sehen, es als Erinnerung an etwas anderes zu interpretieren. Es ist fast so, als würde uns das Schild auf die Schulter tippen und sagen: »Denk dran!«

Für mich ist eines der bedeutsamsten Schilder »Betreten verboten«. Wie oft am Tag sieht man diese Worte? Die Bedeutung erklärt sich von selbst. Es handelt sich um eine Empfehlung oder Warnung, die besagt: »Geh da nicht rein!« Das Schild lässt vielleicht auf Gefahr schließen – oder es schützt Privatbesitz. Aber es kann natürlich auch einen anderen Zweck haben.

Für mich steckt in diesen Worten eine bedeutende Botschaft, die das Leben betrifft. Betreten verboten. Wenn Sie diese Botschaft zu bestimmten Zeiten befolgen, kann das inneren Frieden mit sich bringen, im Gegensatz zu Leid in Form von Ärger, Frustration, Eifersucht, Depression, Reue und Sorgen – und zwar besonders in schwierigen Momenten.

Ich schlage vor, die Worte »Betreten verboten« dann zu verwenden, wenn es darum geht, welchen Gedanken wir Zugang zu unserem Denken gewähren. Anstatt sämtlichen Überlegungen, die gedacht werden wollen, freien Zutritt zu garantieren, bieten die Worte »Betreten verboten« eine Art mentalen Schutz oder eine Schranke vor potenziell giftigen Gedanken. Sie erinnern uns ganz einfach daran, dass bestimmte Gedanken – wenn wir ihnen gestatten, sich unserer zu bemächtigen – mit ziemlicher Sicherheit Leid, Verwirrung oder generell eine weitere Verschlechterung bewirken. Sicher gibt es auch Zeiten, in denen es notwendig ist, über etwas nachzudenken, doch erheblich öfter besteht diese Notwendigkeit nicht, wenn man ehrlich ist.

Diesen Vorschlag unterbreitete ich einmal einem Publikum. Da stand ein Mann auf und widersprach mir. Er sagte: »Ich sehe schon, worauf Sie mit dieser Analogie hinauswollen, aber das erscheint mir doch ein bisschen arg naiv.« Er war der Meinung, dass die Dinge, mit denen er sich auseinander zu setzen hatte, zu wichtig waren, um eine derartige Technik anzuwenden.

Etwa einen Monat später bekam ich eine der dankbarsten Zuschriften, die ich je erhalten habe. Sie war von genau diesem Mann. Offensichtlich hatte er es geschafft, seine eigenen Einwände zu überwinden, die Bedeutung meiner Worte einzusehen und sie in seinem Leben in die Tat umzusetzen. Er behauptete, dass die Anwendung des Betreten-verboten-Konzepts ihn davor bewahrt habe, dass sein Ärger sich in Wut verwandelte – und seine Enttäuschung in Verzweiflung.

Oft sind die effizientesten Techniken überhaupt nicht kompliziert. Doch was so simpel erscheint, ist keineswegs einfach. Versuchen Sie zum Beispiel einmal, bis zehn zu zählen, bevor Sie auf etwas reagieren. Diese kurze, simple Pause kann den Unterschied ausmachen zwischen einer übers Knie gebrochenen Spontanreaktion und einer sinnvollen, angemessenen Antwort. Oder wie wäre es, kräftig durchzuatmen, bevor Sie etwas sagen? Wenn Sie sich einen Moment, ja den Bruchteil einer Sekunde Zeit lassen, bevor Sie mit einer Antwort herausplatzen, gibt Ihnen das die Möglichkeit, voll zu erfassen und zu verdauen, was Ihr Gegenüber zu Ihnen gesagt hat. Der andere hat so das Gefühl, gehört und verstanden zu werden. Ein Mann erzählte mir einmal, dass sich seine Ehe um sage und schreibe fünfzig Prozent verbessert habe, seit er seine Fähigkeit zuzuhören um fünf Prozent gesteigert hatte. Man hat mir unzählige Male gesagt, dass schlechtes Zuhören sich auf eine Beziehung fatal auswirkt und dass schon die geringfügigste Verbesserung enorm hilfreich ist.

Ich stelle diese Beispiele heraus, um zu zeigen, dass etwas Simples durchaus effizient und wirkungsvoll sein kann. Das gilt mit Sicherheit auch für die Betreten-Verboten-Philosophie. Warum das so ist, will ich Ihnen nun erklären.

Unser Denken kommt immer in Form von Gefühlen zu uns zurück. Vielleicht haben Sie ja wie der Mann, von dem ich gerade berichtet habe, gedacht, dass diese Technik zu simpel ist. Wenn ja, dann empfinden Sie jetzt per Definition Skepsis, Argwohn oder Zynismus. Eine ähnliche Dynamik besteht unabhängig vom jeweiligen Inhalt in Ihrem Denken. Stellen Sie sich einmal vor,

dass Sie jetzt so richtig ärgerlich werden wollen. Wie könnten Sie das anstellen? Was müssten Sie da tun?
Sie müssten natürlich an etwas denken, das Sie so richtig auf die Palme bringt. Ohne derartige Gedanken hätten Sie sozusagen kein Glück. Es ist sicher nicht erstrebenswert, aber was würden Sie tun, um neidisch zu werden? Die einzige Möglichkeit ist, sich vorzustellen, dass Sie etwas haben wollen, das jemand anderer besitzt – oder dass er es Ihnen wegnimmt.
Eines meiner Lieblingsbeispiele, was die Verbindung zwischen Gedanken und Gefühlen angeht, ist das Lesen einer Zeitschrift. Nehmen wir also einmal an, Sie lesen eine Geschichte über ein kleines Mädchen und ihr Pony. Obwohl die Kleine erst zehn ist, gewinnt sie schon seit Jahren Wettbewerbe. Dann denken Sie vielleicht: »Mann, das ist ja echt toll!« In diesem Fall fühlen Sie sich vermutlich irgendwie animiert oder inspiriert.
Oder Sie denken: »So eine verzogene Göre. Die muss ja ganz schön reiche Eltern haben.« Ist Ihnen das durch den Kopf gegangen, dann empfinden Sie Zynismus. Das Interessante dabei ist, dass die Worte, die in dem Artikel stehen, exakt die gleichen sind. Nicht sie haben Ihre Gefühle ausgelöst – sondern Ihr Denken.
Das zu wissen ist überaus hilfreich. Ich will damit absolut nicht behaupten, dass da keine psychologischen Faktoren im Spiel wären – vermutlich schon. Und ich will auch nicht sagen, dass die Gene und persönlichen Lebensumstände nicht wichtig sind. Ein Mensch kann durchaus eine bestimmte Veranlagung haben, doch diese kann er überwinden. Der Punkt ist, dass ohne negative Gedanken, die man sich zu Herzen nimmt, schlichtweg das Feuer nicht geschürt wird. Allein Ihre Gedanken sind verantwortlich für das, was Sie empfinden.
Ein Mann hat mir einmal ein dramatisches Beispiel erzählt, wie sein Denken seinem Leben einen historischen Vorfall bescherte.

Er war fast zwanzig Jahre sehr glücklich verheiratet gewesen. Er und seine Frau hatten drei reizende Kinder. Von ein paar gängigen Problemen abgesehen, beschrieb er seine Ehe als »sehr liebevoll«. Aber dann kam er ihr auf die Schliche! Seine Frau hatte etwa ein Jahr nach der Hochzeit eine kurze Affäre gehabt. Sie dauerte rund einen Monat und spielte sich ab, bevor sie Kinder hatten. Sie hatte diesen Mann seitdem nie wieder gesehen.

Ihr Ehemann drehte komplett durch und fing an, sich wie ein verwundetes Tier – so seine Worte – zu benehmen. Er wollte, dass seine Frau das Haus verließ, und scheiden lassen wollte er sich auch. Er sagte, seine Wut hielt wochenlang an. Gott sei Dank war er jedoch bereit, einen Therapeuten aufzusuchen.

Egal welche Meinung Sie persönlich zu Ehebruch haben, ist dies jedenfalls ein eklatantes Beispiel, was das Wesen des Denkens angeht. Zwanzig Jahre friedliches Eheleben ausgelöscht durch »den Gedanken«, dass die Partnerin eine Affäre gehabt hatte.

»Aber es ist doch wirklich passiert«, werden Sie vielleicht einwenden, und Sie haben Recht: Es ist passiert. Ich will eine Affäre keineswegs befürworten oder herunterspielen, sondern einfach nur die Macht aufzeigen, die unser Denken auf unsere Gefühle hat. Dieser Vorfall war real, er hat stattgefunden; doch er hatte auf den Ehemann keinen Einfluss, bis seine Gedanken ihn zum Leben erweckten.

Was die Geschichte noch interessanter macht, ist die Art, wie der Mann seine Genesung beschrieb. Er hatte einen Therapeuten aufgesucht, der ihm beibrachte, sich nicht so absolut auf seine Gedanken zu beziehen. Er ermunterte ihn, seine Gedanken zu beobachten, anstatt sich in ihnen zu verlieren. Das Ergebnis war, dass der Mann fähig wurde, einen gewissen Abstand von seinen Gedanken zu bekommen und zu entscheiden, bei welchen er die Betreten-verboten-Strategie anwenden wollte.

Nach einer Weile war er frei von Elend, Eifersucht und Unsicherheit, was diese Affäre anging. Oft ging ihm noch ein Gedanke diesbezüglich durch den Kopf, aber er hatte gelernt, seine Reaktion sanfter ausfallen zu lassen. Er erklärte mir, er würde sich diesen Gedanken dann »ansehen« und lächelnd sagen: »Mir wäre lieber, du würdest verschwinden.« Mit anderen Worten: Betreten verboten. Er hatte gelernt, seine eigenen Gedanken nicht mehr so schwer zu nehmen.

Der Mann begann zu erfahren, wie es ist, sich auf einer tieferen Ebene auf sein Denken zu beziehen. Es wurde ihm bewusst, dass Gedanken eben nichts weiter sind als nur Gedanken. Wenn Sie Ihre Gedanken in diesem Licht sehen, ist es einfach, nicht mehr so spontan auf sie zu reagieren. Es besteht schließlich ein Unterschied, ob man bei einem Film mitspielt oder sich einen ansieht. Würden Sie bei einem Banküberfall von den Räubern mit der Pistole bedroht, wäre das schrecklich. Schauen Sie sich hingegen einen Film über einen Banküberfall an, wäre diese Situation spannend, hätte aber keinen Einfluss auf Ihr Wohlbefinden. Außer bei einem wirklich schlechten Film wäre die Szenerie vielleicht sogar ganz unterhaltsam. Genau das passiert mit Ihrem Geisteszustand, wenn Sie sich von Ihrem Denken distanzieren. Es werden Ihnen immer wieder viele ähnliche Gedanken durch den Kopf gehen, doch Ihre Reaktionen müssen nicht immer die gleichen sein.

Dieses Konzept bedeutet nicht, dass Sie einen Vorfall leugnen oder dass Sie etwas billigen sollen, das Ihnen nicht passt. Es handelt sich vielmehr um eine Perspektive, die Ihnen aufzeigt, dass Sie selbst entscheiden, welche Bedeutung Sie jedem einzelnen Gedanken beimessen wollen – und ob es in Ihrem besten Interesse ist, überhaupt darüber nachzudenken oder eben nicht.

Hier noch ein persönliches Beispiel. Ich hatte einmal mit jemandem ein Problem und grübelte viel zu viel darüber nach. Jedes Mal, wenn ich an die Sache beziehungsweise die Person, mit der ich das Problem hatte, dachte, wurde ich angespannt und wütend. An einem bestimmten Punkt wurde mir klar, dass ich eine eindeutige Wahl treffen konnte, sobald sich mein Denken in diese Richtung bewegte. Ich konnte über die Situation nachsinnen, oder ich konnte das Betreten-verboten-Schild hochhalten und aussteigen. Dachte ich über die Sache nach, erwachte sie zu neuem Leben. Dann war ich immer in Sorge und genervt, was zu noch mehr negativen Gedanken führte. Je öfter ich andererseits diese Gedanken einfach fallen ließ, desto irrelevanter wurden sie. Ich lernte also, dass mein Denken nichts mit der aktuellen Problemlösung zu tun hatte; die würde sich schon einstellen oder eben auch nicht, zu gegebener Zeit und ganz von selbst.

Um ganz ehrlich zu sein: Solche Gedanken tauchen bis zum heutigen Tag immer wieder einmal auf. Der Unterschied ist, dass sie mich nicht mehr quälen. Ich stelle fest, dass sie existieren, und dann lasse ich einfach los. Sie sind dann für mich keine Stressquelle mehr, sondern harmlos.

Wenn Sie einmal wirklich über die Macht des Denkens nachsinnen, muss Ihnen einfach klar werden, dass Hass, Groll und die Unfähigkeit zu verzeihen alle von einem Gedanken abstammen. Als ich diese Tatsache einmal bezweifelte, fragte mich jemand: »Wenn das Denken den Hass nicht in Zaum hält, was dann?« Ich war nie in der Lage, eine adäquate Antwort zu geben.

Immer wenn wir uns mit etwas Wichtigem im Leben konfrontiert sehen, wenn viel auf dem Spiel steht, laufen wir Gefahr, unser Denken überzustrapazieren oder die angemessene Sichtweise zu verlieren. Unsere Gedanken dominieren dann unsere Aufmerksamkeit, und jeder brüllt: »Denk mich!« Von diesen Unmengen an

Gedanken sind viele schmerzlich, und wir sind kaum noch in der Lage, unsere Reaktionen zu kontrollieren und das richtige Maß zu halten. Anders ausgedrückt: Wir müssen einen Weg finden, wie man den Umfang und die Intensität jeglicher Gedanken reduziert, die unsere Lebensgeister beeinträchtigen. Auf diese Weise sind wir dann besser gewappnet, in aller Ruhe mit den uns zugeteilten Widrigkeiten umzugehen.

Je tiefer unsere Einsicht, dass uns unsere eigenen Gedanken ohne unsere Billigung nicht verletzen können, desto besser vermögen wir uns einen angemessenen Blickwinkel zu bewahren. Und ist das der Fall, können wir einigen Gedanken ins Auge blicken und – wenn nötig – sagen: »Betreten verboten.«

17 Achtsamkeit walten lassen

Eine meiner dramatischsten Erfahrungen von wahrer Schönheit machte ich vor ein paar Jahren in Connecticut. Mein Flugzeug landete sehr spät, lange nach Einbruch der Dunkelheit. Die einstündige Autofahrt zu meiner Unterkunft auf dem Land verlief ohne besondere Vorkommnisse. Aber ich konnte ja schließlich auch nicht viel sehen zu dieser späten Stunde.

Der nächste Morgen stellte sich mir dann ganz anders dar. Ich wachte auf, blickte aus dem Fenster, und sah mich völlig unerwartet den strahlenden Farben des Herbstlaubs gegenüber. Die Landschaft hatte schon etwas fast Surreales an sich. Ich verließ das Haus, und überall, über mir und zu meinen Füßen, an den Bäumen und auf dem Boden war alles voll von unglaublich schönem Laub. Wie noch nie zuvor hatten diese herrlich leuchtenden Farben den Effekt, meine Sinne auf eine neue Ebene des Bewusstseins und der Wertschätzung zu erheben. Alles um mich herum schien so lebendig. Ich war mir meiner Umgebung völlig bewusst.

Die Praxis der Achtsamkeit beeinflusst unseren Alltag, und auf eine ähnliche Weise wirkt sie auf emotionaler Ebene. Sie bringt Aspekte unseres Wesens an die Oberfläche, die normalerweise irgendwie verborgen liegen oder uns Angst machen, die uns peinlich sind oder die wir uns schlichtweg nicht eingestehen oder nicht handhaben können; doch sie treten zutage, und zwar nicht irgendwie erschreckend, schwierig oder schmerzlich. Die Wahrheit des Augenblicks vermag sich auf eine nicht bedrohliche, akzeptable Weise zu entfalten. Wir sind in der Lage, zu »sehen« und anzunehmen, was ist.

Achtsamkeit hat auch den Effekt, dass wir uns bewusster werden, was wirklich um uns herum vorgeht. Am besten lässt sich dieser Mechanismus wohl mit Hilfe eines Vergleichs erklären: Es ist, als würde man plötzlich aus tiefem Schlaf erwachen. Oder als hätte jemand nach Jahren völliger Finsternis gerade das Licht angemacht. Nichts um einen herum hat sich verändert. Und dennoch sieht man alles zum ersten Mal. Selbst was man früher getan hat, erscheint jetzt klarer und genauer. Stellen Sie sich also einmal vor, wie Sie sich umsehen und vieles bemerken, das sich vorher Ihrer Wahrnehmung entzogen hat, und wie Sie schließlich ein Bewusstsein für Ihre Umgebung haben wie nie zuvor. Diese Erfahrung bedeutet, lebendig zu werden, sich völlig des Augenblicks bewusst zu sein, wie er wirklich ist.

Die Auswirkungen, wenn man plötzlich »wacher« ist, sind beeindruckend. Sie haben dann an ganz normalen Dingen mehr Interesse. Die Natur ist schöner und geheimnisvoller. Sie sind in der Lage, andere klarer zu sehen. Sie vermögen ihre Unschuld wie auch ihre Schönheit zu erkennen. Sie fällen weniger Urteile, weil Sie die Menschen eher akzeptieren, wie sie eben sind. Auf diese Weise gestalten sich wiederum Ihre Beziehungen besser und liebevoller, weil – wie wir alle wissen – es unseren Mitmenschen gut tut, wenn wir sie akzeptieren, wenn wir fähig sind, bedingungslos zu lieben.

Auch wenn ich mich selbst als wirklichen Neuling auf diesem Gebiet betrachte, ist eine der drastischsten Veränderungen, die mir je passiert ist, dass ich nun eine neue Dimension von Ruhe in meinem Leben empfinde. Vorher war ich oft wegen einigen

Gedanken oder Geisteszuständen, die mir plötzlich wie aus dem Nichts zu Bewusstsein kamen, zwar nicht wirklich beängstigt, aber Sorgen bereiteten sie mir schon. Meine generelle Erfahrung war, dass einige Gedanken und Gefühle ja durchaus in Ordnung waren, andere jedoch nicht akzeptabel. Ich hatte also ein Problem, das sich vielen von uns stellt: Egal ob wir bestimmte Gedanken und Gefühle für unakzeptabel halten oder nicht, sie drängen sich einfach hin und wieder auf.

Diese Lebensweise macht einem oft Angst, denn das Wohlbefinden hängt völlig davon ab, welche Gedanken sich in einem bestimmten Moment einstellen. Da wir in der Regel auf unsere Gedanken nur reagieren, anstatt sie uns bewusst zu machen, wenn sie sich entfalten, ist unsere Beziehung zu ihnen recht destruktiv. Wir sind ihrer Gnade ausgeliefert. Läuft alles gut und haben wir positive Gedanken, dann klappt alles bestens. Doch sobald sich unsere Lebensumstände ändern oder es irgendwie schwieriger wird – und somit unsere Gedanken in Aufregung oder Ärger geraten –, bekommen wir die negativen Auswirkungen zu spüren. Wir werden ängstlich oder wir reagieren. Manchmal tun wir auch so, als hätten wir diese Empfindungen gar nicht, oder wir verstecken unsere Gefühle unter Arbeit oder Alkohol oder Drogen. Die Gedanken in unserem Kopf machen uns Angst. Dabei vergessen wir, dass wir diejenigen sind, die diese Gedanken hervorbringen.

Achtsamkeit ist eine enorm effiziente Methode, mit allen Aspekten des eigenen Wesens Frieden zu schließen. Anstatt wegen Ihrer Sorgen durchzudrehen und in Stress zu geraten, können Sie lernen, Ihre sorgenvollen Gedanken und Gefühle zur Kenntnis nehmen, ohne deshalb groß beunruhigt zu sein. Sie schauen Sie dann an, anstatt auf sie zu reagieren.

Das Wesen der Achtsamkeit beinhaltet, ein Bewusstsein für das zu entwickeln, was um einen herum vorgeht und – was noch wichtiger ist – was in einem selbst vorgeht, und zwar ständig. Man beginnt mit der Atmung. Wenn Sie einatmen, ist Ihnen bewusst, dass Ihr Atem nach innen strömt. Beim Ausatmen ist Ihnen bewusst, dass Ihr Atem aus Ihnen herausströmt. Recht simpel, oder? Eigentlich doch nicht. Versuchen Sie es mal eine Minute, und Sie werden schnell feststellen, dass es viel schwieriger ist, als es sich anhört.

Unsere Gedanken springen unvermittelt vom Planen zum Problemlösen oder von Sorgen zu Vorstellungen und Fantasien – und wieder zurück. Es ist, als würde uns jeder Gedanke zurufen: »Denk mich!« »Nein, denk mich!« »He, komm hier rüber, dieser Gedanke ist wichtig!« Und dabei sind wir uns dieser ständigen geistigen Aktivitäten nicht einmal bewusst. Dennoch reagieren wir auf sie – wobei wir nicht merken, dass wir sie selbst hervorbringen. Wir nutzen unsere Aufmerksamkeit nicht, um uns dieses Phänomen überhaupt zum Bewusstsein zu bringen, nicht einmal, wenn es um etwas so Einfaches wie unsere Atmung geht. Stattdessen sind unsere Aufmerksamkeit und unser Geist zerstreut.

Sind wir in der Lage, unsere Aufmerksamkeit wenigstens ein bisschen zu trainieren, uns unserer Atmung beim Ein- und Ausatmen bewusst zu werden, dann empfinden wir langsam ein Gefühl von Ruhe und Frieden. Anstatt herumzufuhrwerken und von einem Gedanken zum nächsten zu springen, von Sorge zu Sorge, von Plan zu Plan, ruhen wir in unserer Mitte, befinden uns im Hier und Jetzt. Die Gedanken, die wir wirklich brauchen, stellen sich dennoch ein, jedoch viel geordneter. Das Ergebnis ist, dass unser Geist sich beruhigt und stiller wird. Dann fällt es uns leichter, uns auf die Gedanken zu konzentrieren, die uns dienlich sind und die wir benötigen, wir sind nicht unserem völlig überdrehten Denken ausgeliefert.

Es besteht keine Notwendigkeit, in Ihrem Alltag etwas anders zu machen. Achten Sie einfach nur auf Ihren Atem, der Sie vierundzwanzig Stunden am Tag begleitet. Seien Sie sich Ihrer Atmung bewusst, während Sie Ihren gewohnten Tätigkeiten nachgehen.

Wenn Ihnen das mit der Zeit leichter fällt, fangen Sie an, auf Ihre Gedanken und Reaktionen hinsichtlich Ihrer Umgebung zu achten. Nehmen wir einmal an, dass Sie gerade mit dem Auto unterwegs sind und jemand Sie schneidet. Auf der Stelle verwandeln sich die Gedanken in Ärger, egal woran man vorher gedacht hat. Vielleicht denken Sie ja: »So ein Idiot. Schon wieder so ein Blödmann, der nicht Auto fahren kann in dieser Stadt.«

Sie müssen nur eines tun: Auf Ihre Gedanken achten und sie zur Kenntnis nehmen. Sie müssen nicht vermeiden, dergleichen zu denken. Sie müssen solche Gedanken auch nicht beiseite schieben oder so tun, als würden sie Ihnen nicht durch den Kopf gehen. Und Sie müssen sich auch keine Sorgen deshalb machen. Gestatten Sie diesen Gedanken, einfach da zu sein. Machen Sie sich bewusst, was Sie gerade denken.

Sie können zu einem Gedanken sogar sagen: »Guten Tag, ärgerlicher Gedanke.« Das klingt ein bisschen schräg, ich weiß, aber Sie werden erstaunt sein, was dann passiert. Wenn Sie allmählich Ihr Denken auf diese Weise durchschauen, können Sie nämlich anders damit umgehen. Dann ist es nicht mehr der Rede wert. Es ist nicht notwendig, Angst zu bekommen oder ärgerlich zu werden – oder womöglich gar frustriert. Im Idealfall gehen Sie mit den von Ihnen erkannten Gedanken freundlich um, selbst mit beängstigenden oder traurigen. Sagen Sie zu ihnen: »Schön, dich mal wieder zu sehen.«

Das Bewusstsein für die eigenen Gedanken und das Fehlen von jeglichem Widerstand nimmt der Erfahrung jeglichen Stachel.

Sie denken dann nicht mehr: »Wie kann dieser Autofahrer es wagen, sich so zu benehmen? Dem müsste man den Führerschein entziehen!« Ihnen fällt dann vielmehr auf, wie der negative Gedanke sich aufbaut. Dann können Sie ihn fallen lassen oder auch nicht - Sie haben die Wahl.
Die Magie der Achtsamkeit ist auch überaus hilfreich, wenn viel auf dem Spiel steht. So ist es beispielsweise sehr tröstlich, seine Traurigkeit und seinen Kummer zur Kenntnis zu nehmen und zu akzeptieren. Anstatt davonzurennen und sich zu verstecken oder derartige Gefühle zu leugnen, wenden Sie sich Ihrem Schmerz zu. Blicken Sie ihm ins Auge, und zwar nicht mit Aggression oder Furcht, sondern mit Mitgefühl und Freundlichkeit. Sanft und liebevoll. Betrachten Sie Ihren Schmerz mit Achtsamkeit.
Mit dem eigenen Schmerz achtsam umzugehen hilft uns, in unserem Herzen ein Gefühl von Weite zu schaffen. So finden wir einen Platz zum Ruhen, einen inneren Ort, den wir aufsuchen können. Es scheint grotesk, aber wenn wir vor unserem Schmerz nicht mehr davonrennen, uns nicht mehr vor Angst und Entsetzen abwenden, sind wir in der Lage zu erkennen, dass auch diese Situation vorübergehen wird.

18 Die geheimen Gedanken erkennen

Manchmal liegen die größten »Geheimnisse« unmittelbar vor uns. Mit Sicherheit ist es so bei unseren geheimen Gedanken. Ich bezeichne sie als geheim, weil eines fast immer übersehen wird: Sie sind jede Sekunde am Tag bei uns.

In allen meinen Büchern habe ich versucht, die Macht der eigenen Gedanken herauszustellen. Ich habe aufgezeigt, wie unsere Gedanken uns in allem ein Problem sehen lassen und uns verrückt machen. Unsere Gedanken sind auch der wichtigste Faktor, wenn es darum geht zu ermessen, wie glücklich wir sind, wie gut unsere Beziehungen sind und welches Gefühl wir uns selbst gegenüber haben. Lassen wir unsere Gedanken los, hilft uns das, über bestimmte Dinge hinwegzukommen, während sie am Leben erhalten werden, solange wir uns auf sie konzentrieren. Nie war die Einsicht in die Macht der Gedanken wichtiger als jetzt – wenn wir wirkliche Lebenskrisen meistern wollen.

Wir sind alle Denker. Da gibt es keine Ausnahme. Unser Denken bestimmt, ob die Art, wie wir das Leben erfahren, positiv oder negativ ist. Wir haben alle von Menschen gehört, deren Dasein extrem schwierig ist. Sie haben schwere Zeiten durchgemacht, machten traurige Erfahrungen und mussten in Not leben. Doch trotz allem finden sie, dass ihr Leben ganz in Ordnung ist. Sie empfinden inneren Frieden und so etwas wie Optimismus, egal was um sie herum vorgeht, wie sich ihr Umfeld gestaltet.

Viele andere sind hingegen mit einem schönen Leben gesegnet. Sie kommen in den Genuss von diversen Privilegien wie gute Gesundheit, nette Eltern, eine liebevolle Familie, vielleicht sogar Kinder. Sie sehen gut aus, sind wohlhabend und intelligent. Sie leben in einem herrlichen Ambiente. Sie haben womöglich Erfolg, diverse Hobbys und Spaß am Reisen und anderen Annehmlichkeiten. Doch egal wie wunderbar all das erscheinen mag oder oberflächlich betrachtet auch wirklich ist, sie sind stets am Jammern, unzufrieden und frustriert.

Warum ist das so? Sind sie mit Absicht unglücklich? Macht es ihnen Spaß, Stress und Frust zu haben? Natürlich nicht. Doch diese Leute haben das Gefühl, keine Wahlmöglichkeiten zu haben. Sie meinen, sie wären glücklich, »wenn nur« alles anders wäre.

Leider kann man kein gutes Leben führen, wenn das Denken einem etwas anderes weismacht. Man kann den schönsten Körper haben, doch wenn sich jemand für zu dick hält, dann ist er mit sich unzufrieden – wie es eben auch ist, wenn man sich auf die Mängel bei anderen Menschen konzentriert. Die Welt ist voll von hübschen jungen Mädchen, die enorme Probleme mit ihrem Aussehen haben. Jemand kann Millionär sein. Aber von Unsicherheit geprägte Gedanken zerstören jegliches Sicherheitsgefühl. Es gibt viele Menschen mit Unmengen Geld, die das Gefühl haben, arm zu sein. Jemand kann bekannt und bei seinen Freunden beliebt sein, doch selbst die positivsten Reaktionen vermögen die eigenen nagenden Zweifel nicht zu beseitigen. Jemand kann zu allen exotischen Orten auf der ganzen Welt reisen, doch wenn er sich mit anderen vergleicht, dann fühlt er sich noch immer irgendwie minderwertig.

Eine der klügsten Frauen, die ich kenne, ist Mavis Karn. Schon vor Jahren war sie eine der ersten, die mich ermunterte, das Denken als Geheimnis zu betrachten. Mavis gibt Kurse, wie man ein glücklicheres Leben führt, darunter auch welche für junge Leute. Eines der »Geheimnisse«, das sie Jugendliche lehrt, ist folgendes: Es ist unmöglich, sich schlecht zu fühlen, wenn man nicht auch schlecht über sich *denkt.* Mavis hat einen wunderbaren Brief geschrieben, den sie »Das Geheimnis« nennt.

Liebe Kids (und Ex-Kids),

ich habe euch ein Geheimnis mitzuteilen. Niemand wollte es vor euch verbergen ... es handelt sich einfach um etwas, das derart auf der Hand liegt, dass die Leute es nicht gesehen haben ... wie wenn man überall nach dem Schlüssel sucht, den man gerade in der Hand hält.
Das Geheimnis ist, dass ihr schon eine abgerundete, perfekte Persönlichkeit seid. Ihr seid keine beschädigte Ware, nicht unvollständig, nicht fehlerhaft, nicht unfertig; ihr müsst nicht umgestaltet, gerichtet, poliert oder grundlegend saniert werden. Ihr tragt alles in euch, was ihr zu einem wunderbaren Leben braucht. Ihr besitzt gesunden Menschenverstand, innere Weisheit, Genie, Kreativität, Humor, Selbstachtung ... ihr habt alle Möglichkeiten ... euch fehlt es an nichts.
Das Einzige, was euch daran hindern kann, an all dem, was ihr seid, Freude zu haben, ist ein Gedanke. Ein Gedanke. Euer Gedanke. Nicht der von jemand anderem. Der persönliche Gedanke jedes Einzelnen: dein Gedanke. Welchen Gedanken du auch in dem Moment denkst, der dir wichtiger

erscheint, als dankbar zu sein, lebendig, zufrieden, fröhlich, optimistisch, liebevoll und ausgeglichen – nur dieser Gedanke steht zwischen dir und deinem Glück.

Und nun rate mal, wer für dein Denken verantwortlich ist ... rate mal, wer entscheidet, welche Richtung deine Aufmerksamkeit nimmt ... rate mal, wer schreibt, produziert, Regie führt und seinen Auftritt hat in genau diesem Moment ... du. Nur du. Nicht deine Vergangenheit (selbst wenn sie gespeichert ist), nicht die Zukunft (ist dir aufgefallen, dass sie sich nie blicken lässt?), nicht deine Eltern (sie denken ihre eigenen Gedanken), nicht deine Freunde (dito), nicht die Schule oder das Fernsehen oder Situationen oder Umstände oder sonst was. Nur du.

Das Denken ist eine beeindruckende Fähigkeit. Wie jede Fähigkeit kann man es entweder als Hilfsmittel oder als Waffe gegen sich selbst und andere verwenden. Und wir können entscheiden, ob wir es für oder gegen uns verwenden, je nachdem, welche Gefühle wir dabei haben. Wenn wir gegen uns und andere denken, können wir Ärger bekommen. Wenn nicht, kriegen wir in der Regel keinen.

Gefühle existieren, um uns davor zu warnen, das Denken zu nutzen, um in unserem Leben Ärger zu provozieren. Sie sind da, um uns zu unserer natürlichen, gesunden Fähigkeit zurückzuführen, unser Leben voll auszuschöpfen.

Also ... bitte denkt daran, dass eure Gedanken euch nicht immer die Wahrheit sagen. Wenn wir in schlechter Stimmung, ja niedergeschlagen sind, dann dürfen wir unseren Gedanken nicht trauen – dann sinkt nämlich unser IQ ab. Sobald die schwarzen Gedanken vorübergezogen sind und sich unsere Stimmung hebt, ist unser Denken wieder kreativ und positiv – unser IQ steigt an. Die einzige Möglichkeit, sich und sein Leben als schlecht zu empfinden, ist, schlecht darüber zu denken. Die Wahl kann und muss jeder von euch selbst treffen. Das ist das beste, befreiendste Geheimnis, das ich je erfahren habe, und ich möchte, dass ihr es auch kennt.

Liebe Grüße
Mavis

Lassen Sie sich diese Worte durch den Kopf gehen – sie sind wirklich wahr. Ein Schüler kann in seinem Zeugnis lauter Einsen haben. Er kann der Klassenbeste sein. Er kann in jedem Fach vorankommen, viel Lob und Aufmerksamkeit ernten, den Besuch einer Eliteuniversität in Aussicht haben, ja vielleicht sogar ein Stipendium erhalten. Und dennoch kann sich so jemand einfach absolut schlecht fühlen. Was würde so einen Menschen glücklich machen? Bessere Noten?
An einem bestimmten Punkt lässt sich dieses Argument nicht mehr anführen. Sobald jemand Topleistungen erzielt hat, liegt es auf der Hand, dass das Gefühl von Unzufriedenheit oder Unsicherheit andere Ursachen haben muss.
Die andere Seite der Medaille ist, dass es Schüler gibt, die aus ganz unterschiedlichen Gründen in der Schule zu kämpfen haben. Manchen fällt es schwer zu lernen, andere haben einen

niedrigeren IQ als ihre Mitschüler. Es kann auch sein, dass sie weniger gefördert werden. Vielleicht arbeiten sie auch nicht so hart. Womöglich ist die Familie arm, oder sie kommen nicht in den Genuss eines gesunden Frühstücks. Doch ganz unabhängig von diesen Umständen bewahren sich einige Schüler ihren Optimismus, sie sind dankbar, zufrieden und fröhlich. Wie kann das sein? Wenn eine gute Leistung der Schlüssel zum Glück ist, müssten diese Schüler doch deprimiert sein.

Das Geheimnis besteht natürlich in dem, was jemand denkt. Alles andere zählt eigentlich nicht. Wie eine Situation sich real gestaltet – die Meinung und Billigung anderer, der Vergleich mit anderen Schülern, unsere Noten, die wir in der Vergangenheit bekommen haben, und Zukunftsaussichten – all das ist irrelevant, wenn es darum geht, welche Gefühle wir uns selbst gegenüber hegen.

Unser Denken hat die Macht, das ans Tageslicht zu bringen, worauf wir uns konzentrieren. Unsere Gedanken vermögen Krisen im Rahmen zu halten, sie können jedoch auch eine Kleinigkeit über alle Maßen aufbauschen. Sie sind in der Lage, einen Fehler zu verstärken oder einfach über eine Unzulänglichkeit hinwegzusehen. Unsere Gedanken können etwas als unwichtig abtun, oder sie können einen Streit oder eine Zwistigkeit praktisch ewig währen lassen.

Es gibt zwei unterschiedliche Aspekte beim Denken, derer wir uns bewusst sein sollten. Da ist zuerst einmal der Inhalt unserer Gedanken, die Seite der Gleichung, die beinhaltet, »worüber wir nachdenken« oder »was wir im Kopf haben«. Dazu noch einmal das Beispiel Aussehen. Wir können uns ständig darauf konzentrieren, dass wir gern ein paar Pfunde weniger auf die Waage bringen würden, und das, obwohl wir gesund sind und auch der Arzt das Gewicht für absolut in Ordnung hält. Da zählt die Tatsache nicht mehr, dass ein Großteil der Welt Hunger leidet oder dass andere uns sagen, dass wir blendend aussehen. In diesem Moment ist uns nichts so wichtig, wie diese zehn Pfund abzunehmen. Und während wir so darüber nachdenken, fühlen wir uns wirklich »fett«. Mit der Logik ist es dann vorbei. Und was die anderen Positives sagen, tut nichts zur Sache.

Der Inhalt unseres Denkens bestimmt unsere innere Landkarte. Manchmal denken wir an unsere Probleme oder an etwas, das wir gern ändern würden. Ein anderes Mal denken wir über Pläne und Ziele nach, über etwas, das wir gern tun würden. Manchmal sind unsere Gedanken traurig, manchmal drehen sie sich um Sorgen. Die einzige Konstante ist Folgendes: Das, woran wir denken, prägt wesentlich, wie wir diesen bestimmten Augenblick erleben. Dazu ein Beispiel: Ich besuchte einmal eine Bekannte, die einen Konflikt mit ihrer Nachbarin hatte. In den ersten zehn Minuten meines Besuchs war sie guter Laune. An einem gewissen Punkt verlagerte sich dann ihre Aufmerksamkeit, und sie brachte den Konflikt aufs Tapet. In diesem Moment wurde sie besorgt. Ich konnte es an ihren Augen sehen und ihren Worten entnehmen. Und als sie mir dann die Einzelheiten mitteilte, wurde sie sichtbar ärgerlich.

Der Konflikt hatte die ganze Zeit über bestanden. Nichts hatte sich verändert, rein gar nichts. Eine Minute zuvor war alles bestens gewesen, meine Bekannte hatte sich wohl gefühlt. Aber sobald sie anfing, über die Sache nachzudenken, erwachte der Zwischenfall zu neuem Leben und ihre Wut und Sorge gleich mit. Wir alle erwecken viele Male am Tag Konflikte zu neuem Leben. Und während unsere Gedanken von einer Sache zur nächsten wandern, verändert sich die Art, wie wir das Leben erfahren. Den einen Moment lachen wir, und im nächsten regen wir uns auf. Wir können mit Freunden über das sprechen, was uns gegen den Strich geht, doch solange unsere Gedanken an dem Vorfall festhalten, bleiben unsere Sorgen bestehen. An einem bestimmten Punkt werden wir dann abgelenkt. Das Telefon läutet, oder das Thema wechselt, oder wir langweilen uns und wollen zu etwas anderem übergehen.

Und wieder ist der Vorfall selbst – der Konflikt, das Problem, die Situation oder was auch immer – real vorhanden. Vielleicht sollte auch etwas unternommen werden. Die Sache ist passiert, wird passieren oder passiert vielleicht gerade. Doch erst unser Denken erweckt sie zum Leben und verleiht ihr Bedeutung. Das ist eine der beeindruckendsten Tatsachen, die man sich überhaupt bewusst machen kann, denn sie ermöglicht es Ihnen, einen Schritt Abstand zu nehmen und das, was sich in Ihrem Kopf abspielt, zu korrigieren. Einfach ausgedrückt: Wenn Ihnen nicht passt, was Sie gerade erleben – und wenn Sie sich der Bedeutung Ihres Denkens bewusst sind –, haben Sie die Fähigkeit, anders zu denken oder zumindest die Intensität zu reduzieren.

Ohne dieses Verständnis werden Sie praktisch zum Opfer Ihrer eigenen Gedanken. Egal was Ihnen gerade durch den Kopf geht, die Auswirkung auf Ihre Person ist enorm. Dann mangelt es Ihnen womöglich an einer adäquaten Sichtweise, weil Sie allem, was Ihnen durch den Kopf geht, Bedeutung beimessen. So zu leben ist sehr leidvoll und auch verwirrend.

Der andere Aspekt beim Denken hat mit alldem zu tun, ist jedoch etwas anders geartet. Es geht um das Bewusstsein der Tatsache, dass wir denken.

Sind Sie sich in diesem Moment bewusst, dass Sie ein rechtes Knie haben? Vermutlich nicht, außer es tut Ihnen gerade weh. Und dennoch ist es da, und es ist sehr wichtig. Das gilt auch für unser Denken. Dass wir uns nicht bewusst sind, dass wir denken, ändert nichts an der Tatsache, dass wir es tun. Ein mangelndes Bewusstsein kann in diesem Fall aber fatal sein.

Stellen Sie sich einmal Folgendes vor: Sie sind gerade beim Einkaufen unterwegs. Plötzlich fällt Ihnen ein Ex-Freund ein, der Ihnen irgendwie Unrecht getan hat. Im Handumdrehen denken Sie über alle Einzelheiten nach. Das Problem erwacht zu neuem Leben, als würde es sich erneut abspielen. Selbst wenn niemand außer Ihnen sich dessen bewusst ist, haben Sie eine Wut auf diesen Menschen.

Der Vorfall kann gestern oder vor drei Jahren passiert sein. Für Sie ist er in diesem Moment absolut real. Er spielt sich jetzt ab.

Die kritische Frage ist: »Sind Sie sich der Tatsache bewusst, dass Sie denken?« Und zwar nicht, *worüber* Sie nachdenken, sondern des Akts des Denkens als solchem. Würde Sie jemand in so einem Augenblick fragen: »Bist du dir bewusst, dass du denkst?«, würden Sie vermutlich mit Ja antworten. Aber es ist viel wahrscheinlicher, dass Sie sich – auf einer subtileren Ebene – absolut nicht bewusst sind, dass Sie denken. Sie haben sich vielmehr in Ihren Gedanken verloren, wie es mir auch schon tausendmal passiert ist. Sie haben schlichtweg vergessen, dass Sie am Denken waren.

Sich den Akt des eigenen Denkens bewusst zu machen ist keine philosophische Übung. Es ist vielmehr eines der praktischsten Werkzeuge, wenn nicht das praktischste überhaupt, dessen Sie sich bedienen können. Überlegen Sie, wie oft Sie sich in Ihren Gedanken verlieren. Stellen Sie sich vor, welche Auswirkungen es hätte und wie das Ihre Sichtweise verändern würde, wenn Sie in der Lage wären, in so einem Augenblick einen Schritt Abstand zu nehmen und sich klarzumachen, was da eigentlich läuft.

Wäre Ihnen bewusst, dass Sie beispielsweise wegen des Verrats eines Freundes negative Gedanken haben, dann könnten Sie zu sich sagen: »Da sind ja mal wieder diese schwarzen Gedanken« oder etwas in der Art, das schlichtweg die Tatsache anerkennt, dass einen wieder einmal die altbekannten Gedanken heimgesucht haben.

Natürlich hat der Verrat stattgefunden. Sie wollen diese Tatsache nicht leugnen. Sie tun auch nicht so, als hätten Sie andere Gefühle. Sie akzeptieren den Verrat nicht. Der Unterschied besteht darin, dass Sie jetzt die Wahl haben. Anstatt immer tiefer in den Inhalt dieser Gedanken einzutauchen und sich mit ziemlicher Sicherheit schlecht dabei zu fühlen, ist Ihnen nun die mentale Dynamik bewusst.

Welche Bedeutung dieses Bewusstsein bei Lebenskrisen hat, lässt sich gar nicht genug betonen. Eine Scheidung kann zum Beispiel der Beginn eines neuen Lebensabschnitts sein – oder der Anfang eines endlosen Albtraums. Sind wir uns nicht im Klaren, welche Macht unsere Gedanken besitzen, können wir einen schmerzlichen Vorfall noch schlimmer machen. Wir stellen uns das Übelste vor, bauen um uns herum eine Mauer auf und reden uns ein, dass wir diese Sache nie überwinden werden; wir fühlen uns schachmatt. Lassen wir uns jedoch auf das »Geheimnis« ein, sind wir in der Lage zu erkennen, wann wir uns selbst noch mehr Kummer bereiten. Damit verschaffen wir uns innere Wahlmöglichkeiten, die uns sonst nicht zur Verfügung stünden.

Ich hörte einmal ein Interview mit einem Athleten, dem bei seinem letzten Spiel, bevor er sich aus dem aktiven Sport zurückzog, ein peinlicher Fehler unterlaufen war. Dies hatte seine Mannschaft die Meisterschaft gekostet. Man stellte ihm unter anderem folgende Frage: »Werden Sie damit leben können?« Die Frage zielte darauf ab, ob er diesen Vorfall verarbeiten könne. Würde er in der Lage sein, die gut fünfzehn Jahre seiner Karriere in einem positiven Licht zu sehen? Oder würde er sein restliches Leben lang niedergeschlagen sein?

Für mich ist das ein sehr eingängiges Beispiel aus dem wirklichen Leben. Wie der Sportler damit zurechtkommen wird, bleibt abzuwarten. Der Fehler ist eben passiert. Die Sache ist vorbei und in gewisser Weise kalter Kaffee. Das soll natürlich nicht heißen, dass es nicht ein Riesenpech war, dass der Sportler sich nicht ein besseres Abschiedsspiel gewünscht hätte, dass es ihm egal wäre oder dass es ihm nicht wehtäte. Doch letztlich ist nur das Denken des Sportlers wirklich relevant.

Manche Menschen können dergleichen auf die leichte Schulter nehmen und dem Ganzen vielleicht sogar eine humorvolle Seite abgewinnen. Andere hingegen fühlen sich wie die totalen Versager und werden mitunter depressiv. Wie jemand auf so einen Vorfall oder auf ein anderes bedeutendes Ereignis in seinem Leben reagiert, wird ausschließlich von seinen Gedanken bestimmt. Nichts anders zählt.

Ich unterhielt mich einmal mit zwei Damen, die im Holocaust zwei Verwandte verloren hatten. Die eine Frau war verbittert und wütend. Sie hatte das Gefühl, es sei unmöglich, etwas anderes zu empfinden. Die andere, die einen ähnlichen Schmerz erfahren hatte, war dagegen sanft und ausgeglichen. Sie sagte zu mir etwas so Schönes, dass ich dieses Kapitel mit ihren Worten beschließen will. Sie sagte nämlich: »Mein Ziel ist es, freundlich zu sein und dem Frieden zu dienen. Ich gebe ja zu, dass mein Kopf oft voll von verzweifelten und ärgerlichen Gedanken ist. Doch ich habe gelernt, dass diese Gedanken eben nichts weiter sind als bloße Gedanken. Ich bin dankbar zu wissen, dass ich die Fähigkeit habe, ein Leben voller Liebe zu leben.«

Wenn ich Ihnen nur ein Geheimnis offenbaren dürfte, dann wäre es das »Geheimnis« des Denkens. Ich hoffe, Sie lassen sich die

Macht des eigenen Denkens durch den Kopf gehen – dann wird Ihr Leben eine ganze neue Wende nehmen.

19 Weicher werden

Ein guter Freund von mir verlegte sein Büro. Ich half ihm, ein paar Möbelstücke die Treppen hinunterzutragen. Dabei verrenkte ich mir den Rücken. Aua! Meine erste Reaktion war typisch und auch sehr verständlich. Ich stieß einen Schmerzensschrei aus und spannte jeden Muskel an. Ich ballte eine Faust, mein ganzer Körper war eine einzige Verkrampfung, und ich rollte mich am Boden zusammen. Der Schmerz im unteren Rückenbereich ließ ein paar Minuten nach.

Mein Freund kam herbei, um mich zu trösten. Doch anstatt mich mit den gängigen Worten abzuspeisen wie: »Das wird schon wieder!« oder »Alles in Ordnung?« – die im Übrigen gut bei mir angekommen wären –, sagte er etwas ganz anderes. Etwas, das meine Art, mit Schmerz umzugehen, nicht nur in diesem Augenblick drastisch verändern sollte. Er sagte nämlich: »Richard, werd weicher dem Schmerz gegenüber, dann wird es schon wieder.«

Es ist komisch, aber dieselben Worte hätten schal oder gar arrogant geklungen, hätte ein anderes Gefühl dahinter gesteckt. Doch das war eben nicht der Fall. Seine Worte vermittelten Hoffnung, eine Art »Psychologie der Verkehrung«, denn in der Regel verhärten wir uns, wenn wir mit physischem oder emotionalem Schmerz konfrontiert werden. Es war, als müsste ich gegen meine Schmerzen nicht mehr ankämpfen. Ich konnte loslassen.

Nichts vermag umgehend starke körperliche oder seelische Schmerzen zu beseitigen. Wenn man hinsichtlich seiner Schmerzen weicher wird, ist das nicht anders. Andererseits versucht man, sobald man geschmeidiger reagiert, nicht den Schmerz loszuwerden, sondern sich anders auf ihn zu beziehen.

Dem Schmerz gegenüber weicher zu werden gibt uns eine Alternative zu lebenslanger Anspannung, zum Kampf und zur Flucht vor Dingen, die uns nicht passen oder uns Angst machen. Wir sind so sehr daran gewöhnt – und in gewisser Weise darauf programmiert –, uns wegen allem, was mit Schmerz und Kummer zu tun hat, zu verkrampfen, durchzuhalten und den Schmerz dabei gleichzeitig zu verfluchen.

Vielleicht waren meine Schmerzen damals besonders schlimm – oder mein Freund vermittelte mir so viel Hoffnung – jedenfalls war ich bereit, etwas Neues auszuprobieren. Es war mir möglich, mir seine Worte zu Herzen zu nehmen und loszulassen, weicher zu werden. Wie bei einer geballten Faust, deren fester Griff sich lockert, ergab ich mich langsam meinen Schmerzen im Rücken. Anstatt mit Hass und Ärger an den Schmerz zu denken, richtete ich meine Gedanken auf Nachsicht und Liebe. Anstatt der Schmerz zu »sein«, nahm ich ihn wahr.

Ich machte zum ersten Mal die Erfahrung, wie es ist, wenn man auf Schmerz mit Liebe und nicht mit Furcht und Hass reagiert. Ich erinnere mich noch gut, wie das Ausmaß des Schmerzes sich von schier unerträglich zu erträglich veränderte. Ich erinnere mich auch noch an den Moment, als diese Veränderung langsam eintrat, weil ich nämlich noch weiß, welche Gedanken mir damals durch den Kopf gingen. Meine Gedanken machten eine Wende von »Ach du liebe Güte!« in Richtung: »Ist schon gut, ist schon gut.« Doch diese sanfteren Gedanken waren nicht beabsichtigt. Sie waren vielmehr ein Nebeneffekt meines Loslassens.

Auch Jahre später bieten sich natürlich immer wieder Gelegenheiten, um dergleichen zu üben. Es könnte der Verlust eines lieben Freundes sein, eines Verwandten, eines Kollegen. Es könnte die Enttäuschung über eine verpasste Chance sein oder eine Gewalttat, wenn man beispielsweise ausgeraubt wurde. Es könnte sich um einen beruflichen oder finanziellen Tiefschlag handeln oder um fürchterliche Magenschmerzen. Also eigentlich um so ziemlich alles.

Ob es um körperlichen Schmerz, um Unwohlsein oder um seelisches Leid geht, ich bin jedenfalls zu dem Schluss gekommen, dass das wirksamste Gegenmittel gegen jede Art von Schmerz ein bewusstes Loslassen ist.

Ich erfuhr dies auf eine drastische Weise, als jemand einmal etwas Unwahres und Brutales über eines meiner Kinder sagte. Mental schaltete ich sogleich auf Angriff und in meinen Verteidigungsmodus. Mein Denken verhärtete sich, und ich wurde ärgerlich. Ich wollte aus Rache etwas Gemeines sagen.

Während sich das in mir abspielte, sah ich am Himmel einen Vogel fliegen und dahingleiten. Das erinnerte mich an die Macht müheloser Bewegung. Sogleich wechselte ich von der *Reaktion* auf meinen Schmerz und Ärger zu einer *Bezugnahme* auf diesen Schmerz und Ärger – und das war eine absolut andere Erfahrung. Es war, als würde ich einen Schritt beiseite treten, wodurch ich meine Überreaktion erkennen konnte. Anstatt mich in meinen Ärger hineinfallen zu lassen, wurde mir klar, wie schmerzlich es war, diesen Ärger aufrechtzuerhalten. Ich wurde zum Beobachter der gnadenlosen Aktivität meines Verstandes. Diese Erfahrung bedeutete eine Veränderung im Bewusstsein.

Ich begann hinsichtlich ärgerlicher Erfahrungen weicher zu werden. Dabei empfand ich allmählich Mitgefühl mit mir selbst. Es wurde mir klar, wie schwer es sein kann, ruhig zu bleiben, wenn man sich angegriffen fühlt, und wie wichtig das dennoch für das eigene Wohl ist. Mir fiel auf, wie weh es tat, ärgerlich zu sein. Das war ein Wendepunkt in meinem Leben. Zuvor hatte ich auf ärgerliche Gedanken mit noch mehr ärgerlichen Gedanken reagiert, und wie bei einer Spirale ging es immer so weiter. Doch dieses Mal war es anders. Anstatt dem Ärger mit erhöhter geistiger Aktivität zu begegnen, behandelte ich ihn liebevoll. Ich sagte mir: »Dieser Ärger tut weh. Ich würde ihn keinem wünschen.«

Der Unterschied klingt geringfügig, ist es aber nicht. Stellen Sie sich einmal den Unterschied vor, ein ärgerliches, enttäuschtes Kind zu *sein* und nur eines zu *beobachten*. Im zweiten Fall haben Sie einen gewissen Abstand. Dann fällt es leicht, mit dem Kind Mitleid zu haben, das Kummer hat. Und so können Sie auch Mitgefühl für sich selbst empfinden, wenn Sie es lernen, zum Beobachter zu werden und loszulassen.

Ich hatte einmal gerade einen Vortrag vor einem größeren Publikum beendet, als ein netter Mann, dessen Frau gerade an Krebs gestorben war, an mich herantrat. Ich erinnere mich noch gut an ihn, weil er so voller Leben war. Er sagte, das Wichtigste, was er gelernt habe, sei, dem Schmerz gegenüber weicher zu werden. Er beschrieb dies als das Gegenteil von einem Leben der Kämpfe und traurigen Zwischenfälle. Diese Praxis hatte es ihm ermöglicht, für Gottes Gnade offen zu sein und sich dem zu öffnen, »was ist« – selbst wenn es ihm nicht gefiel.

Er sagte, dass sich im Herzen Dankbarkeit ausbreiten kann, sobald man sich seinem Schmerz hingibt. Das erschien mir überaus sinnvoll, wenn ich an die Verluste dachte, die ich in den letzten Jahren erlitten hatte. Immer wenn ich loslasse, öffnet sich mein Herz. Ich werde an die Liebe erinnert, die ich für manche Menschen empfunden habe und noch empfinde, die ein Stück ihres Lebenswegs mit mir gegangen sind.

So wie wir ganz automatisch weicher werden, wenn wir ein Neugeborenes sehen, können wir es lernen, auch auf Schmerzliches im Leben mit mehr Weichheit zu reagieren. Und sobald wir das tun, werden wir belohnt – nicht mit einem Leben ohne Schmerzen, sondern mit einer Sicht der Dinge, die uns über vieles hinweghilft.

20 Nach einem Todesfall ins Leben zurückfinden

Als mein lieber Freund Robert bei einem Autounfall ums Leben kam, traf mich sein Tod völlig überraschend, wie das bei einer solchen Tragödie eben so ist. Es passierte so plötzlich. Und der Zeitpunkt hätte nicht schlechter sein können, da der Unfall zwei Tage vor meiner Hochzeit passierte. Ich war sowieso schon angespannt, doch Robert hätte mir helfen können, alles etwas lockerer und mit Humor zu nehmen. Er war ein warmherziger, hilfsbereiter und liebevoller Freund – und wir wussten beide, dass unsere Freundschaft noch Jahrzehnte währen würde. Doch es sollte nicht sein.

Eine Weile war meine Welt aus den Fugen. Zum ersten Mal war ich nicht in der Lage, eine Situation zu »begradigen« oder überhaupt nur so zu tun, als ließe sich etwas richten. Dieses Mal konnte ich nicht davonlaufen. Es gab keinen Ausweg und keine Möglichkeit, mich zu verstecken. Ich war jahrelang für stark, ja klug gehalten worden, aber ich strafte alle Lügen. Mein Schmerz überwältigte mich zu sehr, um überhaupt noch einen Versuch zu unternehmen, irgendetwas vorzutäuschen.

Ich konnte zum ersten Mal wieder frei durchatmen, als ich einen Tag in San Francisco verbrachte und Stephen Levine mein Herz ausschüttete. Vielleicht kennen Sie Stephen Levine ja durch sein Buch »Wege durch den Tod«? Für mich war er ein überaus liebenswerter Mensch und jemand, der mit dem Thema Tod besser vertraut war als jeder andere. Hätten wir uns damals an dem Tag nicht getroffen, weiß ich nicht, was mit mir passiert wäre. Was er zu mir sagte, sollte meine Einstellung für immer verändern.

Wenn unsere vertraute Welt zerbricht, besonders durch den Verlust eines geliebten Menschen auf Grund eines Todesfalls, werden wir aus der Bahn geworfen. Es wird uns vielleicht zum ersten Mal klar, dass es keinen schnellen oder einfachen Ausweg gibt. Wir müssen den Prozess durchleben, der sich natürlich bei jedem etwas anders gestaltet. Allen gemeinsam ist der Schmerz.

Mitten in diesen inneren Kämpfen passiert jedoch etwas. Das sind die Augenblicke, denen man den größten Widerstand entgegenbringt – wegen der extremen Qualen. Gleichzeitig kommt es jedoch freiwillig oder unfreiwillig zu Ansätzen, für einen Augenblick loszulassen. Vielleicht ist der Schmerz in diesem Moment zu stark, der Verstand benötigt eine Pause, schottet sich ab oder erwacht, da bin ich mir nicht so recht sicher. Doch in solchen Momenten ist man frei von Schmerz. Auch wenn wir es nicht verstehen, kann man nur feststellen, dass es verdammt wehtut, doch das Universum weiß irgendwie wohl schon, was es macht.

Eines meiner liebsten Zitate stammt von Seng-Tsan. Er sagte: »Unser Lebensweg ist nicht schwierig, nur die Wahl und die Entscheidungen sind es.« In diesen Worten steckt Material für ganze Bücher und wochenlange Seminare. Die Weisheit ist simpel, aber dennoch von enormer Kraft, besonders wenn es um einen Verlust geht. Auch wenn es viel leichter gesagt als getan ist, vermögen wir einen Verlust aus einem viel tieferen Blickwinkel zu sehen, wenn wir einen Schritt Abstand nehmen und einmal kräftig durchatmen. Dann sehen wir, wie die Jahreszeiten kommen und gehen. Wir wissen, dass Gott den Verlust eines lieben Menschen nicht geplant und nicht verursacht hat – und den Schmerz, den wir erleiden, auch nicht; und Gott ist dennoch für uns da, um uns zu trösten.

Wenn wir uns beruhigen und zuhören, mag Gott direkt zu uns sprechen, je nachdem, wie unser Glaube ist. Oder er zeigt sich uns in der Maske eines Freundes, Nachbarn, Verwandten, Priesters, Rabbis, spirituellen Lehrers, Therapeuten oder sonst jemandem, bei dem man das nie vermuten würde. Doch egal in welcher Form und auf welche Weise: Gott zeigt sich, und Sie werden seine Gegenwart als Hoffnung, Mitgefühl, Stärke und Freundlichkeit erfahren.

Eines Abends, als ich in Chicago vor einem Publikum gesprochen hatte, ging ich allein aus, um in aller Ruhe etwas zu essen. In der Nische neben mir saß ein Mann, der mir eine außergewöhnliche Geschichte erzählte. Sein einziges Kind war gestorben, und dies hatte ihm unvorstellbares Leid bereitet. Da er allein erziehend war, hatte er kaum jemanden, an den er sich wenden konnte. Eines Tages, mitten im schlimmsten Kummer, traf er einen Engel, verkleidet als Kellnerin. Seine Verbindung zu ihr war spiritueller Art, nicht physisch. Sie hatte eine ähnliche Erfahrung durchgemacht und war in der Lage, ihm einen sanften Stoß in die richtige Richtung zu geben. Er nahm Kontakt zu einer anderen Kirche auf und gewann so eine ganze Reihe neuer Freunde. Er sagte mir, er könne seinen gesamten Heilungsprozess bis zu dem Gespräch mit dieser Kellnerin zurückverfolgen; er hatte sie nie wieder gesehen. Er hegte keinen Zweifel, dass Gott ihn an diesem Tag besucht hatte.

Wenn wir mit unangenehmen Kleinigkeiten konfrontiert sind, fällt es uns leichter zu erkennen, dass wir frei wären, wenn wir uns nicht gegen die Tatsache stemmen würden. Hätten wir nicht den Wunsch, unsere Welt unter Kontrolle zu haben, fänden wir zu unserem Frieden. Wie viel von unserem Kummer und Leid entsteht durch unser absolutes Bedürfnis, dass etwas anders sein soll?

Unser Lebensweg müsste gar nicht so schwierig sein – und ist es doch. Tatsache ist, dass wir in unserem Leben ständig eine Wahl treffen. »Das will ich, aber jenes nicht.« Und weil die Dinge eben so sind, wie sie sind, leiden wir. Nie ist das offensichtlicher, als wenn wir versuchen, nach einem Todesfall ins Leben zurückzufinden. Wir wünschen uns sehnlichst, dass alles so wäre wie früher. Aber das ist es nicht. Und so wird diese Sehnsucht zu einer zusätzlichen Quelle des Leids.

Nach fast zwei Jahrzehnten der Meditation und einem der Wahrheit gewidmeten Leben habe ich Gutes und Schlechtes zu berichten. Die schlechte Nachricht ist, dass man sich vor seinen leidvollen Gedanken nicht verstecken kann, denn sie sind ein zwangsläufiger Nebeneffekt, wenn ein geliebter Mensch verstorben ist. Die gute Nachricht lautet, dass es möglich ist, sich seinem Schmerz mit mehr Mitgefühl zuzuwenden.

Sobald schmerzliche Gedanken und Gefühle auftauchen, neigen wir dazu, einen Schritt in eine der beiden folgenden Richtungen zu tun: Manchmal baden wir regelrecht in traurigen Erinnerungen und stellen uns eine ebenso schmerzliche Zukunft vor. Wir werden vom Kummer übermannt, und unsere Gedanken machen uns Angst. Oder wir denken gar nicht über unser Leid nach, reden mit niemandem darüber und unterdrücken oder leugnen seine Existenz. Sobald Gedanken aufkommen, schieben wir sie beiseite. Wir tun so, als gäbe es sie gar nicht. Wir sind dauernd beschäftigt und lenken uns ab. Der Tatsache ins Gesicht zu sehen tut uns zu weh – also lassen wir es lieber bleiben.

Die dritte Alternative ist kein Kompromiss. Man schwelgt nicht im Schmerz, leugnet ihn aber auch nicht. Es geht um eine einfühlsame Anerkennung der Wahrheit. Sobald sich Gedanken einstellen, stoßen wir sie nicht weg und hassen sie auch nicht. Ebenso wenig rennen wir davon. Wir sehen sie einfach so, wie sie sind: »Es gibt Schmerz, und es gibt Verluste. Und jetzt fehlt mir mein Kind, mein Partner, mein Geliebter, mein Freund.« Die Gedanken werden nicht beurteilt oder verändert, und der Schmerz wird in keiner Weise heruntergespielt.

Im Laufe dieses Prozesses beziehen wir uns mit Mitgefühl auf alles, was in uns aufsteigt. Wir schicken uns und unseren Gedanken Liebe und Freundlichkeit. Während wir das tun, stellen sich mehr Offenheit und Weite ein. Da wir unsere mentale Energie nicht mehr auf die Zukunft oder Vergangenheit richten, beginnt unser Schmerz nachzulassen und sich aufzulösen. Die Heilung ist in Gang gekommen. Wir werden stärker.

Wir geben unserem Schmerz einfach Raum, immer wieder, egal wie lange. Tage, Monate, Jahre – oder das ganze Leben. Es ist egal. Wir lassen den Schmerz zu. So wie wir ein Kind ans Herz drücken würden, damit es sich sicher und getröstet fühlt, so können wir das auch bei uns selbst tun. Bieten Sie keinen Widerstand. Stoßen Sie den Schmerz nicht weg. Seien Sie vielmehr voller Mitgefühl Ihrem Kummer gegenüber, wie Sie das bei einem Kind oder bei Ihrem besten Freund wären.

Im Jahr 1989 schrieb der schon erwähnte und von mir geschätzte Stephen Levine ein Buch, das ich mit meinem lieben Freund Benjamin Shield herausgab. Es heißt »Healers on Healing«. Stephen Levine erzählt darin von einer Frau, mit der er zusammengearbeitet hatte. Sie litt an unglaublich schmerzhaften Metastasen in den Knochen – Krebs. Bis dahin hatte sie ein Leben voller Ärger und Selbstmitleid geführt. Sie hatte nie ihre Enkel kennen gelernt, und selbst im Krankenhaus ging sie mit allen ärgerlich um. Sie hasste die Welt – und die hasste sie.

In einer Nacht wurde der Schmerz unerträglich. Dieses Leben der Verweigerung und des Widerstands wurde zu viel, sie konnte sich nicht mehr verweigern. Zum ersten Mal in ihrem Leben öffnete sie sich und gab sich ihrem Schmerz hin. Anstatt ihr Herz zu verhärten, wurde sie weicher – endlich. Erstmals reagierte sie auf ihre Schmerzen nicht mit Wut und Hass, sondern mit liebevoller Freundlichkeit. Als dies passierte, empfand sie plötzlich das ihr ganzes Leben lang aufgestaute Mitgefühl für andere. Sie sagte, sie wisse zum ersten Mal, was andere zu leiden hätten. Sie beschrieb ihre Schmerzen sogar als »der Schmerz«, nicht »mein Schmerz«.

Sie lebte noch sechs Wochen, und in dieser Zeit machte sie eine Kehrtwende und erfuhr emotionale Heilung. Ihr Ärger löste sich völlig auf und verwandelte sich in Liebe. Sie bat ihre Kinder um Verzeihung. Innerhalb von ein paar Tagen spendeten ihr ihre Enkelkinder, die sie nie hatte sehen wollen, Trost; sie saßen an ihrem Bett, hielten ihr die Hand. Es war schier unglaublich, aber diese Frau wurde zu einem der am meisten geliebten Menschen in diesem Krankenhaus. Schwestern und Ärzte gaben sich die größte Mühe, sie zu besuchen.

Ihre Heilung war die bemerkenswerteste, von der ich je gehört hatte. Sie lehrte mich einige wichtige Dinge. Erstens, dass Heilung weit über den physischen Aspekt hinausgeht. Diese Frau starb so geheilt, wie jeder es für sich nur erhoffen kann. Zweitens wurde mir die unglaubliche Kraft bewusst, die freigesetzt wird, wenn man sich seinem Schmerz öffnet. Ob dieser Schmerz nun körperlich oder seelisch ist – der Schlüssel zur Heilung liegt darin, ihn sanft zu akzeptieren.

Vor einer Weile las ich ein außergewöhnliches Buch, »Trost für die Seele« von Harold Bloomfield, Melba Colgrove und Peter McWilliams. Wenn Sie mit einem Verlust konfrontiert werden, kann ich Ihnen diesen Titel nur empfehlen. Als ich dieses Buch las und dann gleich noch einmal las, prägte sich mir eine Botschaft ganz besonders ein: Wir werden überleben, daran gibt es keinen Zweifel. Nach einem Verlust Heilung zu erfahren ist ein natürlicher Prozess im Leben – wie auch ein gebrochener Knochen heilt. Dieses Wissen ist mitten im Schmerz ein enormer Trost.

Wenn möglich, sollten Sie dabei nicht allein sein. Suchen Sie den Trost und die Hilfe, die Sie brauchen und auch verdient haben. Das ist nicht der richtige Zeitpunkt, um Stärke und Tapferkeit zu demonstrieren. Man sollte vielmehr auf andere zugehen und deren Freundlichkeiten offen entgegennehmen. Jetzt sind Sie dran. Es zählt zu den größten Herausforderungen, nach einem Todesfall zurück ins Leben zu finden. Aber es ist möglich, und es wird Ihnen gelingen. Ich schicke Ihnen liebe Grüße.

21 Zugeben, dass eine gemeinsame Basis vorhanden ist

Zwischenmenschliche Konflikte spielen eine große Rolle in unserem Leben. Dies gilt vor allem für Beziehungen zu Menschen, die wir »lieben« oder einmal »geliebt haben«. Wie oft haben Sie schon jemanden nach einer gescheiterten Beziehung oder einer bitteren Scheidung sagen hören: »Wir haben nichts gemeinsam.« Wir bestehen darauf, dass dies in schwierigen Zeiten auch bei unseren heranwachsenden Söhnen und Töchtern der Fall ist, ja bei so ziemlich jedem, mit dem wir einen ernsten Konflikt austragen.

Ich hörte einmal einen Satz, der meine Sichtweise und Art, mit Konflikten umzugehen, veränderte. Er lautet: »Man bringt Gott zum Lachen, wenn man ihm sagt, dass streitende Liebespaare keine Gemeinsamkeiten haben.« Ob Gott nun lacht oder nicht, weiß ich nicht, ich lachte jedenfalls und hatte somit guten Grund zum Nachdenken.

Wenn man verärgert oder frustriert ist, herumstreitet und beweisen will, dass man Recht hat, ist das Herz voll von Schmerz. Man empfindet eine starke Anspannung. Man ist verhärtet und stur. Der Verstand ist verwirrt, und das Herz in einer Art Ausnahmezustand. Es mangelt an innerem Frieden – eine Notlage also.

Hat es da je eine Ausnahme gegeben? Meiner Erfahrung nach nicht. Ich habe noch nie jemanden sagen hören: »Als ich auf jemanden sauer war und total verärgert, empfand ich ein Gefühl von großer Harmonie und Frieden.« Oder: »Mann, das hat sich wirklich toll angefühlt, als ich so einen richtigen Hass auf diesen Typen hatte.«

Meiner Erfahrung nach habe ich mit einem Menschen, mit dem ich streite oder gegen den ich einen Groll hege – und er natürlich auch gegen mich –, ironischerweise *alles* gemeinsam: das gleiche abgeschottete Herz, die Verwirrung und Furcht und einen ähnlichen Mangel an innerem Frieden.

Mir diese Tatsache bewusst zu machen hat mein Leben dramatisch verändert. Ich erlebe natürlich noch immer Konflikte – mehr als ich zugeben will. Und ich streite mich noch mit anderen – auch mehr, als mir lieb ist. Dennoch ist es anders als vorher. Als ich einsah, dass ich allem Negativen zum Trotz mit anderen diese innere Erfahrung gemeinsam habe, war es meinem Herzen möglich, auch mitten im Schmerz oder Konflikt offen zu bleiben. Ich empfinde Mitgefühl mir selbst gegenüber, für meinen Mangel an innerem Frieden, und für andere, da sie diese Erfahrung ebenfalls machen. Wie kann sich jemand weiterhin feindselig verhalten, wenn ihm bewusst ist, dass innerer Schmerz der Anlass für äußere Konflikte ist?

Niemand. Sie nicht und auch ich nicht. Schließlich will kein Mensch unglücklich sein. Ganz im Gegenteil: Man kann behaupten, dass wirklich jeder glücklich und friedlich leben möchte. Dass so wenige – wenn überhaupt jemand – wissen, wie man glücklich ist, ändert an dieser grundlegenden Tatsache rein gar nichts. Wir glauben irrtümlich, dass wir glücklicher sein könnten, wenn unsere Mitmenschen sich anders verhalten würden oder die Welt weniger Anforderungen an uns stellen würde. Ich wurde einmal Zeuge eines hitzigen, aber dennoch ganz humorvollen Konflikts – wie mir schien – zwischen zwei Autofahrern.

Sie gingen fast aufeinander los, bei wem die Schuld lag, konnte ich nicht sagen. Der eine Autofahrer warf dem anderen einen Blick zu, der sich nur als arrogant beschreiben lässt. Dieser revanchierte sich mit einem in gewisser Weise witzigen Kommentar. Er brüllte nämlich: »Ich weiß, ich weiß! Wenn es Leute wie mich nicht gäbe, wäre Ihr Leben viel schöner.« Man konnte die Spannung förmlich greifen. Beide Autofahrer waren auf Hundertachtzig – und litten.

Ein paar Wochen später wurde ich fast in einen Unfall verwickelt. Wenn ich objektiv darüber nachdenke, lag die Schuld wohl bei mir, ganz sicher bin ich mir allerdings nicht. Doch als der Fahrer mit geballten Fäusten auf mich deutete, als wolle er sagen: »Dich bring ich um!«, reagierte ich anders als früher. Anstatt auch wütend zu werden, konnte ich die gemeinsame Basis erkennen. Ich dachte daran, wie es war, wenn man einen solchen Zorn hatte. Hat man auf jemanden eine derartige Wut, ist das schmerzlich – selbst wenn sie berechtigt ist. Empfindet man eine solche Feindseligkeit, bedeutet das nämlich null inneren Frieden. Ich winkte also höflich, als wollte ich sagen: »Tut mir Leid.« Es war mein Ernst – und der Zwischenfall war bereinigt.

Derek hasste seine Ex-Frau. Wie er sagte, hatte sie ihn »betrogen«. Obwohl sie einen gemeinsamen Sohn hatten, waren sie kaum in der Lage, miteinander zu kommunizieren – außer über die Anwälte. Derek konnte nicht einmal von seiner Ex-Frau reden, ohne sich angespannt und voller Sorge zu fühlen. Er sann auf Rache und vermochte sich nicht vorzustellen, ihr zu vergeben.

Als der Schmerz über den Ärger im Herzen zu groß wurde, suchte Derek nach Möglichkeiten, zur Ruhe zu kommen und seinen Stress zu verringern. Einige Freunde hatten mit Meditation begonnen und schlugen ihm vor, es doch auch einmal zu versuchen. Es war eines der schwierigsten Dinge, die er je ausprobiert hatte. Er erzählte, dass anfangs alles sogar noch schlimmer schien und er fast aufgegeben habe. Doch irgendwie gelang es ihm, den Lernprozess durchzustehen. Er lernte zu beobachten und seinen Gedanken zu gestatten, zu kommen und zu gehen, sich zu zeigen und dann davonzuziehen. Er war in der Lage, einen Schritt zurückzutreten und seinen Ärger, seine wertenden und unversöhnlichen Gedanken zu betrachten. Er lernte zu beobachten, anstatt zu reagieren, Abstand zu finden, anstatt sich Hals über Kopf in etwas zu stürzen. Mit der Zeit fand er zu mehr Ruhe. Derek sagte mir, dass die größte Einsicht, die er aus einem ruhigeren Verstand zog, in der Fähigkeit bestand, die »gemeinsame Basis« zu erkennen, wie ich das nenne. Es war, als würde er nun nicht mehr »seinen Schmerz« erleben, sondern »den Schmerz«. Er war weit davon entfernt, in den Begriffen fernöstlicher Philosophien zu denken, hatte sich aber auf die Tatsache eingestellt, dass die Vorbedingung für einen ernsten Konflikt mit jemandem der Schmerz ist. Als ihm das bewusst wurde, wandte er diese Erkenntnis gegenüber seiner Ex-Frau und allen anderen Menschen an, die er im Lauf der Jahre gehasst hatte.

Ich bezweifle, dass Derek sich mittlerweile mit seiner Ex-Frau angefreundet hat. Andererseits würde es mich wundern, wenn er ihr nicht mit Freundlichkeit und Vergebung begegnen würde. Als ich ihn sah, war absolut klar, dass er seinen schlimmsten Ärger verarbeitet hatte und ihr gegenüber mehr Akzeptanz an den Tag legte – und zwar nicht irgendwie eingebildet, sondern auf Grund innerer Weisheit.

Wenn wir unsere gemeinsame Basis sehen, verstehen und erleben, bedeutet das nicht, dass wir so tun, als würden wir einen Menschen oder eine Situation akzeptieren. Es geht nicht darum, etwas zu leugnen, was passiert ist, oder vorzugeben, dass wir nicht leiden oder jemanden mögen. Wir schütteln vielmehr unsere Feindseligkeit anderen gegenüber ab, um so unser Leben in all seiner Fülle und mit Liebe erfahren zu können. Man muss nicht so tun als ob. Wir alle sind im Lauf des Lebens Menschen begegnet, die wir nicht mehr sehen möchten oder mit denen wir nicht mehr zusammenarbeiten wollen; das ist ganz in Ordnung so. Wir haben vielleicht Nachbarn, die wir nicht zu uns nach Hause einladen wollen, und auch das ist in Ordnung. Es birgt jedoch einen enormen Frieden, wenn man diesen Menschen nicht böse sein muss. Es ist an der Zeit, loszulassen und voranzuschreiten.

Das Konzept der gemeinsamen Basis – die Erfahrungen, die wir teilen – gestattet es uns, von unserer Feindseligkeit abzulassen und uns nicht länger auf unsere Abneigung zu konzentrieren. Was auch passiert ist und der andere uns angetan hat, wir haben dann die Fähigkeit, die gemeinsame Basis zu erkennen und loszulassen, egal was »es« war oder ist. Während Sie nun über Ihr Leben nachdenken und versuchen, diese Strategie in die Praxis umzusetzen, werden Sie hoffentlich die Erfahrung der gemeinsamen Basis machen.

22 Die Vergangenheit ruhen lassen

Stellen Sie sich einmal folgende Szene vor: Die World Series finden statt, es ist das neunte Inning, und zwei von drei Spielern sind out. Ihr Lieblingsspieler kommt an die Reihe, alle drei Bases sind besetzt, es ist die letzte Schlagmöglichkeit. Ihr Team liegt einen Run im Rückstand. Wenn der Spieler einen Basehit schafft, gewinnt Ihre Mannschaft. Wenn nicht, verliert sie. Der Count ist drei Balls und zwei Strikes. Der nächste Pitch, das heißt der Wurf zum Schlagmann, entscheidet über den Spielausgang. Alle fünfzigtausend Fans im Stadion sind aufgesprungen, und Millionen Zuschauer starren gebannt auf den Fernseher. Dann kommt es zu einer plötzlichen, unerwarteten Spielunterbrechung.

Ein Mann rennt auf das Spielfeld und zerrt den Batter beiseite. Offensichtlich lässt er die persönliche Geschichte des Sportstars Revue passieren: Er erinnert den Star, dass er bereits viermal derart prekären Situationen ausgesetzt war. Beim ersten Mal war er nur ein Knirps in der Kinder-Liga. Er ließ sich ausstriken und somit die ganze Mannschaft hängen. Beim zweiten Mal war er in der Junioren-Liga. Aller Druck lastete auf ihm, und wieder wurde er ausgestrikt und der Pitcher gewann das Duell. Seine Eltern hatten ihrer Enttäuschung Ausdruck verliehen, und das Mädchen, in das er sich damals verguckt hatte, ging mit einem anderen davon. Der nächste Zwischenfall passierte dann in der Highschool. Er war diesmal kein Schlagmann, sondern versuchte, einen Routine-Flyball zu kriegen. Da schien ihm die Sonne in die Augen, und er ließ den Ball fallen. Sein Team verlor, und er hatte sich vor der ganzen Schule lächerlich gemacht. Ein paar Jahre später, im College, stand er wieder im Mittelpunkt. Er versuchte, zur nächsten Base vorzurücken, ohne dass der Batter geschlagen hatte, eine so genannte Stolen Base also. Doch der Catcher warf ihn aus. Seine Mannschaft verlor das Spiel, und dazu den ersten Platz in der Liga. Die Niederlage seines Teams führte dann auch noch dazu, dass seinem besten Freund das Stipendium gestrichen wurde. Der Mann, der die persönliche Geschichte des Stars Revue passieren ließ, erinnert ihn, dass so mancher damals meinte, das sei seine Schuld gewesen.

Schließlich fordert der Typ den Batter auf, sich diesen Fakten aus seiner Vergangenheit zu stellen. Außerdem behauptet er, sie seien von großer Bedeutung.

Es stellt sich nun die Frage: »Trifft der Star den Ball und gewinnt das Spiel?«

Die Antwort überlasse ich Ihnen. Ich würde jedenfalls sagen, dass die Chancen gering sind. Wer so viel Aufmerksamkeit auf seine persönliche Geschichte richtet – und noch dazu vor allem auf die negativen Aspekte – und den gegenwärtigen Augenblick so wenig beachtet, der kann kaum mit einem positiven Ergebnis rechnen.

Wir wissen alle, dass das Leben oft sehr schwierig ist. Es kommt einen hart an, Lebenskrisen zu meistern. Doch wenn man zu dieser Belastung noch eine persönliche Geschichte hat, die an einem nagt, dann ist ein positives Resultat schlichtweg unmöglich. Stellen Sie sich nur einmal unseren armen Sportler im obigen Beispiel vor. Er steht einem Weltklasse-Pitcher gegenüber, fünfzigtausend brüllenden Fans, das ganze Land sitzt vor dem Fernseher, und er hat einen hervorragenden Gegner. Doch jetzt ist sein Kopf voll von negativen Erinnerungen, die ihm zusätzlichen Stress und Druck bereiten.

Unser Leben funktioniert ebenfalls so. Jeder von uns hat schon mehr oder weniger harte Zeiten durchgemacht, wenn viel Schlimmes passiert ist. Ohne Zweifel ist unsere persönliche Geschichte überaus komplex und hat viele Facetten. In manchen Fällen sind sie sehr schmerzlich.

Und auch wenn unsere Vergangenheit uns zu den Menschen geformt hat, die wir heute sind, besteht der Schlüssel zu einem effizienten Leben unter anderem dennoch darin, die Vergangenheit ruhen zu lassen, damit unsere Erfahrungen in Gegenwart und Zukunft nicht negativ gefärbt werden. Wir können unsere Vergangenheit würdigen und schätzen, und wir können in jedem Fall aus ihr lernen. Wie es so schön heißt, sollten wir unsere Vergangenheit nicht vergessen. Wenn wir uns jedoch auf Grund unserer vergangenen Erfolge, Misserfolge und Enttäuschungen definieren und uns zu sehr an unsere persönliche Geschichte klammern, dann schränken wir unsere Fähigkeit, Freude zu erleben, ebenso ein wie unser Vermögen, Probleme zu lösen.

Diese Aufgabe ist nicht einfach, und vielleicht ist eine Art gesundes Gleichgewicht ja das Beste, worauf wir hoffen dürfen. Eine Frau erzählte mir einmal folgende Geschichte: Sie war als Kind physisch und psychisch missbraucht worden, Vater und Mutter waren Alkoholiker. Als Erwachsene war sie so klug gewesen, sich einer Therapie zu unterziehen und an einer Selbsthilfegruppen teilzunehmen.

Auch wenn sie behauptete, dass diese Gruppe und die Therapie überaus notwendig und hilfreich gewesen waren, so fühlte sie sich doch unglücklich und unsicher. Ihre Therapeuten hatten sie aufgefordert, nie zu vergessen, was geschehen war, und sie hatte sich diesen Rat zu sehr zu Herzen genommen. Sie hatte gelernt, sich als »Überlebende« zu betrachten. Sie sah sich als Opfer und wurde mit diesem Selbstbild immer wieder konfrontiert, bei allem, was sie tat.

Die Selbsthilfegruppen ermunterten sie, sich doch einmal ihre persönliche Geschichte genauer anzuschauen. Man hatte ihr gezeigt, wie man seine Vergangenheit unter neuen Rahmenbedingungen sieht, was sie so verstanden hatte, als müsse sie sie anders betrachten. Auch wenn diese Übung in ihrem Fall sicher hilfreich und heilsam war, so vermochte sie ihr doch nur begrenzt zu helfen, sich weiterzuentwickeln.

Ein Wandel trat erst ein, als eine enge Freundin andeutete, sie halte zu sehr an ihrer persönlichen Geschichte fest und es bestehe eine ungesunde Überidentifikation. Die Frau begann darauf zu achten, wie viele Male am Tag sie auf ihre Vergangenheit Bezug nahm und wie oft sie daran dachte. Es wurde ihr klar, dass die Vergangenheit nie mehr anders werden würde. Wenn sie also keine gesündere Beziehung zu ihr herstellen konnte, würde sie nie in der Lage sein, ein effizientes, fröhliches und erfolgreiches Leben zu führen. Mit der Zeit gelang es ihr, ihre Vergangenheit so weit loszulassen, dass sie sich weiterentwickeln konnte, was auf spiritueller Ebene etwa einer Neubewertung der Vergangenheit gleichkommt. Die Frau schien mir eine gesunde Einstellung zu ihrem gegenwärtigen Leben gefunden zu haben. Ihre Vergangenheit leugnete sie dabei keineswegs, sondern sie lockerte vielmehr den Griff. Der Wandel vollzog sich, weil sie willens gewesen war, die Vergangenheit ruhen zu lassen und einen Schritt ins Hier und Jetzt zu tun.

In meinem Buch »Alles kein Problem im Job!« gibt es ein Kapitel mit dem Titel »Leben Sie nicht in der Zukunft«. Ich behandelte damals die kollektive Tendenz, sich vorzustellen, wie viel besser – oder womöglich auch schlechter – das Leben in der Zukunft wäre, wenn sich bestimmte Bedingungen erfüllten. Sehr oft neigen wir dazu, uns auszumalen, wie schrecklich oder stressig etwas werden könnte, bevor es überhaupt so weit ist. Ich habe Steuerberater kennen gelernt, die Anfang März schon fix und fertig waren, aber nicht weil sie überarbeitet waren, sondern weil sie sich vorstellten, wie aufreibend ihr Job vor Ablauf der Steuerfrist werden würde.

Lassen wir unsere Vergangenheit ruhen, hat das auch Auswirkungen auf die Zukunft. Wir neigen dazu, uns von Vorkommnissen in der Vergangenheit behindern zu lassen. Jemand hat beispielsweise bei einem Vorstellungsgespräch einmal eine schlechte Erfahrung gemacht. Dann rationalisiert er seinen Antriebsmangel bei der weiteren Jobsuche vielleicht mit: »Ich bin für den Job nicht gut genug.« In Wirklichkeit besteht zwischen der einen Sache und der anderen gar keine Verbindung, sondern die Erinnerungen behindern die klare und angemessene Sichtweise.

Beachten Sie, dass ich dieses Kapitel mit der Überschrift »Die Vergangenheit ruhen lassen« versehen habe – nicht mit »Schütteln Sie Ihre Vergangenheit ab«. Mein Vorschlag ist also folgender: Ihre Vergangenheit wirkt sich natürlich auf Sie aus und hat Ihnen geholfen, sowohl Stärken als auch Schwächen zu entwickeln. Ihre persönliche Biografie, Ihre Familie, schmerzliche und erfreuliche Vorfälle und eine ganze Latte von Dingen, die Sie erreicht haben, sind natürlich wichtig. Messen Sie jedoch Ihrer persönlichen Geschichte weniger Bedeutung bei, sind Sie in der Lage, sich voll auf den Augenblick einzulassen. Klammern Sie sich weniger an dem fest, wer Sie einmal waren und welchen Situationen Sie sich ausgesetzt sahen, sind Sie viel besser in der Lage, sich in der Gegenwart angemessen und klug zu verhalten.

Wer sich immer wieder nervös das peinliche Vorstellungsgespräch in Erinnerung ruft, täte gut daran zu bedenken, dass es sich nur um eine Erinnerung handelt, um einen Gedanken eben. Es geht um etwas Imaginiertes, nicht um etwas Reales. Denken Sie einmal an Ihre Kindheit zurück. Vielleicht haben Sie sich eine Zeit lang vorgestellt, im Schrank oder unter dem Bett sei ein Monster oder sonst ein Ungetüm. Sie hatten damals vielleicht ziemliche Angst, obwohl Ihnen Vater und Mutter versicherten, dass es keinen Grund dafür gebe. Dann hatten Sie eines Tages die notwendige Einsicht: »Ach, das ist ja gar nicht real, das ist ja nur meine Fantasie.« Von diesem Augenblick an haben die meisten nie mehr Angst, dass ihnen ein Monster auflauern könnte. Selbst wenn Angst aufflackert, kann man dann so mit ihr umgehen, dass man sich nicht mehr fürchtet.

Eine ähnliche Einsicht ist hilfreich, wenn man sich auf seine Erinnerungen bezieht. Ich weiß noch, dass ich wirklich nervös war, als ich einmal vor fünftausend Personen sprechen sollte. Etwa zehn Minuten, bevor es losging, fiel mir plötzlich ein, dass ich einmal in Ohnmacht gefallen war, als ich eine öffentliche Ansprache hielt. Gott sei Dank war ich in der Lage, kräftig durchzuatmen und mir dann zu sagen: »Das ist bloß ein Gedanke, der hat mit diesem Augenblick nichts zu tun.« Und dann ließ ich ihn los. Es funktionierte, und diese Vorgehensweise nahm mir die Angst. Ich gewann so dieses kleine Quantum an angemessener Sichtweise, die den Unterschied ausmacht, ob man sich in seinen Erinnerungen verliert oder sie zu überwinden vermag.

Ich kann mir nur ausmalen, wie anders sich die Sache entwickelt hätte, wenn ich weiter an diesen Ohnmachtsanfall gedacht hätte, anstatt mir bewusst zu machen, dass es sich um eine Erinnerung und nicht um die Realität handelt. Ich werde es natürlich nie mit Sicherheit wissen, aber ich schätze, dass dieser Gedanke sich immer mehr breit gemacht und mich vor Angst dann völlig gelähmt hätte. Schließlich war die Erinnerung ja »real«, denn sie basierte auf Tatsachen. Indem man sich einen Gedanken bewusst macht und ihn dann einfach fallen lässt, kann man oft den Schneeballeffekt vermeiden; sonst wird aus einem harmlosen Gedanken nämlich ein Riesenproblem, und zwar proportional zu der Aufmerksamkeit, die wir ihm schenken.

Es besteht die Möglichkeit, dass jemand Ihre Neigung, an der persönlichen Geschichte festzuhalten, verstärkt, indem er etwa sagt: »Aber das hast du doch immer so gemacht« oder: »Du warst doch immer Geschäftsmann« oder: »So hast du doch nie gedacht«. Nehmen wir uns dergleichen zu Herzen, bekommen wir wegen solcher Kommentare Schuldgefühle oder auch Angst, eine Veränderung vorzunehmen oder einen Schritt ins Unbekannte zu tun. Wie ich es sehe, liegt der Schlüssel darin, bewusst und konstant zu unterscheiden, wer man einmal war und wer man jetzt sein möchte. Man differenziert also ständig zwischen Erinnerungen, die sich als Gedanken offenbaren, und dem gegenwärtigen Augenblick, der real ist.

Bedenken Sie also, dass andere, die auf Ihre Vergangenheit Bezug nehmen, Sie in eine Falle locken können, und hüten Sie sich vor ähnlichen Gedanken. Sobald Ihr Denken in Richtung »Es gibt nur eine Möglichkeit« oder »Das habe ich noch nie gekonnt« abdriftet, machen Sie sich diese Gedanken bewusst und lassen Sie sie los. Unsere Geschichte folgt uns wie ein Schatten überallhin. Das ist in Ordnung und harmlos, solange wir uns eine angemessene Sicht der Dinge bewahren.

23 Finanzielle Tiefschläge überstehen

Es gibt Höhen, und es gibt Tiefen. Was fällt, steigt auch wieder. Nun, vielleicht nicht immer. Finanziell gesehen, gibt es gute und schlechte Zeiten. Wer klug ist, nimmt auch die Tiefen gelassen.

In den 1980er Jahren schienen sich auf dem Immobilienmarkt in vielen Regionen der USA hervorragende Investitionsmöglichkeiten zu bieten. Einige der Leute, die ich kenne und die mit Immobilien ein Vermögen gemacht hatten, sahen diese Entwicklung allerdings mit Vorbehalt. Mir war damals nicht wirklich klar, welchen Durchblick diese Leute hatten. Und ich wusste auch nicht, in welchem Ausmaß ich diese Einsicht in meinem Leben noch nutzen würde. Die paar Klugen waren jedenfalls nicht arrogant, weil sie »den richtigen Riecher« hatten, und meinten auch nicht, dass die guten Zeiten ewig währen würden. Sie besaßen vielmehr die Erkenntnis, dass sie zwar geschäftlich oft eine gute Hand hatten, dass sich jedoch auch viele Faktoren außerhalb ihrer Kontrolle zu ihren Gunsten gestalteten – vor allem das Timing. Während sie sich also über ihren Erfolg freuten und ihn sicher auch nicht schmälerten, hatten sie keinen Zweifel, dass die Zeiten sich ändern würden. Und so sollte es auch kommen.

Als die Immobilienpreise teilweise dramatisch fielen, hatten die Umsichtigen sich gewappnet. Diese Leute, ja sogar die, die viel, wenn nicht gar alles verloren, nahmen das alles mit einem großen Maß an Gelassenheit hin.

Mich als nicht Betroffenen beeindruckte die Art und Weise, wie diese Menschen ihr Geld verloren, weit mehr als die Summe, die sie zuvor verdient hatten. Ich war und bin noch immer beeindruckt von ihrer Fähigkeit, eine angemessene Perspektive beizubehalten.

Mitte bis Ende der 1990er Jahre kam es dann auf dem Aktienmarkt in den USA zu einer noch dramatischeren Manie. Es hatte den Anschein, als würde jeder, der bei dem »Spiel« mitmischte, als Sieger daraus hervorgehen. Selbst die bescheidensten Anleger standen oft wie wahre Finanzgenies da. Manchmal machten Jugendliche im College-Alter, wenn nicht noch jünger, mit ihren Ideen ein Vermögen, und die Renditen waren schier Schwindel erregend.

Dann kam der Crash. Portfolios im Wert von Millionen von Dollar waren weg, die Immobilien waren nur noch die Hälfte wert – wenn nicht gar schlimmer. Die Höhenflüge selbst der gerissensten Anleger waren zu Ende. Mein eigener Vermögensplan für meine Rente hat sich auch auf dreißig bis vierzig Prozent reduziert, während ich das jetzt schreibe. Andere traf es noch härter.

Eine Finanzperspektive zu besitzen, wie ich sie definiere, bedeutet, in der Lage zu sein, einen großen Schritt beiseite zu treten, um das Gesamtbild und die langfristige Entwicklung zu erkennen und zu akzeptieren, und zwar einerseits ohne Angst, andererseits auch ohne Arroganz. Mit dem richtigen Blickwinkel und einem kristallklaren Verstand (also nicht mit der Kristallkugel), lassen sich Panik oder auch irrationaler Enthusiasmus durch Besonnenheit und Klugheit ersetzen. Und genau diese Klugheit ermöglicht es diesen Leuten, alles Notwendige zu tun, um ihre Chancen zu

erhöhen und nicht in eine Lähmung zu verfallen, wenn das Ergebnis den Erwartungen nicht entspricht.
Eines meiner früheren Bücher, »Werde glücklich, werde reich«, beschäftigte sich mit unserem finanziellen und kreativen Gebaren sowie mit der Erkenntnis, dass sich jeglicher Erfolg *trotz* unserer Sorgen und nicht *wegen* unserer Sorgen einstellt. Wir besitzen eine innere Weisheit, die unser Leben prägen kann; sie fließt und passt sich dem Dasein an, anstatt nur darauf zu reagieren. Wenn wir uns auf diesen natürlichen Rhythmus einstimmen, maximieren wir unsere Kompetenz und Effizienz und somit auch unsere Aussichten auf Erfolg. Gleichzeitig entwickeln wir überraschenderweise auch eine Art Gelassenheit und akzeptieren den Weg, den unsere Finanzen eben nehmen.
Diese innere Weisheit, von der hier die Rede ist, können wir schnell und natürlich erlangen, wenn unser Verstand klar und ruhig ist und wir es lernen, auf den Prozess zu vertrauen. Es handelt sich um eine Intelligenz, die in uns allen steckt, die uns leitet und uns hilft, klare Entscheidungen zu treffen. Sie gibt uns das Zutrauen, weiterhin zu lernen und kluge, kalkulierbare Risiken einzugehen, wenn sie angemessen sind. Diese Intelligenz lässt uns Spielraum für Schwächen und nimmt notwendige Korrekturen vor. Sie sagt uns, wann wir um Hilfe bitten sollen, wie wir unsere Ängste erkennen und über sie hinauswachsen, wie hart wir arbeiten müssen und welche Schritte für unseren Erfolg notwendig und adäquat sind.
Dieses innere Wissen ist auch überaus praktisch. Es hilft einem nämlich, ein und denselben Fehler nicht mehrere Male zu begehen. Es warnt vor Gefahren, zum Beispiel wenn man zu viel Geld ausgibt oder wenn das Bedürfnis nach einer Veränderung besteht.
Hat man eine Pechsträhne, ist man arbeitslos oder steckt in finanziellen Schwierigkeiten, fällt es schwer, den Kontakt zu die-

ser inneren Quelle aufrechtzuerhalten. Meiner Meinung nach bietet sie jedoch die beste, wenn nicht einzige Möglichkeit, um wieder in die richtige Bahn zu kommen. Innere Weisheit ist das Gegenteil von Panik und Überreaktion.

Sie müssen wissen, dass ruhiges Wohlergehen eigentlich unser natürlicher Zustand ist und außerdem der effizienteste. Befindet man sich in diesem Geisteszustand, ist man klug und offen für den Augenblick. Dann hat man das Gefühl, als würden die Gedanken »für einen denken«. Anders ausgedrückt: Anstatt nach Ideen und Lösungen zu suchen, fliegen einem diese Ideen zu.

Sie können darauf vertrauen, dass das klappt – außer man driftet ab. Mit anderen Worten: Dieser Geisteszustand stellt unsere Ausgangsbasis dar. Wir alle haben schon Augenblicke erlebt, als uns plötzlich eine perfekte Idee oder Lösung einfiel. »Genau das muss ich tun«, sagen wir uns dann. Die Lösung liegt auf der Hand, selbst wenn wir sie jahrelang nicht gesehen haben.

Um diese scheinbar zufällige Weisheit, die so plötzlich aufblitzt, beständiger und auf Wunsch verfügbar zu machen, muss man nur daran glauben, dass sie wirklich existiert. Wenn wir dieses Vertrauen entwickeln, wird uns mit der Zeit auffallen, dass diese Weisheit immer da ist. Wir müssen meist nur zur Ruhe kommen und hinhören.

Das einzige Problem ist, dass wir uns auf mentale Prozesse einlassen, die mit dieser inneren Weisheit kollidieren – und uns von ihr abbringen. So geben wir uns zum Beispiel allen möglichen Gedankenströmen hin, die uns von dieser Quelle entfernen. Oder wir lassen uns durch Pläne und Erinnerungen abbringen. Es fällt uns ein, wie wir einmal versagt haben, und dann sagen wir uns: »Ich kann das nicht« oder: »Dazu reicht meine Qualifikation nicht«. Je mehr Aufmerksamkeit wir derartigen Gedanken schenken, desto mehr bemächtigen sie sich unser.

Um festzustellen, ob das gerade mit Ihnen passiert, müssen Sie nur auf Ihre Gefühle achten. Gehen Sie einen Moment zu der Vorstellung zurück, dass Sie eine Ausgangsbasis haben, nämlich ein Gefühl der Ruhe. Ideen und Lösungen sickern durch und sind am Fließen. Ihr Denken hat etwas Gelöstes. Sie ruhen in Ihrer Mitte und empfinden so etwas wie Wohlbefinden. Egal was um Sie vorgeht, Sie haben Vertrauen.

Je mehr Zeit Sie in diesem Zustand verbringen, umso tiefer kann Ihre innere Weisheit werden, umso besser kann sie sich kreativ äußern. Das heißt nicht, dass Sie keine Zweifel mehr hätten. Der Unterschied ist, dass Sie diese Zweifel als vorübergehende Gedanken behandeln, anstatt sich ihnen länger zu widmen. Sie beziehen in Ihre Antworten Ihre Stärken, Schwächen, Talente *und* Ängste mit ein, ohne sich jedoch in ihnen zu verlieren.

Oft ist es hilfreich, sich diese natürliche Weisheit als eine Art Bankkonto vorzustellen. Sind Sie ausgeglichen und präsent in dem Prozess, füllt sich das Konto – mit Ideen, Lösungen, Kreativität und Vertrauen. Ist Ihr Verstand am Rotieren, aufgewühlt und voller Sorge, dann leert sich Ihr Konto. Es lässt sich einfach feststellen, ob Sie zu Ihrer inneren Weisheit Kontakt haben, da Ihre Reaktionen dann nämlich relativ mühelos und ausgeglichen sind. Entscheidungen und Taten sind leicht und locker, sie fließen.

Wie ein plötzlich aufleuchtendes grelles Licht am Armaturenbrett im Auto sind Ihre Gefühle ein Indikator, ob Sie sich von Ihrer inneren Quelle entfernt haben. In dem Fall ruhen Sie nämlich nicht mehr in Ihrer Mitte. Anstatt Vertrauen zu empfinden, sind Sie aufgeregt, verärgert, nervös, verängstigt oder voller Hass. So simpel es auch klingt, Sie müssen sich nur bewusst machen, was sich in dem Moment genau abspielt. Wenn Sie merken, dass Sie abdriften – oder sich regelrecht wegkatapultieren –, lassen Sie die Gedanken, die Sie in eine bestimmte Richtung lenken, einfach los. Gestatten Sie es sich, ins Hier und Jetzt zurückzukommen. Das System passt sich von selbst an, es ist darum nicht schlimm, wenn Sie abdriften.

Mit der Zeit werden Sie bemerken, dass Ihnen kaum eine gute Idee kommt, wenn Sie aufgewühlt und am Rotieren sind. Ruhen Sie jedoch in Ihrer Mitte und vertrauen Sie auf Ihre innere Weisheit, werden die guten Einfälle nur so aufblitzen, und Ihre Kreativität kommt in Fluss. Dann haben Sie vielleicht eine Erkenntnis, wie Sie mit anderen besser reden können, wie Sie um eine Gehaltserhöhung bitten oder eine weniger angespannte Atmosphäre schaffen können – egal was. Möglicherweise fällt Ihnen auch ein, wie sich ein Hindernis oder eine an Ihnen nagende Furcht überwinden lässt. Oder es kommt Ihnen jemand in den Sinn, der Ihnen bei der Lösung eines Problems behilflich sein kann. Wer weiß? Vielleicht haben Sie ja die Hundert-Millionen-Dollar-Idee. Dergleichen ist schon passiert und kann auch Ihnen passieren. Was genau geschieht, hängt von Ihren individuellen Bedürfnissen ab. Ihre innere Weisheit ist auf Sie zugeschnitten.

Ich möchte Sie nun animieren, folgende Strategie in den nächsten Tagen einmal auszuprobieren – und tun Sie sie nicht als zu simpel ab. Gehen Sie wie gewohnt Ihren Tätigkeiten nach, allerdings mit einem kleinen Unterschied: Halten Sie Ihren Kopf frei von Gedanken und so ruhig wie nur möglich. Anstatt zu kämpfen und Antworten erzwingen zu wollen, versuchen Sie sich zu entspannen. Anstatt mit Hektik zu reagieren, bleiben Sie geduldig, denn Sie wissen ja, dass sich eine Lösung, Antwort oder Idee einstellen wird, wenn Sie sie brauchen und Sie es zulassen, dass sie zutage tritt.

Stellen Sie sich all die Gedanken, die Ihnen durch den Kopf wirbeln, als Schlacke vor, die sich langsam in einem Teich absetzt. Anstatt zu versuchen, in all dem Durcheinander einen Sinn zu finden, lassen Sie die Schlacke sich erst einmal absetzen. Gestatten Sie Ihren Gedanken, zur Ruhe zu kommen. Machen Sie sich keine Sorgen, wenn Sie *nicht* denken, weil Sie nämlich doch am Denken sind. Sie tun es nur auf eine andere, sanftere Weise. Ihr Verstand ist vergleichbar mit einem Topf, dessen Inhalt leise vor sich hin köchelt, anstatt heftig zu kochen und zu sprudeln. Bedenken Sie, dass einige der leckersten Gerichte bei sehr niedriger Hitze zubereitet werden.

Vor nicht allzu langer Zeit erzählte mir ein Mann seine Geschichte. Er hatte seine Arbeit verloren. Seine Frau hatte Panik, er musste seine Kinder ernähren und die Hypothek auf seinem Haus abbezahlen. Dennoch vertraute er auf die Quelle seiner inneren Weisheit. Er sagte: »Ich wusste nicht, was tun, aber ich wusste, dass es mir einfallen würde.« So hätte ich es auch ausdrücken können!

Die meisten Leute, mit denen er sprach, wollten mit ihm jammern. Nicht einer hatte beruhigenden Einfluss, wobei dem Mann klar war, dass er den am nötigsten brauchte. Er spürte, dass er einen klaren Kopf benötigte, ohne Ablenkungen und Sorgen. Als er einmal mit dem Auto unterwegs war, hörte er im Radio eine Werbung für ein Technik-Seminar, das ein paar Tage später anfangen sollte. Er hatte vorher eigentlich kein Interesse – und auch keine besondere Begabung – für technische Dinge an den Tag gelegt. Er sagte, sein Verstand habe früher alles, was irgendwie mit Technik zu tun hatte, abgelehnt, egal ob er sich in einer finanziellen Zwickmühle befand oder nicht. Doch diesmal war sein Denken offen. Folgendes ging ihm durch den Kopf: »Das klingt interessant. Ob das wohl was für mich ist?«

Sein Verstand war klar und seine innere Weisheit empfänglich. Das Seminar gefiel ihm dann ausnehmend gut, und er fand schnell einen neuen Job, der ihm sogar noch mehr Möglichkeiten bot als seine alte Arbeit.

Man sollte bei dem Beispiel bedenken, dass das Wichtige nicht das Seminar war, sondern die Tatsache, dass das Denken dieses Mannes offen und er empfänglich für Antworten war. Wenn das nicht die Lösung gewesen wäre, dann hätte er sicher eine andere gefunden. Hätte er wegen seines Pechs lamentiert und sich seiner Angst hingegeben, auf seine Freunde und Ex-Arbeitskollegen gehört anstatt auf seine innere Weisheit, dann wäre dieser Mann womöglich noch immer arbeitslos.

Sein besonnenes Verhalten erinnerte mich an meine Freunde, die vor Jahren mit Immobiliengeschäften zu Geld gekommen waren. Wie sie, so wusste auch dieser Mann, dass da Faktoren im Spiel waren, die sich seiner Kontrolle entzogen. In diesem Fall hatte ihn die Finanzlage seinen Job gekostet. Dieses Wissen half ihm, die Schuld nicht bei sich zu suchen oder ein zu hartes Urteil über sich zu fällen. Es half ihm auch, sich trotz des Ernstes der Lage zu entspannen. Wieder bewunderte ich die Macht einer angemessenen Perspektive, die dieser Mann so vortrefflich unter Beweis gestellt hatte. In gewisser Weise vermittelte er vorzüglich, wie man glücklich sein konnte. Er wusste, dass das Geheimnis des Glücks nicht darin besteht zu bekommen, was man will, sondern sich zu verschaffen, was man braucht – und Gleichmut zu bewahren, selbst wenn nichts daraus wird. Die Ironie an der Sache ist, dass die Chancen, bei allem eine gute Hand zu haben, bestens sind, sobald man zur Ruhe kommt.

Es vollzieht sich noch ein weiterer Mechanismus, wenn wir allmählich Vertrauen zu uns selbst gewinnen: Wir konzentrieren uns intuitiv mehr auf das, was wir als Resultat haben wollen, und nicht auf das, was uns nicht passt. Im Fall dieses Mannes war sein Denken eindeutig auf die Lösung und nicht auf das Problem ausgerichtet. Es stand für ihn außer Frage, dass es »irgendwo« eine Antwort gab – nämlich in ihm selbst. Seiner Auffassung nach war es an ihm, der Antwort zu gestatten, sich zu zeigen. Diese Fähigkeit ist uns allen zu Eigen. Wir besitzen eine starke innere Weisheit, die uns zu den perfekten finanziellen Lösungen in unserem Leben führt, ungeachtet der Umstände. Egal was in der Vergangenheit passiert ist oder mit welchen Schwierigkeiten wir uns heute konfrontiert sehen, es gibt eine Lösung. Glauben Sie an sich selbst und an diesen Prozess, dann werden Sie wissen, was zu tun ist.

24 Fangen und freilassen

Mich als Angler zu bezeichnen wäre stark übertrieben. Und wenn ich hin und wieder mal zum Angeln gehe, dann bediene ich mich einer Praxis, die man als »Fangen und freilassen« bezeichnet. Sobald ich einen Fisch gefangen habe, lasse ich ihn sofort wieder frei. Sinn der Sache ist, dass ich meinen Spaß am Angeln habe, der Fisch jedoch unversehrt davonschwimmen kann, außer er hat sich am Haken verletzt, was aber nur selten der Fall ist.

Mir gefällt dieses Bild vom »Fangen und freilassen«, da es sich auch auf unser Denken anwenden lässt. Ich schätze, ich habe im Lauf meines Berufslebens mehr Menschen diese Technik beigebracht als alles andere sonst. Sie ist simpel, einfach zu lernen und unglaublich effektiv, wenn es darum geht, inneren Stress und Angst zu beseitigen.

Es ist erstaunlich, wie viele Aspekte im Leben wir mit Stress assoziieren. Wir denken über Finanzen, Beziehungen, Steuern und die Gesundheit nach. Wie wäre es mit den politischen Parteien? Zu nennen sind ferner unangenehme Nachbarn, politische Feinde, gesellschaftliche Themen und die Gerechtigkeit. Und dann wären da noch Aspekte, die mit der Familie und dem Job zu tun haben, um nur einige zu nennen.

Doch wie oft geben wir unserer Einstellung und Denkweise die Schuld, wenn wir in unserem Leben an Stress und Schmerz denken? Und wie oft glauben wir, dass unsere Einstellung zumindest einen Beitrag leistet? Nun, die meisten praktisch nie. Man sieht so ziemlich alles als eine Quelle für Stress – nur sich selbst nicht. Aber überlegen Sie sich einmal Folgendes: Ihre Gedanken, Einstellungen und Wahrnehmungen sind die wichtigsten Determinanten für Ihre Zufriedenheit und Ihren Seelenfrieden. Da besteht für mich kein Zweifel. Doch davon abgesehen handelt es sich um den einzigen Aspekt im Leben, der wirklich unserer Kontrolle unterliegt!

Meiner Meinung nach unterschätzen die meisten von uns den Schaden, den wir uns mit unserem Denken selbst zufügen. Unsere Denkweise ist nicht sichtbar und so »normal« für uns, dass uns nicht einmal klar ist, wie sie abläuft. Wir haben jedoch zigmal am Tag negative Gedanken, die manchmal zu wahren Gedankenströmen werden und die sich mit der Zeit gegen uns wenden. Auf physischer Ebene wäre das Gegenstück, winzige giftige Pillen zu schlucken, die langsam den Körper auszehren. Man wird nicht so krank, dass man zu nichts mehr zu gebrauchen ist, aber doch krank genug, um sich die meiste Zeit elend zu fühlen. Und in gewisser Weise leben viele von uns auf emotionaler Ebene genauso. Wir funktionieren noch, sind aber gestresst und fühlen uns schlecht. Die meisten von uns sind unglücklich, es mangelt an Zufriedenheit und Erfüllung. Und doch ignorieren wir diesen mentalen Aspekt des Lebens immer wieder und konzentrieren uns ausschließlich auf äußere Faktoren. Das ergibt keinen Sinn und ist absolut uneffizient.

Das Konzept »Fangen und freilassen« ist erstaunlich einfach. Die meisten von uns kennen und fürchten vermutlich Massenvernichtungswaffen. Der Grundgedanke beim Fangen und Freilassen ist, dass negative Gedanken wie Waffen sind, die einen *selbst* vernichten. Sie schießen die ganze Zeit, fast ohne Unterlass.

Doch im Gegensatz zu realen Waffen treffen negative Gedanken *immer* ihre ursprüngliche Quelle, egal worauf man sie richtet, wie oft man sie abfeuert und wie präzise man sie ausrichtet. Und diese Quelle ist der Mensch, der sie abfeuert: Sie selbst! Ausnahmslos. Die Gedanken haben keine Möglichkeit, anderen zu schaden oder ihr Ziel zu treffen. Es ist völlig egal, wie bösartig das Ziel ist und ob der Angriff berechtigt ist. Es gibt keine versteckten Fluchtwege und – um mit meiner Analogie zum Krieg fortzufahren – es gibt auch keine Geheimtruppen, die zu Hilfe kämen. Technik spielt keine Rolle.

Der erste Schritt der Strategie »Fangen und freilassen« ist, die absolute Überzeugung zu entwickeln, dass negative Gedanken selbstzerstörerisch sind. Wir haben sie nur, weil wir es gewohnt sind und uns niemand etwas anderes beigebracht hat.

Der nächste Schritt ist, den Gedanken, die uns durch den Kopf gehen, mehr Aufmerksamkeit zu schenken. Es wäre schön, wenn Sie diesen Absatz einfach lesen könnten und der Fall damit erledigt wäre. Aber es handelt sich hier zwar um eine simple Strategie, diese ist jedoch nicht ganz so einfach umzusetzen. Sie mögen ja die Absicht haben, Ihren Gedanken auf die Schliche zu kommen, aber Sie werden verblüfft sein, wie schnell Sie das vergessen.

Ich möchte Ihnen dazu ein persönliches Beispiel geben. Als ich anfing, diese Technik einzuüben, bin ich morgens oft aufgewacht und habe mir gesagt: »Heute werde ich ganz genau darauf achten, was ich denke.« Doch innerhalb von ein oder zwei Minuten war ich schon abgelenkt; das Telefon läutete oder weiß Gott was passierte. Ob Sie es glauben oder nicht, manchmal ist mir meine gute Absicht erst ein oder zwei Tage später wieder eingefallen!

Die beste mir bekannte Möglichkeit, dieser Tendenz ein Schnippchen zu schlagen, ist, den Zeitraum, den man sich vorgenommen hat, eindeutiger zu definieren. Versuchen Sie es einfach einmal eine halbe Stunde lang. Es ist auch hilfreich, seine Absicht auf einen Zettel zu schreiben und ihn beim Üben bei sich zu tragen. Sobald Sie den guten Vorsatz haben, einen definierten Zeitraum und den Erinnerungszettel, gehen Sie Ihrer gewohnten Tätigkeit nach. Vielleicht sind Sie ja gerade allein oder mit Ihren Kindern im Auto unterwegs, sitzen am Schreibtisch, telefonieren oder schauen ein Fußballspiel an. Es ist völlig egal, was Sie gerade tun, solange Sie nur darauf achten, was in Ihrem Kopf vorgeht.

Achten Sie darauf, wie sich zu all den normalen und notwendigen Gedanken, Plänen, Erinnerungen und so weiter Negatives einschleicht. Wie aus dem Nichts stellt sich zum Beispiel plötzlich eine Erinnerung an einen schmerzlichen Zwischenfall in der Vergangenheit ein. Eine Sorge wegen eines Termins macht sich breit. Und dergleichen passiert, während Sie im Bus oder im Büro sitzen.

Erst gestern habe ich mit jemandem telefoniert, der gerade angefangen hat, mit dieser Technik zu experimentieren. Er sagte: »Es ist absolut verblüffend. Innerhalb von nur fünf Minuten schießen mir zwanzig kritische, wertende und selbstzerstörerische Gedanken durch den Kopf. Manchmal drängt sich mir ein und derselbe Gedanke auch immer wieder auf.« Vorher hatte dieser Mann keine Ahnung vom Ausmaß seiner Negativität gehabt und auch nicht gewusst, wie er ihr Einhalt gebieten sollte. Und da steht er nicht allein da. Viele Leute haben mir gesagt, dass die Negativität ein Eigenleben führt – manchmal gnadenlos. Und einer der Gründe, weshalb wir uns so gestresst, sorgenvoll und verwirrt fühlen, ist, dass sich diese ganzen mentalen Prozesse völlig unbewusst vollziehen. Wir haben uns so an sie gewöhnt, dass wir nicht merken, welchen Einfluss sie auf uns haben.

Der letzte Teil des Prozesses besteht in der Freilassung. Und wie beim Angeln bringt uns dieser Aspekt Erleichterung. Für den Fisch ist es natürlich mehr als Erleichterung, für ihn geht es um Leben und Tod. Für uns kann dieser Ansatz den Unterschied zwischen Ausgeglichenheit oder Stress ausmachen, zwischen Angst oder Sicherheit. Er ist eine der besten Möglichkeiten, Ruhe und Frieden in sein Leben zu bringen.

Die Freilassung selbst funktioniert ohne Umschweife. Nachdem uns ein negativer, kritischer oder stressiger Gedanke aufgefallen ist, lassen wir ihn los. Man zollt ihm weniger Aufmerksamkeit. Manche Menschen experimentieren ganz gern mit mentalen Bildern: Sie stellen sich zum Beispiel vor, den Fisch in der Hand zu halten und ihn dann weit von sich zu werfen. Machen Sie es einfach so, wie es bei Ihnen am besten klappt. Sie müssen sich nur daran gewöhnen, einen Gedanken loszulassen, anstatt ihn ausufern zu lassen.

Dabei soll man natürlich nicht seine Gedanken leugnen oder so tun, als seien sie nicht vorhanden. Und es geht auch nicht darum, sie wegzustoßen. Sie müssen nur darauf achten, was passiert. Und sobald Sie Ihren Gedanken »eingefangen« haben, lassen Sie ihn frei. Lassen Sie ihn los.

Die meisten Menschen berichten, dass sie sich anschließend viel unbeschwerter fühlen. Sie haben dann das Gefühl, dass alles nicht so dringlich ist, und die Anzahl an Dingen, die ihnen Sorge bereiten, nimmt ab. Eine Frau erzählte mir kürzlich, dass es sie jahrelang schier wahnsinnig gemacht habe, wenn ihr Schreibtisch mit Unterlagen und Notizen voll gepackt war. Sie achtete also auf ihre Gedanken wie: »Verflucht, ich hasse dieses Durcheinander! Kein Mensch hilft mir. Ich habe mehr am Hals, als ich bewältigen kann.« Immer wenn sie ihren unaufgeräumten Schreibtisch sah, überfluteten Ärger und Enttäuschung ihr Denken.

Dann begann sie, auf ihre Gedanken zu achten, sie in voller Aktion zu »fangen und freizulassen«. Sie sagte sich dann immer: »Da ist noch einer.« Und dann ließ sie den Gedanken fallen. »Huch, und noch einer«, und so weiter. Das Ergebnis war, dass der Sache die Brisanz genommen wurde. Die Frau zieht natürlich noch immer einen aufgeräumten Schreibtisch vor, aber wenn er das nicht ist, ist es auch keine Katastrophe. Sie kommt ins Zimmer und sieht den Schreibtisch. Wenn ihre Gedanken wie gewohnt zu rotieren beginnen, steuert sie bewusst gegen und lässt sie ziehen. Dann räumt sie ein paar Minuten den Schreibtisch auf, um sich besser organisiert zu fühlen.

Das Prinzip »Fangen und freilassen« wirkt auch bei wirklichen Krisen Wunder. Ich lernte einmal einen Mann kennen, den ein ehemaliger Freund verklagt hatte. Er war auf hundertachtzig. Er sagte mir, er hätte ohne diese Technik vor lauter Stress einen Herzschlag bekommen.

Es war ihm bewusst geworden, dass er zigmal am Tag an den Vorfall und an seinen Ex-Freund gedacht hatte. Gedanklich rechtfertigte er seine Wut und seine Feindseligkeit. Er ließ sich durch den Kopf gehen, wie übel man ihm mitgespielt hatte, und sann auf Rache. Er wünschte dem anderen die Pest an den Hals. Er war regelrecht besessen von der Sache.

Die Schlussfolgerung, zu der er kam, entsprach dann ganz meiner eigenen. Wir haben natürlich das Recht auf unsere Gedanken und können auch immer rechtfertigen, warum wir etwas denken. Doch in Wirklichkeit bringt uns das gar nichts. Wie ein Kind, das in der Schule spickt, eigentlich sich selbst betrügt, so tun wir uns nur selbst weh, wenn wir an unseren negativen Gedanken festhalten.

Dieser Mann berichtete mir dann von einer Freiheit, die er für gar nicht existent gehalten hatte. Er sagte, dass sich diese negativen

Gedanken immer wieder einschleichen, er sie jedoch meist einfängt – und freilässt. Anstatt Wahnvorstellungen zu entwickeln, betrachtet er sie nun als vorübergehende Einfälle. Anstatt wegen einer vergangenen Sache verärgert zu sein, hatte er gelernt, wieder glücklich zu sein – egal was passiert war.

Natürlich lässt sich das schwer belegen, aber meiner Erfahrung nach gilt diese Dynamik bei allen Szenarien im Leben, und zwar unabhängig vom Ausmaß des Leids. Wie ich das sehe, sind Ärger, Enttäuschung, Kummer, Eifersucht, Ängste, Neid und viele andere schmerzlichen Gefühle vermeidbar. Selbst die einfachsten Gefühle werden durch unser Denken noch verschlimmert und komplizierter. Wenn wir lernen, diese schmerzlichen Gedanken einzufangen, wird unser Herz von einem inneren Leuchten und von Frieden erfüllt. Ich hoffe, dass diese Technik Ihnen ebenso hilft wie mir.

25 Zuerst nachdenken, dann etwas sagen

Mir fallen viele Momente in meinem Leben ein, in denen ich absolut nicht darauf vorbereitet war, etwas zu sagen. Der Anlass war immer wichtig, und doch hat es mich kalt erwischt. In meinem tiefsten Inneren wusste ich, dass das, was ich sagen wollte und musste, von Bedeutung war. Doch weil ich nicht darüber nachgedacht hatte, erfüllte das, was ich dann schließlich von mir gab, absolut nicht meine Erwartungen.

Einmal wusste ich nichts zu sagen, als eine Beziehung an ihrem Endpunkt angekommen war – ich ließ es dann lieber bleiben. Es sind schon Freunde unerwartet verstorben und Geschäftspartner, und ich war absolut nicht darauf vorbereitet, mit den trauernden Eltern, Verwandten und Freunden zu reden. Ich wusste nicht, wo anfangen.

Vor ein paar Jahren unterhielt ich mich einmal mit einer Mitarbeiterin eines Hospizes. Sie meinte, dass man sich auf schwierige Augenblicke besser vorbereiten solle, dann könne man auch die richtigen Worte finden. Das Ergebnis dieses Gesprächs war, dass ich mich tatsächlich »vorbereitete«. Im Laufe der nächsten Monate verbrachte ich viel Zeit damit, über Antworten auf die verschiedenen Lebenskrisen nachzudenken. Ich stellte mir dazu Fragen wie:

– Was würde ich zu einem offensichtlich glücklich verheirateten Freund sagen, der plötzlich verkündet, dass er sich scheiden lässt?

– Was würde ich zu Eltern sagen, die ihren Sohn oder ihre Tochter verloren haben – oder umgekehrt, zu einem Kind, das seine Eltern verloren hat?
– Was würde ich zu einem Freund, einem Kollegen oder auch einem Nachbarn sagen, wenn er mir mitteilt, dass er an einer tödlichen Krankheit leidet?
– Wie würde eine angemessene Antwort auf eine schwere Enttäuschung aussehen, zum Beispiel wenn Bemühungen fehlgeschlagen sind oder etwas abhanden gekommen ist?
Es gibt bestimmt an die dreißig solcher Fragen, von ernst bis fast schon undenkbar.
Ich habe festgestellt, dass die genauen Antworten auf diese Fragen nicht annähernd so wichtig sind wie der Prozess, sich die Fragen überhaupt zu stellen und über sie nachzudenken. Anders ausgedrückt: Es ist nicht möglich oder gar erstrebenswert, zuerst einmal zu »proben«, was man sagen möchte – darum geht es absolut nicht. In den meisten Fällen ist eine aufrichtige, ehrliche, liebevolle und spontane Anteilnahme angemessen.
Wie bei vielen anderen Dingen im Leben sollte man mit dieser Art Vorbereitung nicht wie bei einer Buchstabierübung vorgehen. Wir prägen uns keine Tatsachen oder Strategien ein. Wir säen nur die Saat der Weisheit und des Mitgefühls, die dann spontan aufgeht, wenn der Moment gekommen ist.
Dazu ein Beispiel: Bevor ich vor einem großen Publikum spreche, bereite ich mich immer gründlich vor. Allerdings halte ich mich praktisch nie an mein ursprüngliches Konzept und verwende nur selten meine Aufzeichnungen. Doch ohne diese Vorbereitung wäre es für meine spontane innere Weisheit viel schwieriger, zutage zu treten. Es lässt sich nicht leugnen, dass eine gewisse Reflexion und Vorbereitung das Thema interessanter machen, und selbst die Scherze sind dann witziger.

Für mich ist es ideal, mir über das jeweilige Thema meine Gedanken zu machen und dann die Vorbereitung außer Acht zu lassen. Ich habe sie im Hinterkopf und vertraue darauf, dass sie da ist, wenn ich sie brauche. Um es noch einmal zu betonen: Sie sollen keine Antworten auswendig lernen, Sie sollen keine passenden Sätze üben. Sie verbringen vielmehr eine gewisse Zeit damit, über die Antworten auf Ihre eigenen Fragen eingehend nachzudenken. Sie stellen sich verschiedene Szenarien vor und lassen sich viel Zeit, die möglichen Reaktionen zu reflektieren. Wenn Sie etwas verwirrt oder ängstigt, machen Sie sich eine Notiz, diesen Punkt mit einem Freund oder Fachmann zu besprechen. Oder Sie lesen ein Buch, das damit zu tun hat. Wenn Ihnen dann mehr Informationen zur Verfügung stehen, kommen Sie auf das Thema zurück und denken noch einmal nach. Sich vorzubereiten ist kein einmaliges Unterfangen. Es kann mehrere Wochen, ja sogar Monate in Anspruch nehmen. Die Idee ist, durchdachte Antworten zu entwickeln, die dann uninformierte Reaktionen ersetzen.

Das Ergebnis einer ausgiebigen Vorbereitung stellt sich dann so dar: Unsere Antworten, die – irgendwo – in unserem Geist angelegt sind, weisen ein hohes Maß an Mitgefühl auf und sind der Situation angemessen, der Rest wird herausgefiltert.

Hat man über etwas nachgedacht, ist das, als würde die innere Weisheit am Startpflock warten. Wenn man sie dann wirklich braucht, oft in wirklich kritischen Momenten, kommt einem dann zumindest ein kleiner Teil in den Sinn. Man weiß dann intuitiv, wie man richtig reagiert und was man sagt – oder eben gerade nicht sagt.

Ich stellte mir zum Beispiel einmal die Frage: »Was würde ich sagen, wenn mir ein trauernder Vater vom Tod seines einzigen Kindes erzählen würde?« Da ich mir kaum eine schlimmere Erfahrung vorstellen kann, fiel es mir schwer, auf eine angemessene Reaktion zu kommen. In den folgenden ein oder zwei Monaten dachte ich immer wieder darüber nach, was mir das Pflegepersonal in Hospizen und Krankenhäusern beigebracht hatte und auch Eltern, die ein Kind verloren hatten. Ich ließ mir Bücher, die ich zu dem Thema gelesen hatte, durch den Kopf gehen und versuchte, mich in diese schreckliche Situation hineinzuversetzen. Immer wieder kam ich auf diese Frage zurück. Dabei fielen mir zwei Aspekte wiederholt auf. Der erste war zu wissen, was genau man *nicht* sagt. Ich dachte also darüber nach, wie klug es ist, bei einem so schrecklichen Ereignis nicht zu dozieren und keine guten Ratschläge zu erteilen. Ich weiß noch, dass ich las und auch selbst Zeuge wurde, wie wichtig es ist, *nicht* zu versuchen, jemandem seinen Kummer auszureden, und auch nicht zu versuchen, die Situation diesem Menschen irgendwie rational zu erklären.

Das andere Thema war, wie wichtig es ist, eine Quelle der Liebe zu sein, das heißt offen, aufmerksam und einfach für den anderen ganz da zu sein. Wenn man nicht seicht und abgelenkt irgendwelche Punkte abhandelt und versucht zu helfen, kann man die richtige Geisteshaltung erlangen, die es dem Trauernden ermöglicht, so zu sein, wie er eben ist.

Dann ist es passiert. Man stellte mich einer Frau vor, die ihr einziges Kind bei einem wahnwitzigen Autounfall verloren hatte. Ich hatte absolut nicht das Gefühl, ihr helfen zu können – aber ich wusste auch, dass ich ihren Schmerz nicht verschlimmerte, indem ich reagierte, als hätte ich mich mit dem Thema nie auseinander gesetzt. Das Beste, was wir manchmal tun können, ist, eine Situation nicht noch schlimmer zu machen. In diesem Fall hatte es sich also gelohnt, mir vorab einige Gedanken zu machen. Diese Frau hinterließ mir ein paar Wochen später eine Nachricht auf meinem Anrufbeantworter, die mich zutiefst berührte. Sie sagte nur: »Es war wirklich schön, Sie kennen zu lernen. Danke, dass Sie mir zugehört haben.« Einfache, aber doch aufrichtige Worte. Als ich dies hörte, wurde mir klar, wie oft ich früher *nicht* zugehört hatte, weil ich viel zu sehr damit beschäftigt war, Ratschläge zu erteilen oder jemanden aufzumuntern. Es wurde mir auch bewusst, wie hilfreich es ist, einmal ein bisschen über ernste und schmerzliche Themen nachzudenken – und unsere potenzielle Reaktion. Wie sollten wir in der Lage sein, jemandem in Zeiten der Not Trost zu spenden, wenn wir uns aufdrängen oder in den Vordergrund spielen? Und wenn wir uns nicht die Zeit zum Nachdenken genommen haben, ist eine angemessene Reaktion recht unwahrscheinlich.

Wenn man über Reaktionen auf bestimmte Krisen nachdenkt und sich vorbereitet, wappnet man sich automatisch für alle möglichen Situationen. Lassen Sie sich beispielsweise durch den Kopf gehen, was Sie zu einer Freundin sagen, die gerade gefeuert wurde, bereiten Sie sich ganz nebenbei auch darauf vor, was Sie zu einer Arbeitskollegin sagen könnten, die gerade eine schreckliche Scheidung durchmacht. Auch wenn die Situation und die Einzelheiten völlig unterschiedlich sind, überlappen sich Ihre Reaktionen doch – zum Beispiel Ihre Fähigkeit zuzuhören, Ihre Aufmerksamkeit, Ihr Mitgefühl und Ihr Einfühlungsvermögen.

Und nach der Begegnung mit der Frau, die ihr Kind verloren hat, habe ich noch etwas anderes festgestellt: Es gibt vieles, worauf man sich nicht in vollem Umfang vorbereiten kann. Theoretisch klingt es ja gut, wenn man sich rüstet, doch in Wirklichkeit sind zig Situationen im Leben viel zu komplex, verwirrend und schmerzlich, um sie einer Schublade zuzuordnen. Die Emotionen schießen über. Umstände sind nicht vorhersehbar und ändern sich schnell. Es gibt auch zahlreiche Faktoren, die wir nicht

ahnen können, darunter unsere eigenen Gefühle und die der anderen.
Das wurde mir erneut klar, als eine Freundin mir anvertraute, dass sie ihre Beziehung beenden wolle. Ich hatte anfangs, als ich mir all diese Fragen stellte, viel über dieses Thema nachgedacht. Ich hatte mir eine solche Szenerie vorgestellt und wie ich darauf reagieren könnte, um meinem Gegenüber zu helfen. Als es dann aber wirklich so weit war, fand ich es ziemlich schwierig. Doch trotz meiner Unbeholfenheit nutzte mir jeder Augenblick, den ich darüber nachgedacht hatte. Ich wusste zumindest noch, was ich *nicht* sagen sollte. Weil ich eine gute Weile über das Thema nachgedacht hatte, bot ich nicht vorschnell irgendwelche Ratschläge an, wie ich das sonst sicher getan hätte. Ich platzte auch nicht mit einem »Das wird schon wieder!« heraus und sprach nicht automatisch schlecht über ihren Partner. Hätte ich mich auf diese Art Vorfall nicht vorbereitet, hätte ich bestimmt überreagiert und unbeabsichtigt folgenschwere Sätze losgelassen.
Der Prozess, über das nachzudenken, was ich sagen will, und zwar bevor es notwendig ist, hat mir auch in anderer Hinsicht sehr geholfen. Meine Gedanken über ernste Themen steigerten mein Bewusstsein hinsichtlich zweier wichtiger Aspekte im Leben: Mitgefühl und Dankbarkeit.
Als ich über diese Fragen nachsann, wurde mir bewusst, wie schwierig das Leben oft sein kann. Irgendwann wird jeder von uns mit Krankheit, Scheidung, Tod und Trennung konfrontiert, um nur einige Lebenskrisen zu nennen. Wie können wir anderen gegenüber kein Mitgefühl empfinden, wenn wir doch wissen, dass jeder Mensch seine individuelle Geschichte hat und jede dieser Geschichten Schmerz, Kummer und Elend enthält? Sehen Sie jemandem in die Augen oder betrachten ihn in diesem Kontext, ist es viel einfacher, freundlich und sanft zu sein. Man

kann dann besser verzeihen. Und es fällt um einiges leichter, Mitgefühl zu empfinden.
Nehmen Sie sich einen Moment Zeit, während Sie das jetzt lesen, um an einen Menschen zu denken, über den Sie gerade verärgert sind. Nehmen Sie etwas Abstand und sagen Sie sich, dass dieser Mensch Schmerzen leidet. Wie sehr diese Person Sie auch irritiert oder verletzt hat, machen Sie sich klar, dass in seinem tiefsten Inneren dieser Mensch nur glücklich sein will. Die Tatsache, dass jemand aus der Bahn geworfen wurde und nicht den richtigen Weg findet, ändert nichts an dieser grundlegenden Wahrheit. Sie können sicher sein, dass das Leben dieses Menschen voll von Lebenskrisen und Leid ist.
Denken Sie an jemanden unter dieser Prämisse – fällt es dann nicht leichter, den eigenen Groll einfach fahren zu lassen? Sie sollen denjenigen ja nicht zum Essen einladen oder sich mit ihm treffen. Ich möchte nur darlegen, dass man viel einfacher für andere Mitgefühl empfinden kann, als man meint – selbst wenn sie es anscheinend gar nicht verdienen. Ist Ihr Herz voller Mitgefühl, nützt das vor allem Ihnen selbst. Ärger, Frustration, Feindseligkeit und Stress machen dann einem inneren Frieden Platz. Das ist nicht nur eine schöne Theorie, sondern das tatsächliche Ergebnis, wenn man im Alltag Mitgefühl walten lässt.
Außerdem bin ich von einem Gefühl der Dankbarkeit erfüllt, wenn ich über diese Fragen nachdenke. In jeder steckt etwas, das an eine Person oder Situation erinnert, die in unserem Leben von Bedeutung ist. Stelle ich mir zum Beispiel die Frage: »Was würde ich Eltern sagen, die ihr Kind verloren haben?«, fällt mir sofort ein, wie glücklich ich mich schätzen darf, zwei liebe Töchter zu haben. Oder wenn ich frage: »Was würde ich zu jemandem sagen, der gerade arbeitslos geworden ist?«, dann wird mir klar, welch ein Glück es ist, einen Beruf zu haben, der mir Freude bereitet.

Sich über das Gedanken zu machen, was man sagen will, bevor man es äußert, ist eine Übung mit enormen Auswirkungen. Sie bietet eine gute Gelegenheit, das Verständnis für den Schmerz von anderen wie auch für den eigenen zu vertiefen. Verwenden Sie ein bisschen Zeit darauf, sich auf das vorzubereiten, was letztlich unvermeidlich ist, können Sie anderen effizienter zur Verfügung stehen, wenn Sie darum gebeten werden. Sie erleben außerdem bewusst die Freude, die der Alltag mit sich bringt. Ich hoffe, dass Sie von dieser Übung ebenso profitieren wie ich. Und ich hoffe auch, dass Sie dabei viel über sich selbst erfahren.

26 Sich in Geduld üben

Kürzlich hörte ich folgendes Rätsel: Wie lautet die Definition für eine Millisekunde? Sie geben auf? Die Antwort ist: Es handelt sich um die Zeitspanne zwischen dem Moment, in dem eine rote Ampel auf Grün schaltet, und dem Gehupe des Autos hinter Ihnen!

Ob Sie das nun witzig finden oder nicht, Sie werden jedenfalls zugeben müssen, dass wir in einer Kultur leben, die unglaublich ungeduldig ist. Neulich ging ich mit einer meiner Töchter und einer ihrer Freundinnen in ein Fast-Food-Lokal. Die Frau, die vor uns in der Schlange stand, hatte Essen für etwa acht oder neun Personen bestellt. Ganz offensichtlich war sie entnervt, weil die Zubereitung fast fünf Minuten in Anspruch nahm. Ständig schaute sie auf die Uhr, scharrte mit den Füßen und versuchte schließlich, mich frustriert zu überzeugen, dass das Personal nicht kompetent und deshalb zu entlassen sei. Das ist kein Scherz.

Derartige Szenen spielen sich ständig ab. Im Straßenverkehr, am Flughafen, im Büro, zu Hause, beim Einkaufen, im Urlaub – die Leute sind einfach ungeduldig. Wir alle sind ärgerlich, wenn etwas länger dauert als geplant oder erwartet. Doch anstatt uns mit unserer Ungeduld und unserer Erwartungshaltung zu beschäftigen, schießen wir uns auf das vermeintliche Problem ein – den Kellner, den Verkäufer, den Computer, unsere Kinder, unseren Geschäftspartner. »Wenn die Menschen nur effizienter wären – und die Computer auch«, dann wären wir glücklicher und weniger ungeduldig, so die Argumentation.

Doch das kaufe ich Ihnen nicht ab! Wenn Effizienz wirklich mit unserem Glück verbunden wäre, dann wären die meisten Menschen euphorisch. Schauen Sie sich doch einmal an, wie angenehm sich unser Leben heute gestaltet. Aber offenbar halten wir alles für selbstverständlich – Computer, Online-Banking, Fast Food, Waschsalons, Autos, Züge, Flugzeuge. Apropos Flugzeuge: Ich bin als Passagier oft perplex. Als ich zum Beispiel kürzlich von San Francisco nach New York unterwegs war, jammerten sich zwei Geschäftsleute gegenseitig etwas über den »Stress« beim Reisen vor. Sie waren besonders ärgerlich, weil das Flugzeug mit dreißig Minuten Verspätung startete und sie so lang unterwegs waren. Die gesamte Flugzeit, inklusive Verspätung, lag bei rund fünfeinhalb Stunden. Das sind fast viertausend Kilometer in nicht einmal sechs Stunden. Stellen Sie sich nur diese »Zumutung« vor!

Solange ich denken kann, habe ich die Leute sagen hören, dass es wichtig ist, eine gewisse Geduld zu entwickeln. Doch erst vor ein paar Jahren begriff ich wirklich, welche Verbindung besteht zwischen Geduld und der Fähigkeit, mit Kleinigkeiten und wirklichen Krisen zurechtzukommen.

Sind wir wegen Kleinigkeiten ungeduldig, greift diese Einstellung auch auf wirkliche Krisen über. Eines der drastischsten Beispiele, mit denen ich je konfrontiert wurde, war, als ein Mann ungeduldig wurde, weil sein alter Vater so lange im Sterben lag. Doch der Mann war eigentlich nicht über seinen alten Vater verärgert, was sein Verhalten noch dramatischer und grotesker erscheinen ließ. Das wäre ja zumindest eine Erklärung gewesen. Auch die Kosten, die sein Vater wegen seiner Krankheit verursachte, machten dem Mann kein Kopfzerbrechen.

Er hatte sich einfach völlig an seine Ungeduld gewöhnt – die Reaktion kam absolut automatisch – und wollte wie bei allen Missliebigkeiten möglichst bald »mit seinem gewohnten Leben weitermachen«. Er war das Opfer seiner eigenen Ungeduld. Er gab sich keinerlei Mühe, sich in Geduld zu üben. Er wartete vielmehr darauf, dass die Welt voranmachte und sich ihm anpasste. Gott sei Dank sind die meisten von uns sich ihrer Charakterzüge und Gewohnheiten bewusster. Dennoch habe ich beobachtet, dass sich viele über ihre Ungeduld nicht im Klaren sind und sich auch keine Sorgen deshalb machen. Trotz der überhand nehmenden Ungeduld in unserer Welt höre ich kaum einmal jemanden sagen: »Ich muss wirklich daran arbeiten, geduldiger zu werden.« Es scheint keinerlei Verbindung zu bestehen zwischen Geduld und Lebensqualität.

Doch das ist ein Irrtum, die Verbindung besteht sehr wohl und ist von grundlegender Bedeutung.

Wenn wir nicht wollen, dass wir immer wieder von Negativem überrannt werden, können wir bestimmte Gegenmaßnahmen einüben, die sich später bezahlt machen. Sind wir in der Lage, unsere Geduld im Alltag zu stärken, passiert genau das. Wir können nicht nur im Augenblick die Früchte unserer Geduld genießen, sondern auch langfristig. Indem wir auf die Kraft der Geduld bauen, werden wir mit der Zeit klüger und lassen uns nicht unterkriegen. Steht wirklich etwas auf dem Spiel, sind wir besser gerüstet, die jeweilige Situation zu meistern.

Es ist keine Frage, dass Geduld eine Qualität ist, die es sich zu erarbeiten gilt. Meiner Erfahrung nach ist es nicht möglich, geduldiger zu werden, wenn man den Vorteil nicht einsieht und wirklich Prioritäten setzt. Um geduldiger zu werden, müssen wir uns also zuerst einmal selbst überzeugen, dass es sich um ein sinnvolles Ziel handelt. Ich habe festgestellt, dass es hierfür hilfreich ist, einmal in aller Ruhe über die folgende Frage nachzudenken: »Wäre es meinem Leben dienlich, wenn ich geduldiger wäre?« Stellen Sie sich einmal vor, Sie wären nicht verärgert, wenn jemand ein bisschen dem Zeitplan hinterherhinkt. Wäre es nicht schön, beim Warten zu entspannen, anstatt aufgeregt hin und her zu tigern? Wie wäre es, wenn Sie das Hier und Jetzt genießen könnten, anstatt sich vorzustellen, was als Nächstes zu tun ist? Wie wäre es, wenn nicht alles perfekt sein und nach Plan ablaufen müsste, damit Sie Ihre Freude haben und zufrieden sind?

Geduld verleiht unserer Erfahrung eine ganz neue Qualität. Sind wir geduldig, können wir uns voll im Hier und Jetzt aufhalten und brauchen uns nicht sonstwohin zu wünschen. Wir können etwas genießen ohne die geistige Ablenkung, die ständige Hektik mit sich bringt. Geduld erlaubt es uns, das Leben in Ruhe und ohne Eile zu erfahren. Wir sind dann in der Lage, auf Vorkommnisse im Leben differenzierter und weniger routiniert zu reagieren.

Geduld macht sich in vielerlei Hinsicht bezahlt. Sie hilft einem Geschäftsmann bei seinen Geschäften. So haben mir Immobilienmakler und Vertreter gesagt, dass ihnen ihr Ansatz »Ich kann warten« und »Nur keine Eile!« bei einer einzigen Transaktion Hunderttausende von Dollar eingebracht hat. Es ist auch spannend, einen Sportstar zu beobachten, wie er Geduld an den Tag legt. Während die Fans brüllen: »Los, schneller, die Zeit läuft ab!«, wartet der Sportler geduldig auf den perfekten Augenblick und gewinnt dann wegen dieser einen Sekunde mehr das Spiel oder den Wettkampf.

Es gibt natürlich jeden Tag Hunderte von Gelegenheiten, sich in Geduld zu üben. Immer wenn wir auf jemanden oder auf etwas warten müssen, lässt sich ein Anfang machen, also zum Beispiel, wenn wir warten, bis unser Sohn, unsere Tochter oder Ehegespons endlich so weit ist, dass wir aus dem Haus gehen können, oder wenn wir auf einen Rückruf oder eine E-Mail von jemandem in der Arbeit warten. Ich hörte einmal die Geschichte von einem Meditationslehrer, der am Flughafen abgeholt wurde, um ein Seminar abzuhalten. Unterwegs gerieten er und sein Fahrer in einen fürchterlichen Stau. Während der Fahrer schimpfte und sich für den Verkehr entschuldigte, blieb der Lehrer ganz ruhig und meinte, dass der Stau eine vortreffliche Gelegenheit biete, sich in Geduld zu üben.

Es ist zugegebenermaßen schwierig, mitten im Chaos und bei Verspätungen ruhig zu bleiben. Doch machen Sie sich in diesem Moment einfach die noch weniger erstrebenswerten Alternativen bewusst. Setzen wir keine Priorität und üben uns nicht in Geduld, bleibt es nicht aus, dass wir oft frustriert und angespannt sind. Es ist eben die Realität, dass kaum etwas nach Plan läuft. Dazu fällt mir ein Witz ein: »Wenn du Gott zum Lachen bringen willst, dann erzähl ihm von deinen Plänen.«

Eine Frau erzählte mir einmal, wie sie dabei war, als ihre Freundin in ihrer Wohnung einen Herzanfall bekam. Sie rief den Notarzt, und man sagte ihr, was zu tun sei. Die Frau hatte jahrelang Yoga und Meditation gemacht und war darin geübt, geduldig zu sein und in sich zu ruhen, anstatt in Unruhe und Hektik zu verfallen. Sie sagte mir, dass sie sicher in Panik ausgebrochen wäre, hätte sie es nicht gelernt, geduldig zu sein, und dass ihre Freundin dann wahrscheinlich gestorben wäre.

Wer kann mit Sicherheit sagen, was passiert wäre? Ihre Geschichte erinnerte mich jedoch daran, wie wichtig es ist, in kritischen Augenblicken Geduld an den Tag zu legen. Bleiben wir bei einer Krise ruhig, können wir Anweisungen besser entgegennehmen und anderen sinnvoller helfen. Und Geduld ist der Schlüssel zum Erfolg – wenn nicht Überleben –, wenn es gilt, langfristig einen Finanzplan aufzustellen.

Der Trick dabei ist, klein anzufangen, aber jetzt gleich und noch heute. Denken Sie immer daran, dass sich das Üben eines Tages bezahlt machen wird. Dann können Sie vielleicht eine unnötige Konfrontation in der Arbeit oder mit Ihren heranwachsenden Kindern vermeiden. Oder Sie können jemandem in einer Notlage wirklich helfen. In jedem Fall lassen sich die Situationen, die sich aus Ihrem Alltag ergeben, nutzen, um zu üben – wenn Sie im Stau stecken, bei Verspätungen und wenn Sie mit unzuverlässigen Leuten zu tun haben.

Verspüren Sie den Impuls, mit Ungeduld zu reagieren, versuchen Sie, ihn sich bewusst zu machen, bevor er aus dem Ruder läuft. Machen Sie sich klar, dass Sie jetzt Ihre übliche Reaktion an den Tag legen wollen. Doch bevor Ihr Verstand noch Gelegenheit hat, Ihre Ungeduld mit Erinnerungen an ähnliche Erfahrungen in der Vergangenheit zu verstärken (»Das passiert mir in dem Jahr jetzt schon zum zehnten Mal!«) oder negative Gedanken hinsichtlich der Zukunft zu hegen (»Das schaffe ich nie und nimmer rechtzeitig«), lenken Sie sich ins Hier und Jetzt zurück. Atmen Sie tief durch, und erinnern Sie sich, wie wichtig Geduld ist.

Vielen fällt gerade der Einstieg sehr schwer – die erste Hürde, wenn man wie immer mit Ungeduld reagieren will. Doch mit der Zeit und den positiven Erfahrungen, die man macht, geht es dann leichter. Haben Sie den Dreh raus, wie man geduldiger wird, und üben Sie weiter, werden Sie schließlich belohnt: mit der Erfahrung eines erfüllteren Lebens und der Sicherheit, die sich aus innerer Ruhe und Frieden ergibt. Versuchen Sie es – doch egal was Sie tun, seien Sie geduldig mit sich selbst.

27
Alles tun, was in einem steckt

Mir hat dieser Ansatz immer gefallen, wobei ich ihm allerdings eine etwas andere Note gegeben habe: »Seien Sie so effizient, wie es Ihnen möglich ist.« Tut man das, ist man Herr über sein Leben und man sitzt fest im Sattel. Auf diese Weise stolpert man nicht durch die Tage, löscht Brände und vertagt Dinge, die man im tiefsten Inneren eigentlich gern täte.

Irgendwie hatte ich das Gefühl, dass ich in diesem Buch über die wichtigen Dinge im Leben unbedingt auch eine Strategie zum Thema Effizienz bringen müsse. Dieses Gefühl hatte ich aus mehreren Gründen. Zuerst einmal kann jedem etwas enorm Positives oder auch Schlimmes passieren, egal wie gut vorbereitet und effizient man auch ist. Man kann das Glück, Karma, Timing oder sonst wie nennen. Der Punkt ist, dass es keine Ausnahme gibt. Führen wir jedoch ein effizientes Leben, dann haben wir uns diese Daseinsform selbst ausgesucht. Wir steuern selbst unser Schiff, treffen unsere eigenen Entscheidungen und fühlen uns kaum einmal als Opfer der Umstände. Deswegen muss es uns später auch nicht Leid tun, etwas verpasst zu haben. Wäre unser Leben morgen zu Ende, hätten wir den Frieden zu wissen, dass wir so gelebt haben, wie wir es wollten.

Wer von uns effizient lebt, hat den Mut, für seine Überzeugungen einzutreten und sich auf seine Prioritäten zu besinnen. So ein Mensch hat die Disziplin, hart zu arbeiten, ein paar Vergnü-

gungen zu vertagen, um etwas zu erledigen, und sich dem zu widmen, was wirklich wichtig ist.
Ein effizientes Leben ermöglicht es einem, seine Prioritäten sinnvoll zu setzen, was oft bedeutet, dass man etwas unerledigt lassen muss. Effiziente Menschen kennen den Unterschied zwischen dem, was wirklich wichtig ist, und dem, was warten kann. Je effizienter Sie Ihr Leben führen, desto einfacher ist es für Sie, das Gesamtbild im Auge zu behalten – und dazu gehören natürlich Problemlösungen und der sinnvolle Umgang mit Vorkommnissen, die uns alle betreffen. Ob es sich um ein berufliches Problem handelt, um eine Krankheit oder einen Unfall, um eine Finanzkrise oder schwer wiegende Entscheidung, um etwas, das die Beziehung betrifft, um eine persönliche Notlage oder die Notwendigkeit, bei einer Situation die Verantwortung zu übernehmen – Effizienz lautet das Zauberwort, das alles ins Lot bringt. Fehlt sie, ist das so gut wie unmöglich.
Immer wenn wir mit etwas wirklich Wichtigem zurechtkommen müssen, ist es entscheidend, dass wir emotional stabil sind und somit in der Lage, einen Plan zu fassen und zu handeln. Diese beiden Aspekte sind natürliche Begleiterscheinungen eines effizienten Daseins. Anders ausgedrückt: Ein effizientes Leben Tag für Tag und Augenblick für Augenblick zu führen steigert die Wahrscheinlichkeit, besser gewappnet zu sein, wenn eine wirkliche Krise eintritt. Man ist dann nämlich damit vertraut, seine Pläne rasch den Umständen anzupassen, was fast immer notwendig ist, wenn man mit einer Krise oder sonst einem wichtigen Vorfall konfrontiert wird. Effizient zu sein garantiert natürlich nicht, dass sich alles immer so entwickelt, wie man es gern haben möchte, aber die Aussichten sind dennoch besser. Wenn man andererseits nicht so effizient lebt, wie man könnte, ist es extrem schwierig, durch das Leben zu steuern, vor

allem, wenn man mit einer Krise konfrontiert wird. Ist man ständig mit Nebensächlichkeiten beschäftigt und von diesen frustriert und reagiert man auf das Leben, anstatt sich darauf einzulassen, kommen einem bereits Kleinigkeiten wie ein Riesenproblem vor, und wirkliche Probleme scheinen schier unüberwindlich.

Es ist wichtig zu wissen, dass wir ohne Effizienz straucheln. Wir sind dann nämlich so sehr damit beschäftigt, auf das Leben zu reagieren, dass wir mehr oder weniger zum Opfer der Umstände werden. Fehlende Effizienz bedeutet einen gewissen Mangel an Organisation, an Weitsicht, Disziplin und der Fähigkeit, einen Ausweg zu finden. So bekommt man schnell das Gefühl, sein Leben nicht in der Hand zu haben.

Stellen Sie sich einen Mann vor, der an einem bestimmten Tag zwei überaus wichtige Telefonate zu erledigen hatte. Als er in sein Büro kam, schien es notwendig, zuerst einmal zwölf andere, weniger wichtige Rückrufe zu tätigen, und dann musste er noch einen Stapel Unterlagen auf seinem Schreibtisch durchsehen. Den Rest der Geschichte kennen Sie. Als der Mann endlich Zeit für seine beiden wichtigen Telefonate fand, war es zu spät. Er hatte die Gelegenheit verpasst. Sein Chef war wütend auf ihn, weil er nicht erledigte, was Priorität hatte, und schließlich fühlte sich der Mann als Opfer und war entsprechend zornig. Es war ihm nicht möglich zu erkennen, dass er allein diese Situation geschaffen hatte.

Mir ist schon klar, dass dieses Beispiel arg simpel ist und dass in der Regel noch andere Faktoren eine Rolle spielen. Doch gestatten Sie mir, zur Verdeutlichung diesen Vergleich zu ziehen, weil es nämlich bisweilen in der Tat so simpel ist. Jemand, der effizient arbeitet, wäre in sein Büro gekommen und hätte sich einen Augenblick Zeit genommen, um abzuschätzen, was am wichtigsten ist. Und egal wie unbequem oder ungelegen ihm diese Telefonate gekommen wären, er hätte sie sofort erledigt – oder zumindest bei der ersten realistischen Gelegenheit. So jemand hätte gewusst, dass diese beiden Anrufe wichtiger waren als alles andere zusammen. Sie waren der Motor, von dem alles andere abhing. Und so jemand wäre am Abend in dem Bewusstsein nach Hause gegangen, getan zu haben, was notwendig war, und zwar ungeachtet dessen, ob etwas anderes liegen geblieben ist. Dieses Beispiel verdeutlicht, welche Verbindung zwischen Effizienz und Selbstbewusstsein besteht.

Etwas effizienter zu werden ist einfacher, als man meint. Die meisten Menschen, mit denen ich gesprochen habe und die einen Versuch unternommen haben, sagten mir, dass die Lernkurve sehr steil nach oben geht und dass schon die kleinste Veränderung einen Riesenunterschied macht. Ich habe Leute sagen hören, dass sie gelernt haben, keine Zeit mehr zu vergeuden und etwas auf die lange Bank zu schieben. Andere teilten mir mit, dass sie weniger Zeit verplempern und mehr Geld verdienen. Wieder andere haben gelernt, das Wichtigste zuerst zu erledigen und somit mehr Zeit mit der Familie zu verbringen. In allen Fällen sind die Leute zu dem Schluss gekommen, dass das Leben viel ruhiger verläuft als vorher.

Ich habe viel Zeit damit verbracht, mich mit effizienten Menschen auszutauschen. Es gibt verschiedene Einstellungen, was Effizienz angeht. Doch nach unzähligen Diskussionen mit ganz unterschiedlichen Leuten scheinen die folgenden Themen immer wieder aufzutauchen. Aus meiner Sicht sind dies die drei Schlüssel zu mehr Effizienz.

Erstens: Man muss stets einen klaren Verstand haben. Zweitens: Man muss diesen klaren Verstand benutzen, um Prioritäten zu setzen und sich nicht von den Hunderten von anderen Dingen, die um Aufmerksamkeit heischen, ablenken zu lassen. Drittens: Man muss das durchziehen, was wichtig ist. Diese drei Punkte sind sehr eng miteinander verbunden. Sobald ich mich ausschließlich auf sie konzentriere, ist das Leben – meiner Erfahrung nach – einfach und mühelos in Fluss. Alle anderen wichtigen, aber doch normalen Verpflichtungen werden dennoch erledigt, und mir bleibt sogar noch Zeit übrig. Sicher gibt es Tage, an denen ich diese Schritte einmal übersehe oder mich von etwas ablenken lasse, das sich geschickt als Ausnahmefall tarnt. Und falle ich darauf herein, ist mein Leben so chaotisch wie das von vielen anderen auch.

Es ist wichtig, dass der Verstand klar und nicht durch etwas abgelenkt ist. Mehrmals am Tag sollte man deshalb sein Denken entlasten, um alles unter einem frischen Blickwinkel zu betrachten zu können. Manchen Leuten gelingt das, indem sie die Augen schließen, tief durchatmen und ihren Geist von überflüssigen Gedanken befreien. Sie gestatten ihrem Denken, sich ein paar Minuten zu entspannen. Auf diese Weise kann sich der »Staub ablagern«. Der Geist bekommt die Möglichkeit, sich neu zu organisieren und ins Lot zu kommen. Nach etwa fünf Minuten ist Ihre Liste der zu erledigenden Dinge sorgsam überarbeitet und enthält nur noch die wirklich wichtigen Punkte.

Gehen Sie nun einen Moment in Ihre Vergangenheit zurück und denken Sie an die vielen Male, als Sie etwas Wichtiges erledigen wollten, jedoch von allen Seiten Forderungen auf Sie einströmten. Ist man überfordert und aus dem Gleichgewicht, kann man bloß noch auf das reagieren, was um einen herum geschieht. Man verfällt in Hektik, hat letztlich aber nicht viel geschafft.

Vor ein paar Jahren erzählte ich einer Mutter von sechs Kindern von der Idee, sich ein paar Minuten Zeit zu nehmen, um das Denken zu entlasten. Auch wenn sie sich die größte Mühe gab und eine liebevolle Mutter war, mangelte es ihr doch an Effizienz. Sie erweckte den Anschein, als würde sie bald einen Nervenzusammenbruch erleiden. Ständig war sie am Rotieren, in Eile und immer zu spät dran. Dies führte zu Unzufriedenheit und Enttäuschung bei ihr und bei anderen. Die Frau fühlte sich als Opfer. Sie sagte dann: »Ist dir denn überhaupt klar, dass ich sechs Kinder habe?«, als wäre das eine Art Freibrief.

Nach unserem Gespräch vollzog sie die einfachste und schönste Kehrtwende, die ich je gesehen habe. Sie konnte die Logik von ein paar »geistigen Resets«, wie sie es nannte, sofort erkennen. Sie boten ihr die Möglichkeit für eine Neuorientierung, um Korrekturen anzubringen und neue Prioritäten zu setzen. Sie stellte fest, dass es für sie am günstigsten war, gleich morgens in der Früh, noch bevor das Chaos seinen Lauf nahm, ihr Denken zu entlasten; dann überprüfte sie noch einige Male, ob weitere Korrekturen notwendig wurden. So einfach war das. Die gestresste Mutter machte dann ihre Augen zu und befreite ihr Denken von allen bisherigen Vorstellungen. Sie dachte nicht mehr an das Chaos von gestern und auch nicht an das Chaos, das sich an dem Tag noch einstellen würde. Sie befreite einfach ihren Geist und ließ alles von sich abfallen.

Dann fragte sie sich in einer noch immer ruhigen Geistesverfassung: »Was muss heute am notwendigsten erledigt werden?« Sie überlegte sich zudem regelmäßig, ob sie irgendwelche Korrekturen vornehmen könnte, die ihr das Leben einfacher und ruhiger machen könnten. Mit anderen Worten: Ließe sich etwas anders gestalten?

Zu ihrer Überraschung waren die Antworten recht simpel. Herrschte Hektik und Chaos, konnte sie nur von einer Aktivität zur nächsten jagen. In einer ruhigen Geistesverfassung bemerkte sie, dass sich einige Aufgaben durchaus delegieren ließen, dass sie beispielsweise ein Car-Sharing organisieren könnte, andere Unternehmungen jedoch lieber komplett sein ließ. Indem sie einige Schritte in Richtung mehr Effizienz tat, anstatt nur schneller zu machen, war sie in der Lage, fast über Nacht ihr Leben von einem Zustand ständiger Frustration zu relativer Ruhe zu verändern.

Ich habe es nicht miterlebt, wie die Frau bei ihrer ersten Krise zurechtkam. Ich schätze aber, dass sie dank ihrer relativen Ruhe, der optimierten Organisation und den reduzierten Überreaktionen alles besser meistern konnte – auch einen Notfall mit einem der Kinder zum Beispiel.

Wie diese Mutter von sechs Kindern haben wir alle die Fähigkeit, fast auf der Stelle effizienter zu werden, und zwar unabhängig von unserem Ausgangspunkt.

Jeder von uns führt sein individuelles Leben, trägt andere Verantwortung, hat seine ureigensten Prioritäten und Ziele. Deshalb ist dieser Prozess ganz persönlich. Seit ich zum Beispiel damit begonnen habe, dieses Buch zu schreiben, ist die Arbeit daran meine oberste Priorität. Jeden Morgen stehe ich früh auf, und nach einer Tasse Kaffe entlaste ich zuerst einmal meine Gedanken. Ich erinnere mich in der Regel daran, dass dem Buch erste Priorität zukommt, bis es fertig ist. Ich beschließe also, vor allem anderen an diesem Buch zu schreiben. Es wird mir auch klar, dass an so einem Morgen Dutzende von Ablenkungsmanövern eintreten werden: Telefonanrufe, E-Mails, Rechnungen, Projekte, die organisiert sein wollen, andere mit dem Job verbundene Tätigkeiten, Stapel von Papier auf meinem Schreibtisch, jemand, der mich um Hilfe bittet, und so weiter.

Natürlich ist mir das alles wichtig, und so bin ich schnell versucht – und es fällt mir oft auch viel leichter –, mich auf diese anderen Dinge zu konzentrieren anstatt auf die Top-Priorität, die ich mir gesetzt habe.

Den Verstand zu entlasten hat für mich die Funktion, mir bewusst zu machen, was wirklich wichtig ist und was ich zu tun habe, anstatt es auf die lange Bank zu schieben. Das Argument, dass man sich »später um das Wichtige kümmern will«, ist das Gegenteil von Effizienz. Wir führen uns damit nur selbst an der Nase herum.

Wie oben erwähnt, bleibt meine Effizienz den ganzen Tag über bestehen, wenn ich meine vorrangigen Prioritäten erledige. Ist meine Arbeit am Buch getan, fühle ich mich gut und weiß, dass ich mein mir gestecktes Ziel erfüllt habe. Dann ist es meist Zeit für eine weitere Klärung des Verstandes. Wieder stelle ich mir die Frage: »Was ist nun am wichtigsten?«

Die Antwort ist natürlich für jeden von uns eine andere, doch der Punkt ist, dass die Antwort klar sein muss. Für einige kann sie bedeuten, in einen anderen Gang zu schalten, um etwas Neues in Angriff zu nehmen. Ein anderer macht fünf Minuten Pause und nimmt dann seine Tätigkeit wieder auf. Der Trick ist, das Wichtige zu identifizieren und dann den Mut und die Überzeugung zu haben, eines nach dem anderen anzugehen; was genau, ändert sich von Tag zu Tag. Aber denken Sie stets daran, dass das Wichtigste zuerst kommt!

Effizienz ist keine Wissenschaft, sondern eine Kunst. Aber es macht wirklich Spaß, und es ist auch überaus befriedigend, wenn man mit der Zeit effizienter wird. Es ist wie bei einem Tanz – es ist wichtig, sich im Takt zu bewegen und Abstimmungen vorzunehmen. Setzen Sie Prioritäten und üben Sie sich in Effizienz, werden Sie sich schwerlich verzetteln, weil Sie ja stets auf das Wichtigste achten, das – und das liegt in der Natur der Sache – hin und wieder wechselt.

Wir alle haben Raum für Verbesserungen. Ich hoffe, dass Sie sich bei meinem Versuch zu mir gesellen, ein so effizienter Mensch wie nur möglich zu werden. Es wird sich in allen Bereichen des Lebens bezahlt machen. Viel Glück!

28 Seine Mitmenschen so behandeln, als würden sie den letzten Tag leben

Ich habe Og Mandino schon immer bewundert. Zu seinen klugen Einsichten zählt folgende: »Behandeln Sie Ihre Mitmenschen so, als wären sie um Mitternacht tot. Lassen Sie ihnen alles an Fürsorge, Freundlichkeit und Verständnis zuteil werden, was Sie nur aufbringen können, und tun Sie dies ohne Hintergedanken an einen Lohn. Ihr Leben wird nie mehr dasselbe sein.«

Wenn Sie einmal einen lieben Menschen verloren haben, können Sie diese Erfahrung für sich nutzen, besonders wenn es sich um einen unerwarteten Todesfall handelt. Ist Ihnen klar, wie fragil und auch wie kurz das Leben sein kann, ist es viel einfacher, andere mit Liebe und Freundlichkeit zu behandeln.

Im täglichen Umgang vergessen wir, dass die jeweilige Person noch an diesem Abend tot sein könnte. Dies ist meiner Meinung nach einer der Hauptgründe, weshalb wir oft ärgerlich, verbittert und voller Groll auf jemanden sind und warum es so schwierig ist, sich einen angemessen Blickwinkel zu bewahren und zu verzeihen.

Vor nicht allzu langer Zeit war ich auf jemanden böse und konnte einfach nicht loslassen. Ein Freund schlug mir vor, doch einmal diese Strategie auf meine Gefühle für diesen Menschen anzuwenden. Tatsächlich gelang es mir in kürzester Frist, von meiner Feindseligkeit abzulassen. Sind wir auf jemanden böse, leiden wir selbst am meisten. Schließlich schleppen wir den ganzen Ärger mit uns herum. Wir müssen mit ihm leben, ihn spüren und entweder an ihm festhalten oder ihm Ausdruck verschaffen.

Sehen wir jedoch einen anderen Menschen an – oder denken an ihn – und machen uns klar, dass er oder sie wirklich noch am gleichen Tag sterben könnte, verändert das die Perspektive enorm. Dann wird es uns schwer fallen, ärgerlich zu sein und alle möglichen Gründe zu finden, weiterhin solchen Groll zu hegen.

Ich weiß noch, dass ich mich einmal in einem großen Saal mit Tausenden von Leuten aufhielt, um an einem Seminar teilzunehmen. Der Vortragende sagte eingangs etwas in dieser Art: »Schauen Sie sich einmal um. Innerhalb von einem Jahr werden einige der Anwesenden hier tot sein.« Damit wollte er nicht das Publikum schockieren, sondern den Dingen eine angemessene Sichtweise verleihen. Er wollte uns aufrütteln. Und genau das hat er getan.

Es ist einfach, an irgendwelchen Einstellungen und Unzufriedenheiten festzuhalten und zu glauben, dass wir glücklicher wären, wenn etwas oder jemand sich verändern würde. Wir schieben immer wieder unser Leben auf, weil es stets etwas gibt, um das wir uns zu kümmern haben – noch eine Person mehr, die »an sich arbeiten« muss. »Wenn diese Menschen anders wären, könnte ich glücklich sein« – das stellen wir uns vor. Und auch wenn dieses Denken noch nie etwas gebracht hat, probieren wir es dennoch immer wieder.

Eines meiner Lieblingsbücher ist »A Path to Heart« von Jack Kornfield. Ein Leben zu führen, in dem das »Herz« den Vorrang hat, ist ein wunderbarer Ansatz. Auf diese Weise sieht man Schwierigkeiten aus einer anderen Perspektive, und es fällt einem leichter, zu verzeihen und weiterzukommen. Hat das »Herz« nicht unsere absolute Priorität, dann meint man schnell, dass wir etwas »hinbiegen« und die Welt manipulieren können, damit wir glücklicher sind. Wir stellen uns vor – ob bewusst oder unbewusst –, dass es möglich ist, ein so perfekt »hingebogenes« Leben zu führen, dass wir nicht frustriert sind und uns niemand enttäuscht.

Meinen Lebensweg aus dem Herzen zu gehen bedeutet für mich, dass ich es mir zum Ziel setze, mein Leben mit Gleichmut und Anstand zu betrachten, Probleme und Frustrationen inklusive, selbst wenn mir das nicht immer gelingt. Ich möchte mir ein offenes Herz bewahren, auch wenn meine Umwelt dazu nicht imstande oder gewillt ist. Ich möchte nicht den geringsten Zweifel daran haben, dass ich selbst den Schlüssel dafür besitze, meinen Ärger loszulassen, wenn mein Herz von Ärger erfüllt ist. Es ist nämlich mein Ärger, nicht der von jemand anderem. Bin ich frustriert und wütend, muss ich verzeihen. Indem ich das akzeptiere, werde ich zum Steuermann meines eigenen Schiffes. Mein Leben gehört mir. Es wird mir bewusst, dass nicht meine Lebensumstände sich verändern müssen, sondern meine Reaktionen darauf. Dann muss ich nicht länger warten, dass andere sich ändern, damit ich glücklich bin. Und bei Ihnen ist das nicht anders.

Einer der Schlüssel zu einem erfüllten Leben besteht in der Fähigkeit, die eigenen Schwierigkeiten nicht als »Fluch« zu betrachten, sondern als Möglichkeit, zu wachsen und loszulassen. Die Vorstellung, jemanden so zu behandeln, als würde er den letzten Tag leben, ist eine praktische Methode, um diesen Wandel zu erreichen. Wendet man diese Strategie an, geht es nicht darum, Angst vor dem Tod zu entwickeln, sondern sich dem Leben zu öffnen. Es handelt sich um den Willen, den eigenen Frustrationen zu begegnen, und zwar nicht mit Engstirnigkeit,

Hass oder Unerbittlichkeit, sondern mit Offenheit und Demut. Diese Offenheit birgt Freiheit. Anstatt uns von unserem Ärger und unseren Frustrationen herunterziehen zu lassen, sind wir dann in der Lage, mehr Akzeptanz an den Tag zu legen und deshalb mehr Frieden und Freude zu empfinden. Tritt eine schwierige Situation ein, neigen wir nicht mehr dazu, davonzurennen, diese Situation zu leugnen oder in die Defensive zu gehen.

Ich lernte einmal eine Frau kennen, die mit ihrer heranwachsenden Tochter in ein sehr negatives und destruktives Verhaltensmuster verfallen war. Ihre Tochter rebellierte, die Frau fühlte sich angegriffen, niedergeschlagen und war böse auf das Mädchen. Die Tochter spürte die Enttäuschung ihrer Mutter und reagierte mit noch mehr Groll. Die beiden führten einen endlosen Kampf, die Beziehung war zu einer Schlacht ausgeartet. Keine der beiden fühlte sich gehört und verstanden. Die Mutter hatte viele Bücher über Erziehung gelesen und mit zahlreichen »Fachleuten« gesprochen. Sie hatten versucht, sie zu beraten. Nichts half. Schließlich gaben Mutter und Tochter auf. Ihre Freunde meinten, dass dieser Zustand »normal« sei. Offensichtlich geben wohl viele Menschen einfach auf.

Ich gestehe ja ein, dass Kinder großzuziehen eine extrem schwierige Aufgabe ist. Manchmal ist man so frustriert, dass man den klaren Blick verliert. Und wie es scheint, sind unsere Kinder nicht minder frustriert über uns! Dabei können sie ihre Enttäuschung ebenso rechtfertigen und begründen wie wir. Als jedenfalls jemand dieser Frau von diesem Ansatz erzählte, dass ihr Mitmensch den letzten Tag leben könnte, begann die Sache eine Wende zu nehmen. Ein Zaubertrank war es natürlich nicht, aber doch eine bedeutende Dosis an Perspektive.

Wenn wir frustriert sind, meinen wir schnell, dass dieser Zustand ewig anhalten wird. Außerdem können wir in so einem Fall nur schwer unseren Ärger und Groll loslassen. Leben Sie mit einem Jugendlichen und liegen sich ständig in den Haaren, dann sind Sie mit all den Aspekten konfrontiert, die der Prozess des Erwachsenwerdens mit sich bringt – und er scheint lang. Die Sache stellt sich anders dar, wenn Sie die Realität anerkennen, das Leben wie den Tod.

Letzten Sommer fuhren wir ein Stück über Land. Wir kamen dabei an mehreren Kreuzen »in Gedenken an« vorbei. Das jeweilige Datum zeigte, dass bei den tödlichen Unfällen Teenager ums Leben gekommen waren. Welch ein Segen, einmal daran erinnert zu werden. Plötzlich hatte ich mehr Mitgefühl und Verständnis für die beiden jungen Mädchen auf dem Rücksitz hinter mir.

Der zweite Satz des Zitats von Og Mandino am Anfang des Kapitels hat eine wichtige Bedeutung für die Lebensqualität: »Lassen Sie ihnen alles an Fürsorge, Freundlichkeit und Verständnis zuteil werden, was Sie nur aufbringen können, und tun Sie dies ohne Hintergedanken an einen Lohn.« In meinem Buch »Alles kein Problem!« schrieb ich ein Kapitel mit dem Titel »Tun Sie jemandem etwas Gutes – und erzählen Sie niemandem davon«. Der Punkt ist, dass viele ihren Mitmenschen zwar durchaus etwas Gutes tun, jedoch fast immer – bewusst oder unbewusst – eine Gegenleistung erwarten: Lob, einen Gefallen, Anerkennung, ein Dankesschreiben oder sonst eine Würdigung. Dieses Denken kann sehr subtil vorhanden sein, aber da ist es meistens.

Etwas Einfühlsames zu tun kann jedoch etwas Magisches an sich haben und viel Wirkung zeigen – ein Gefallen, eine nette Geste, ein kleines Geschenk oder sonst etwas; man lässt kein Wort darüber verlauten und erwartet auch keinerlei Gegenleistung. Es gibt ein altes Sprichwort: »Geben ist sich selbst der Lohn.« Und das stimmt wahrhaftig. Wer anderen Liebe und Freundlichkeit zuteil werden lässt – selbst wenn sie es vielleicht nicht verdient

haben –, wird reich belohnt durch die Gefühle, die durch bedingungsloses Mitgefühl entstehen.
Ich würde sogar so weit gehen zu sagen, dass Sie, sobald Sie eine Gegenleistung erwarten oder gar einfordern, den Wert Ihrer Freundlichkeit schmälern oder vernichten. Dann sind Sie nämlich mehr auf den Effekt Ihrer Freundlichkeit bedacht als auf die Freundlichkeit selbst. Haben Sie dagegen eine positive Einstellung ohne irgendwelche Hintergedanken und Bedingungen, tun Sie, was diese Welt man meisten braucht: Liebe schenken.
Diese Einsicht können Sie auf alle Menschen anwenden, mit denen Sie ein Problem haben. Ob es nun der Ehemann, der Partner, das Kind oder ein Arbeitskollege ist, ein Nachbar, ein Freund oder gar ein Fremder, diese innere Weisheit hilft, die Dinge aus einer angemessenen Perspektive zu betrachten.
Als ich einmal einem Publikum den Ansatz vermittelte, andere so zu behandeln, als würden sie den letzten Tag leben, machte eine Frau einen guten Einwand. Sie sagte nämlich: »Das Problem ist, dass wir nicht ein Leben unter der Prämisse führen können, dass jeder, mit dem wir einen Konflikt haben, bald sterben wird. Das ist nicht machbar. Das ist ein Wahnwitz.« In gewisser Weise musste ich dieser Überlegung zustimmen – was eine weitere Diskussion nach sich zog. Die Gruppe meinte schließlich, dass es keinen Sinn habe, herumzustolzieren und sich vorzustellen, dass abends alle tot sind, sondern dass man sich die *Möglichkeit* bewusst machen solle. Auf diese Weise finden wir nämlich zu den alten Weisheiten über die Liebe zurück. Dann gehen wir zum Beispiel nie zu Bett, wenn wir noch auf jemanden böse sind. Wir nehmen uns dann einen Augenblick Zeit, um zu sagen: »Ich liebe dich« oder »Auf Wiedersehen«, wenn jemand durch die Tür geht. Und schließlich: Wenn Sie auf jemanden wütend sind und keiner von beiden sich einen Zentimeter bewegt, dann treten Sie einen

Schritt beiseite und bedenken mit diesem Abstand, wie schnell alles vorübergeht. So bekommen Sie vielleicht einen etwas besseren Blickwinkel, der es Ihnen dann ermöglicht, zu vergeben und voranzuschreiten.

29 Eine neue Art, Stress zu betrachten

Meiner Einschätzung nach würden Ihnen die meisten professionellen Stress-Manager wohl erklären, dass sie einen »stressigen« Job haben. Und die meisten Leute, mit denen ich rede, sagen dasselbe. Jeder scheint zu glauben, dass er unter enormem Stress steht, und zwar privat wie auch beruflich. Stress wird für vielerlei verantwortlich gemacht, zum Beispiel dass man zu viel isst, raucht, trinkt, unglücklich ist oder eine schlechte Ehe führt.

Ich habe mit zahlreichen Menschen gesprochen, bei denen es den Anschein hatte, als würden sie Stress am Arbeitsplatz als eine Art Ehrenabzeichen tragen. Die Leute jammern über ihren Stress und vergleichen sein Ausmaß, als wäre es ein Wettbewerb. Einer sagt dann: »Ich habe seit fünf Jahren keinen Urlaub mehr gemacht.« Derjenige, der gerade neben ihm steht, erklärt daraufhin: »Ja, aber ich habe heute achtzehn Stunden im Büro verbracht.« Viele dieser Behauptungen wirken überzogen, doch es ist offensichtlich, dass die Menschen oft stolz auf die Tatsache sind, dass sie unter enormem Stress stehen. Manchmal sind sie direkt beleidigt, wenn man nicht so gestresst ist. Sie verhalten sich dann, als würde mit einem etwas nicht stimmen – dass man den Bezug zur Realität verloren hat oder schlichtweg faul ist.

Stress ist ein interessantes Thema. Auf der einen Seite sind die Leute, wie ich gerade gesagt habe, davon fasziniert, ja sogar stolz. Auf der anderen Seite sagen die meisten, wenn man sie fragt, dass sie in ihrem Leben gern weniger Stress hätten. Ich habe über dieses Thema viel nachgedacht und glaube, dass wir in der Lage sind, den Griff, mit dem uns der Stress in seinen Klauen hält, zu lockern, wenn wir ihn mit etwas anderen Augen betrachten.

So schwer es uns manchmal fällt, das zu akzeptieren: Stress ist nichts, was einfach mit uns geschieht, sondern etwas, was unser eigenes Denken hervorbringt. Unsere Gedanken sagen uns nämlich, was »stressig« ist und was nicht. Beispiele gibt es zuhauf. Ein Freund von mir geht zum Beispiel gern zum Snowboarden – die beste Möglichkeit zu entspannen, wie er sagt. Für mich ist das eine unglaublich stressige Freizeitbeschäftigung. Mein Arzt meinte, meine Aussichten, mir beim Snowboarden die Knie zu verletzen, stünden gut, vor allem nach meiner Baseball-Verletzung vor einer Weile. Außerdem scheint es, als würden ständig andere Snowboarder von hinten auftauchen und an einem nur so vorbeifegen! Diese Sportart macht mir einen schwierigen und gefährlichen Eindruck. Wer hat also Recht, mein Freund oder ich? Ist Snowboarden nun stressig oder nicht?

Kürzlich sprach ich mit einem Mann über das Bedürfnis nach Stille. Ich sagte, dass es eine meiner größten Freuden sei, mehrere Tage ganz allein in völliger Stille zu verbringen. Ich erlebe diese Zeit als friedlich und freudvoll. Er erklärte mir, dass er in so einem Fall einen Nervenzusammenbruch bekommen würde. Seinen Worten nach würde er »durchdrehen« bei einem derartigen Mangel an Stimulans. Der Mann kam mir ganz normal vor. Die Frage lautet also: »Warum ist ein und dieselbe Sache für den einen ein Stressfaktor und für den anderen ein Mittel, um Stress abzubauen?«

Ein anderes Beispiel ist die Größe der Familie, die man hat. Ich habe schon viele Menschen kennen gelernt, die eine große Familie wirklich schätzen – fünf, sechs, sieben Kinder. Sie entwickeln sich prächtig und haben ihren Spaß. Bei ihnen klappt das, sie haben Unmengen Geduld und lieben sich sehr. Andere Leute behaupten, dass Kinder enormen Stress erzeugen. Sie werden schon nervös, wenn nur ein Kind im Zimmer ist. Hier stellt sich die Frage: »Verursachen Kinder Stress?« Viele behaupten steif und fest, dass dies der Fall sei. Doch warum sind manche kinderlose Paare dann so viel gestresster als manche Eltern?

Eine ähnliche Frage lässt sich hinsichtlich des Einkommens stellen. Ich habe Leute kennen gelernt, die absolut zufrieden sind und behaupten, trotz ihres geringen Einkommens keinen finanziellen Stress zu haben. Andere, die hundertmal mehr verdienten, meinten, dass »zu wenig Geld zu haben« ihr größter Stressfaktor sei. Ich traf viele Leute mit viel Geld, doch nur wenige erschienen mir gelassen. Wieder muss man sich fragen: »Woher rührt der Stress?« Wenn ein bestimmtes Einkommen für unser Wohlbefinden notwendig wäre, würde dann nicht per Definition jeder, der darunter liegt, unter enormem Stress leiden? Und mit der gleichen Logik könnte man meinen, dass Leute mit einem gehobenen Einkommen frei von jeglichem Finanzstress wären, oder etwa nicht?

Was ist mit der Zeit, die man mit Arbeiten verbringt? Manche scheinen bei einem Zwölf-Stunden-Tag geradezu aufzublühen und sich noch in den GSDIM-Club einzuschreiben (Gott sei Dank ist Montag). Andere fühlen sich absolut überfordert, wenn sie vier Stunden am Tag arbeiten, und gehören dem GSDIF-Club an (Gott sei Dank ist Freitag). Vor einer Weile erzählte mir jemand: »Ich weiß nicht, wie ich alles schaffen soll.« Obwohl diese Frau einen Teilzeitjob und keine Kinder hatte, fühlte sie sich völlig überfordert ob ihrer Verantwortung. Woher rührte dieses Gefühl?

Ich könnte ewig so weitermachen. Für den einen bedeutet ein Umzug einen Grund zum Feiern, für den anderen ist er Anlass zur Sorge oder gar zu einem Nervenzusammenbruch. Viele Studien verkünden, dass ein Umzug viel Stress mit sich bringt. Wie kann das sein?

Hier nun etwas Besonderes für Sie: Ich liebe Regen. Ich fühle mich sehr entspannt, wenn es regnet, und freue mich immer darauf. Mir gefällt das Geräusch, der Geruch, generell das Gefühl eben. Dreißig Tage Dauerregen wären mir ein Vergnügen. Andererseits haben mir viele gesagt, dass Regen sie depressiv macht. Ich habe sogar Leute kennen gelernt, die von Kalifornien in den Norden nach Oregon gezogen sind und dann wieder zurück, weil ihnen der viele Regen in Oregon auf die Stimmung geschlagen hatte.

Je mehr man darüber nachdenkt, desto klarer wird es: Viel von unserem Stress wird durch unser Denken geschaffen, nicht durch die Umstände.

Es ist wichtig, diesen Unterschied zu verstehen, weil die wirklichen Krisen uns sonst überfordern können. Schließlich werden sogar Kleinigkeiten über alle Maßen aufgebauscht, wenn wir glauben, dass äußere Umstände für unser Wohlbefinden verantwortlich sind. Eine kleine Unannehmlichkeit wie der Verkehr oder ein langsamer Kellner werden dann zu einem großen Notfall im Denken eines Menschen, der meint, dass »äußere Faktoren« seinen Seelenfrieden bestimmen.

Erst heute Morgen bin ich Zeuge eines hervorragenden Beispiels zu diesem Thema geworden. Nachdem ich meine Kinder in der Schule abgesetzt hatte, kam ich im Postamt an, als es gerade öffnen sollte. Vor der Tür entstand eine Schlange, und aus irgendwelchen Gründen waren die Angestellten ein paar Minuten zu spät dran und sperrten die Türen nicht pünktlich auf. Die meisten Leute in der Schlange machten wegen der fünf oder sechs Minuten kein großes Aufheben. Ein Mann bauschte die Sache aber zur reinsten Katastrophe auf und wurde ärgerlich. Er stapfte herum und bat alle, einen Antrag zu unterschreiben. Er beschwerte sich über die »Inkompetenz« des Personals und wollte sogar Kontakt zur Lokalredaktion der Zeitung aufnehmen, die einen Artikel schreiben sollte. Ehrlich gesagt, machte er den Eindruck, als würde er gleich einen Herzschlag kriegen! Er stürmte dann einen Moment, bevor ein netter Angestellter aufsperrte, sich entschuldigte und sehr professionell erklärte, dass ein Problem mit dem Computer bestanden habe, davon.

Sie können diesen Vorfall rationalisieren, indem Sie denken, dass dieser Mann vielleicht als Einziger wirklich in Eile war – und dass er deshalb durchgedreht ist. Doch diese Logik greift nicht. Mehrere Personen in der Schlange bekamen auch Probleme, ihre Termine einzuhalten, und hatten offensichtlich keine Zeit. Ihre Reaktion war jedoch absolut anders. Sie warfen einen Blick auf die Uhr, stellten die Verspätung fest, und gingen in aller Ruhe davon. Sie waren vermutlich nicht gerade begeistert über den Zwischenfall – ich ja auch nicht –, aber es war eben nur ein Ärgernis, sicher keine Katastrophe.

Es macht Spaß, Geschichten von solchen tagtäglichen Problemchen zu erzählen. Steht viel auf dem Spiel, ist es allerdings besonders wichtig, dass es uns bewusst wird, wann wir nahe dran sind, unser Denken in gewisser Weise gegen uns selbst zu richten. Tun wir das, verschlimmert sich nämlich unser Gefühl von Stress, und wir sind letztlich weniger effizient.

Im Prinzip besteht folgende Zwickmühle: Sobald wir Stress auf eine andere Quelle als auf unser Denken zurückführen, empfinden wir automatisch noch mehr Stress. Schließlich haben wir uns von seiner Existenz überzeugt und sinnen nun auf Möglichkeiten, damit »zurechtzukommen«. Wenn wir Stress als etwas definieren, das von außen kommt, müssen wir natürlich auch externe Mittel finden, um ihn zu beseitigen. Es kann sich zum Beispiel eine Angestellte gestresst fühlen wegen der Art, wie ihre Chefin mit ihr spricht, wegen der Aggression, die in ihrer Stimme mitschwingt.

Auf diese Stressquelle gibt es mehrere typische Reaktionsmöglichkeiten. Man kann beispielsweise seinen Freunden oder Kollegen etwas vorjammern. Oder man verwendet privat viel Zeit und Energie darauf, über das Problem nachzudenken. Man könnte einen Therapeuten um Rat bitten oder jede Menge Bücher zu diesem Thema lesen. Die Angestellte könnte sich vornehmen, die Chefin darauf anzusprechen. Das Problem beschäftigt diese Person jedenfalls, und auf Grund der Annahme, dass der Stress von der Chefin kommt, kann die Situation recht hoffnungslos erscheinen.

Was passiert, wenn das Problem – hier die aggressive Ausdrucksweise der Chefin – sich nicht ändert? Solange man darauf besteht, dass sie die Stressquelle ist, sitzt man in der Patsche. Denn wie soll man zu seinem inneren Frieden finden, wenn man nicht das Ergebnis bekommt, das man haben möchte?

Bitte denken Sie nicht, dass ich das Problem, eine schwierige Vorgesetzte zu haben, herunterspielen möchte, und schon gar nicht, wenn diese Person beleidigend ist. Ich will prinzipiell nie ein Problem herunterspielen, mit dem wir konfrontiert sind. Auch will ich nicht sagen, dass ein sinnvoller Versuch, zu bekommen, was man möchte – in diesem Fall die Chefin zur Rede zu stellen –, keine gute Idee ist. Der Ansatz ist sogar klug. Ich will vielmehr herausstellen, dass die Art, wie wir Stress *definieren,* und die Art, wie wir darüber denken, viel dazu beitragen, wie wir mit Stress umgehen, und zwar egal worin der Stressfaktor besteht.

Nehmen wir bei diesem Beispiel einmal an, die Angestellte weiß, dass ihr Stress auf ihrem eigenen Denken beruht. Dann hat sie folgenden Vorteil: Sie weiß, dass das Problem in ihrem Kopf eskaliert, wenn sie nicht vorsichtig ist, was dann einen noch größeren Stressfaktor bedeuten würde. Dann wäre sie noch frustrierter, und ihre Reaktionen und ihre Urteilsfähigkeit wären sehr eingeschränkt. Es stünden ihr weniger Alternativen zur Verfügung, sie verlöre an Einfluss.

Wenn sie weiß, dass ihr Denken die Sache schlimmer zu machen vermag, dann weiß sie auch, dass sie die Gedanken, die ihr durch den Kopf schießen, auf ein Minimum reduzieren kann, wenn sie im Hier und Jetzt bleibt und sich zur Ruhe mahnt. Sie ist sensibilisiert und wird auf die Qualität und den Inhalt ihrer Gedanken achten und es ihnen nicht gestatten, außer Kontrolle zu geraten. Sie hat ein Gespür dafür, welche Gedanken es zu beachten gilt, und wird dementsprechend reagieren. Außerdem weiß sie – und das ist nicht weniger wichtig –, welchen Gedanken sie weniger Aufmerksamkeit zuteil werden lassen und welche sie gänzlich übergehen kann. Sie macht die Erfahrung einer ruhigen inneren Weisheit, die ihr exakt sagt, was zu tun ist. Dabei kann es sich um eine Konfrontation mit der Vorgesetzten handeln, eine Beschwerde – oder sie lässt die Sache einfach auf sich beruhen.

Wenn Sie einige von meinen Büchern gelesen haben, wissen Sie vielleicht, dass ich gern den Begriff »Gedankenattacke« verwende, um zu beschreiben, wie sich unser Denken aus sich selbst speist. Ein Gedanke führt zum nächsten und dieser zu einem weiteren. Da unsere Aufmerksamkeit auf diesen Punkt fixiert ist, gewinnt die Sache immer mehr an Bedeutung. Das Ergebnis ist, dass unsere gestressten Gedanken umso berechtigter erscheinen. Wieder ist es überaus wichtig, wenn man sich aufregt, folgende

Unterscheidung zu treffen: Man kann durchaus »das Recht haben«, sich aufzuregen, oder man kann die Gefühle von Aufregung auf seine Denkweise zurückführen – wie eben bei einer Gedankenattacke.

Gedankenattacken sind wie Dramen, die sich in unserem Denken abspielen. Sie fangen klein an und ufern dann aus. Je mehr Aufmerksamkeit wir ihnen schenken, desto mehr hängen wir an dem jeweiligen Thema fest und desto »realer« erscheint es uns. Dazu ein Beispiel: Ich hörte einmal eine Geschichte von einer Frau, deren Schwester sie »hintergangen« hatte, indem sie ihre intimsten Geheimnisse ausgeplaudert hatte. Der eigentliche Vorfall, der Vertrauensbruch, war vor fast einem Jahr passiert. Das Problem war, dass diese Frau die Sache erlebte, als würde sie sich jetzt ereignen. Sie dachte darüber nach, wie viele Male sie ihre Schwester gebeten hatte, niemandem gegenüber etwas verlauten zu lassen. Sie erinnerte sich, wie ihre Schwester ihr versichert hatte, dass sie niemandem davon erzählen würde, und dass sie ihr vertraut hatte. Jede Einzelheit des Gesprächs spielte sich in ihrer Fantasie ab, immer wieder. Dachte die Frau an ihre Schwester, sann sie auf Rache und wünschte ihr die Pest an den Hals.

Meiner Meinung nach zeigt dieses Beispiel sehr deutlich, welchen Einfluss unser Denken hat, wenn es darum geht, Stress aufrechtzuerhalten. Ohne diese Gedanken wäre er gar nicht existent. Die einzige mir bekannte Möglichkeit, diesen Stressfaktor in den Griff zu bekommen, ist, sich bewusst zu machen, dass er auf dem eigenen Denken beruht. Schließlich ist das, was passiert ist, nicht mehr zu ändern, und wir wollen doch nicht unser ganzes Leben lang leiden oder enttäuscht sein.

Natürlich war der erwähnte Vorfall eine Enttäuschung – wie so vieles andere auch. Und sicher können wir aus solchen Enttäuschungen lernen, und sie helfen uns, angemessene Korrekturen vorzunehmen. Der Schmerz lässt sich nicht leugnen. Will man jedoch im Hier und Jetzt damit zurechtkommen, ist es hilfreich zu akzeptieren, dass unser Leid zum größten Teil dem eigenen Denken entspringt.

So kann man Stress als eine Art Warnsignal betrachten, das uns zeigt, dass wir wieder einmal am Denken sind. Es ist nicht schlecht oder falsch oder unsere Schuld, wenn wir denken. Und es ist auch nicht notwendig, mit dem Denken aufzuhören. Man sollte nur *bemerken,* wenn man am Denken ist. Unser Stress hilft uns bei dieser Erkenntnis.

Im Fall dieser Frau liegt der Schlüssel zum Weiterkommen in der Erkenntnis, wann sie verärgert oder enttäuscht ist. Diese Gefühle würden ihr deutlich machen, dass sie wieder einmal »in ihrem Kopf« ist. Und wie wir es aus der Meditation kennen, müsste sie dann diese Gedanken nur noch sanft loslassen, um wieder ins Hier und Jetzt zurückzugelangen.

Je früher ihr auffällt, was sich da abspielt, desto einfacher wäre es, dieses Loslassen zu praktizieren.

Denken Sie auf diese Weise an Stress – als Signal nämlich –, ist er nicht mehr Ihr Feind, sondern eher wie ein Freund. Wie ein verstauchter Knöchel einem signalisiert, dass man lieber nicht mehr weiterjoggen sollte, so können Stressgefühle uns wichtige spirituelle und emotionale Informationen liefern.

Vor Jahren lernte ich einmal etwas Wichtiges: Sei nachsichtig mit dir. Oft bombardieren mich meine Gedanken regelrecht. Dann fällt mir ein schmerzlicher Vorfall aus der Vergangenheit ein, oder ich stelle mir etwas Zukünftiges vor. Ich habe jedoch gelernt, dass das kein Problem darstellen muss. Solange ich mir bewusst bin, was da vor sich geht, und solange es mir rechtzeitig auffällt, bin ich meist in der Lage zu erfassen, was sich in meinem Inneren vollzieht. Dann kann ich meine Aufmerksamkeit ganz sanft auf das Hier und Jetzt lenken, den einzigen Ort, wo man wirklich Ruhe und Frieden erleben kann.

30 Sich auf den Optimismus verlassen

Solange ich mich erinnern kann, hat mich die heilende Kraft des Optimismus interessiert. Je nach Situation stellt er nämlich meist eine viel bessere Alternative dar als Pessimismus oder Zynismus. Für mich ist Optimismus ein Synonym für Hoffnung und Effizienz. Sind Sie optimistisch, sehen Sie alle Möglichkeiten und auch die Schritte, um Ihr Ziel zu erreichen. Dann haben Sie das Gefühl, dass alles besser wird – oder zumindest die Aussichten gut sind.

Hat ein uns lieber Mensch eine Krankheit oder Verletzung, gibt uns der Optimismus Kraft und Durchhaltevermögen. Selbst wenn jemand, den wir lieben, stirbt, bringt uns die ewige Hoffnung Frieden. Ebenso ermuntert uns der Optimismus, weiterzumachen und nach neuen Möglichkeiten zu suchen, wenn wir unseren Job verlieren oder finanzielle Probleme haben. Während oder nach einer Scheidung lässt der Optimismus uns glauben, dass schon alles ins Lot kommen wird und wir uns neu verlieben können. Ist man krank oder verletzt, spielt der Optimismus eine wichtige Rolle bei der Heilung und beim Kräftesammeln. Wie es scheint, leben optimistische Menschen sogar länger als ihre zynischen Gegenstücke.

Historisch gesehen, hat Optimismus sich meist als klug erwiesen, je nach den Umständen natürlich. Es hat schon immer Leute gegeben, die aus irgendwelchen Gründen das Ende der Welt haben kommen sehen. Aber sie haben sich immer geirrt. Trotz Schwierigkeiten und Notsituationen sind wir da. Die Menschheit ist nicht unterzukriegen und legt großen Einfallsreichtum an den Tag, solange sie meint, dass sich noch etwas tun lässt. Und wenn wir angemessen optimistisch sind, klappt es auch immer irgendwie.

Sind Sie überzeugt, dass Optimismus eine kluge Lebenshaltung ist, steht Ihnen der Weg dazu offen. Schließlich hat es immer Leute gegeben, die gesagt haben, dass »man es schaffen kann«, egal worum »es« sich handelt. Letztlich hat es sich gezeigt, dass die Neinsager in der Regel Unrecht hatten, ob es um technischen Fortschritt, Weltraumfahrt, sportliche Leistungen, die Überwindung von Hindernissen, die Heilung von Krankheiten oder andere Revolutionen in welchen Bereichen auch immer ging.

Sich mit dem Optimismus vertraut zu machen, darüber nachzudenken und es sich als Priorität zu setzen, mehr Optimismus an den Tag zu legen, sind wertvolle Hilfsmittel im Leben. Betrachtet man den Optimismus als eine Chance, anstatt ihn als Naivität abzutun, bleiben einem mehr Alternativen. Er hilft Ihnen, klare Entscheidungen zu treffen und zu wissen, wie Sie über bestimmte Dinge denken. Optimismus ist eine Einstellung und Anschauung, die Ihrer Sicht der Dinge einen Stups in die eine oder andere Richtung gibt. Entscheidet man sich für den Optimismus anstelle von Pessimismus, kann das den Unterschied zwischen Erfolg und Versagen, Gewinn und Verlust, neutralen Gefühlen und Depressionen sowie persönlicher Weiterentwicklung und Aufgeben bedeuten.

Und noch mehr. Optimismus impliziert nicht nur, an die Zukunft mit der Einstellung »Das schaffe ich schon« heranzugehen. Er bedeutet auch, auf ganz normale Vorfälle, die schließlich unser Leben prägen, präsent zu reagieren.

Schauen Sie sich einmal das folgende Gespräch an. Die beiden Frauen standen in einem Lebensmittelladen unmittelbar vor mir. Ich nenne sie jetzt einfach einmal Betty und April. Betty hatte ihren Einkauf gerade beendet und wartete, dass April ihre Lebensmittel bezahlte.

Betty: »Wie geht es denn so? Was machen Dan und die Kinder?«

April: »Danke, ganz gut. Wir haben momentan nicht viel Zeit, wir sind ständig am Hetzen.«

Betty: »Habe gehört, dass ihr in Urlaub gefahren seid. Wie war's denn?«

April: »Recht enttäuschend. Wir hatten gedacht, wir könnten ein paar Wochen abhauen, aber wir hatten zu viel zu tun. Wir haben dann schließlich ein paar Tage in so einem Wohnmobil verbracht. Das ist immer ein Stress, weißt du.«

Betty: »Ach, der Wein, den du da ausgesucht hast, der ist super. Machst du eine Fete?«

April: »Na ja, wenn du den Besuch von Dans Kollegen als Fete bezeichnen willst. Also ich kann es kaum aushalten, wenn die alle kommen. Die bleiben immer ewig, und wir sind dann am nächsten Tag immer total müde.«

Etwa an dem Punkt blendete ich mich aus. April war die klassische Pessimistin. In gewisser Weise war jede Antwort negativ. Ich wusste nicht recht, ob sie nur schlecht aufgelegt war, aber wie es scheint, war sie die Sorte Mensch, der man absolut nichts recht machen konnte. Womit sie im Leben auch zu tun hatte, sie sah alles nur negativ und pessimistisch. Nichts war ihr gut genug, sie war erpicht darauf, in allem einen Fehler zu finden. Ihre Familie war hektisch, deshalb hatte sie keinen Spaß an ihr. Das Wohnmobil zum Urlaubmachen war nichts Besonderes und eher eine Last. Selbst eine Party zu feiern sah sie negativ. Es war, als wäre ihr Denken entschlossen, alles in einem negativen Licht zu sehen.

Man kann sich vorstellen, was sie von ihrem Aussehen hielt, von ihrem Bankkonto und allem anderen auch.
Es stellt sich die Frage: »Kann eine Frau wie April je glücklich sein? Oberflächlich betrachtet, würde man meinen, dass ihr Leben kaum besser sein könnte. Und selbst wenn, wäre es irrelevant. Solange jemand die Angewohnheit hat, das Leben vom Standpunkt eines Zynikers oder Pessimisten aus zu betrachten, kann er mit seinem Dasein nicht zufrieden sein.
Was noch wichtiger ist: Wie macht sich diese Einstellung bemerkbar, wenn wirklich etwas auf dem Spiel steht? Wenn wir nicht fähig sind, die positiven, amüsanten Seiten des Lebens optimistisch zu sehen – wie um alles in der Welt sollen wir dann in der Lage sein, mit Leid zurechtzukommen? Wie können wir je für andere da sein, wenn sie Kummer haben?
Ohne zu lügen oder so zu tun, als wäre sie glücklich, könnte April lernen, das Leben positiver zu erfahren, wenn sie ein bisschen optimistischer denken würde. Anstatt sich auf einen Aspekt einer Szenerie zu konzentrieren, der problematisch ist oder nicht so ideal, könnte sie ihr Augenmerk auf die Annehmlichkeiten richten. Sie würde ihren Urlaub dann nicht negativ darstellen, sondern sich an das Schöne halten, was sie im Urlaub erlebt hat. Sie würde nicht davon ausgehen, dass es ein schrecklicher Abend wird, sondern da sie die Party sowieso geben muss, könnte sie versuchen, das Beste daraus zu machen. Wer weiß, vielleicht hätte sie sogar ihren Spaß dabei! Da sie weiß, was ihr an der Party nicht gefällt, könnte sie ein paar Veränderungen vornehmen und den Abend so gestalten, dass sie selbst mehr davon hat – und die Gäste vermutlich auch.
Ich behaupte nicht, dass es immer angemessen und wünschenswert ist, Optimismus zu demonstrieren. Weit gefehlt. Es gibt endlos viele Beispiele, wo es regelrecht dumm oder unsinnig wäre,

optimistisch zu sein. Auf einer Party trank ein Freund von mir einmal viel zu viel. Als ich nach seinem Autoschlüssel griff, um ihn am Fahren zu hindern, brüllte er mich an: »Nur keine Sorge – ich packe das schon!« Es wäre dumm und unsinnig gewesen, wenn ich »optimistisch« geglaubt hätte, dass er Recht hat.

Ebenso lächerlich wäre die Annahme, man könne lange ohne Wasser durch die Wüste wandern. Oder stellen Sie sich einmal ganz optimistisch vor, dass Sie bequem in Rente gehen können, wenn Sie kein Geld auf der hohen Kante haben. Lassen Sie sich den blinden Optimismus hinsichtlich Ihrer Ehe durch den Kopf gehen, wenn Ihr Mann oder Ihre Frau schon diverse Affären hatte. Denken Sie einen Moment an geschäftliche Angelegenheiten. Würde es Ihnen zusagen, wenn Ihr Finanzberater Optimismus an den Tag legen würde, was dumme finanzielle Risiken oder unmoralische oder illegale Steuertricks angeht? Wie steht es mit einem Schatzmeister, Banker, Rechnungsprüfer und anderen Menschen, die einen konservativ ausgerichteten Beruf haben? Sollten sie auf übermäßigen Optimismus umschalten? Ich glaube nicht. Ich könnte ewig weitermachen und Ihnen Geschichten von Leuten erzählen, die sich wegen ihres unbedachten und dummen »Optimismus« ihr Leben ruiniert haben.

Das Unpassendste, ja vielleicht sogar Brutalste, was Sie jemandem antun können, der gerade mit einer Tragödie oder einem Verlust konfrontiert wurde, ist, ihn zu ermutigen, »glücklich« zu sein, oder ihm zu sagen, dass »alles schon wieder wird«. Selbst wenn Sie diese Botschaft vermitteln wollen, ist es meiner Meinung nach schlimmer, dafür den falschen Zeitpunkt zu wählen, als gar nichts zu sagen.

Doch um solche Beispiele geht es mir eigentlich gar nicht. Ich votiere für den Optimismus, wenn eine Situation zwei klare, rationale Alternativen bietet. So wäre beispielsweise niemand, der bei Verstand ist, ernsthaft der Meinung, dass blinder Optimismus genügt, wenn es darum geht, in der Rente ausreichend Geld zur Verfügung zu haben – nichts also mit dem üblichen »Nur keine Sorge!«. Wenn Sie andererseits fünfzig Jahre alt sind und jetzt ans Sparen denken, haben Sie zwei Wahlmöglichkeiten. Sie könnten denken: »Das bringt nichts. Ich war noch nie fähig, Geld auf die hohe Kante zu legen. Wozu die Sorge?« Oder Sie könnten denken: »Es gibt keinen besseren Zeitpunkt, um mit Sparen zu beginnen, als jetzt. Ich schaffe das.«

Dieses Prinzip gilt für alles, worum wir uns kümmern müssen. Ist unser heranwachsender Sohn oder unsere Tochter drogenabhängig, verfallen wir schnell in Hoffnungslosigkeit. Man kann sich aber auch sagen, dass Sie und Ihr Kind alles nur Erdenkliche tun werden, um das Problem zu lösen.

Ein interessanter und hoffnungsvoller Aspekt am Optimismus ist, dass man optimistischer wird, je mehr man darüber nachdenkt und Erfahrungen sammelt. Ich bin überzeugt, dass Sie einen gesunden Optimismus entwickeln können, selbst wenn es eigentlich nicht in Ihrer Natur liegt. Ich habe im Lauf der Jahre viele Menschen kennen gelernt, die sich als »extrem pessimistisch« bezeichneten und nun optimistischer sind. Ein solcher Wechsel vom Pessimismus zum Optimismus vollzieht sich innerlich von selbst. Mit anderen Worten: Es gab für die jeweilige Person eigentlich keinen »guten Grund«, plötzlich zum Optimisten zu werden. Diese Leute hatten nicht im Lotto gewonnen, kein Vermögen von einem entfernten Verwandten geerbt und kamen auch sonst nicht in den Genuss eines außergewöhnlichen Glücksfalls. Es vollzog sich vielmehr ein innerer Wandel. Es wurde ihnen klar, dass sie einen großen Einfluss auf das Endergebnis ausübten durch die Art, wie sie über eine Situation oder eine Sache dachten und sie wahrnahmen.

Helen verlor bei einem Brand alles. Und ich meine wirklich alles. Da das Feuer in ihrem Büro zu Hause ausbrach, zerstörte es auch ihr Geschäft, sämtliche Akten inklusive. Alle Fotos waren vernichtet. Ihre Haustiere kamen ums Leben. Sie war fix und fertig, aber dennoch nicht am Boden zerstört.

Wie bei allen schmerzlichen Vorfällen im Leben war ihr Denken bei einer Art Weggabelung angelangt. Es wäre für ihre Gedanken ein Leichtes gewesen, sich auf die Zwickmühle zu konzentrieren, in der sie sich befand. Das hätte jeder verstanden.

Doch Helen wählte einen anderen Weg. Sie beschloss, sich nicht unterkriegen zu lassen. Sie nahm sich fest vor, nicht zu verzagen, ihre Gefühle jedoch auch nicht zu vergraben oder so zu tun, als sei alles in Ordnung. Sie machte sich bewusst, welch ein Glück sie gehabt hatte, dass sie nicht zu Hause gewesen war, als das Feuer wütete. Jeden Tag erinnerte sie sich beim Aufwachen, welches Glück sie hatte, noch am Leben zu sein, und dass sie aus diesem Tag das Bestmögliche machen wollte. Ihre Strategie war, einen Tag nach dem anderen mit Optimismus zu gestalten. Ich finde, dieser Ansatz war einfach fantastisch und lässt sich auf viele andere Lebensumstände ebenso anwenden.

Neulich hörte ich ein hervorragendes Zitat: »Die Lebensumstände machen keinen Menschen; sie zeigen nur, wer sie beziehungsweise er ist.« Ich schätze, dass Optimisten das entweder intuitiv verstehen oder ihr Denken in dieser Hinsicht trainieren. Passiert etwas, das ihnen nicht passt, oder auch etwas Schmerzliches, wenden sie diesen philosophischen Ansatz an, so gut es ihnen möglich ist. Pessimisten hingegen verkehren diese Philosophie ins Gegenteil, indem sie sagen: »Die Umstände sind für alles verantwortlich.« Passiert etwas Schlimmes, ziehen sie das als Beweis für ihre Lebenseinstellung heran – nämlich dass in der Regel nichts klappt.

Von dem schwachen Argument »Ich bin eben Realist« abgesehen, habe ich mich oft gefragt, worin eigentlich der Vorteil liegt, wenn jemand pessimistisch ist. Was bringt das? Pessimisten machen sich das Leben schwer, weil sie auf Niederlagen eingestellt sind. Das raubt einem die Energie und nimmt die Hoffnung. Weil es schwierig ist, sich in der Gesellschaft von einem Pessimisten aufzuhalten, werden diese Menschen oft abgelehnt. Das letzte Argument, das gegen eine pessimistische Denkweise spricht, ist, dass unsere Gedanken größtenteils unsere Gefühle bestimmen. Haben Sie also zynische oder pessimistische Gedanken, ist das, als wollten Sie sich selbst überzeugen, dass es eine gute Idee ist, sich schlecht zu fühlen!

Auch wenn Sie es gewohnt sind, über kleine und große Probleme negativ zu denken, bin ich überzeugt, dass wir alle in der Lage sind, unsere Einstellung zu verändern. Schauen Sie sich darum die folgenden drei Schritte an, die meiner Meinung nach ein wichtiger Schlüssel sind, um diese Veränderung zu bewerkstelligen.

Als Erstes müssen Sie sich bewusst machen, dass Sie pessimistisch denken. Generell gilt, dass man, um ein Problem zu überwinden, es zuerst einmal erkennen und zugeben muss, dass man es hat. Ob es sich um Alkohol, Tabak, Ärger, Essanfälle oder überzogene Kritik handelt, man muss das Problem zur Kenntnis nehmen, bevor man versucht, es zu lösen. Dazu mag einiges an Demut notwendig sein, doch es lohnt sich.

Zu denken »Das Glas ist halb leer« ist eigentlich nur eine geistige Angewohnheit, die sich im Lauf des Lebens durch Tausende von Wiederholungen manifestiert hat. Wir alle können lernen, positiver zu denken, wenn wir es uns vornehmen. Achten Sie auf Ihre Gedanken, und zwar besonders auf solche, die Ihnen automatisch durch den Kopf gehen als Reaktionen auf Ereignisse oder auf das, was Leute sagen. Sobald Sie sich dabei ertappen, dass Sie pessimistisch denken, bemühen Sie sich, die Sache anders zu betrachten. Sie können sich sogar sagen: »Das ist mal wieder meine alte Gewohnheit.« Dann probieren Sie etwas Neues, eine positivere Reaktion. Sie werden überrascht sein, wie schnell man solche Angewohnheiten ändern kann und wie viel strahlender Ihnen Ihr Leben dann vorkommen wird.

Der zweite Schritt ist, sich bewusst zu machen, dass *Sie* Ihre Gedanken denken. Die pessimistischen Gedanken und Reaktionen, die Ihnen durch den Kopf schießen, erschaffen Sie selbst! Wenn ich mir also sage: »Das kann ich nicht«, dann habe ich, Richard Carlson, dieses Denken vollzogen. Oder ich mache jemanden darauf aufmerksam, wie schwach sein Argument ist, nur um »Recht zu haben«; und wieder sind es meine Gedanken, die diese Negativität hervorgebracht haben. So simpel es klingt, es ist wahr. Wenn ich derjenige bin, der einen bestimmten Gedanken geschaffen hat, dann bin ich auch in der Lage, ihn anzufechten. Ich kann ihm weniger Bedeutung beimessen, ihn sogar übergehen. Kann ich negative Gedanken hervorbringen, vermag ich auch optimistischere zu schaffen. Ich sage hier nicht, dass es grundsätzlich nie angemessen ist, jemanden zu »korrigieren« oder einen Fehler zu finden, doch wenn wir es aus einer Angewohnheit heraus tun, ist es selbstzerstörerisch.

Der dritte Schritt ist, nachsichtig mit sich umzugehen. Ich schätze, die wenigsten wollen sich mit Absicht Schaden zuzufügen. Pessimistisches Denken fällt jedoch in diese Kategorie. Es ist überaus verständlich, dass jemand zum Zyniker werden kann. Schließlich gibt es viel Elend in der Welt und in unserem Leben. So verfällt man schnell in die Angewohnheit, zu sezieren und zu schauen, was »nicht stimmt«. Aber in diese Angewohnheit verfallen wir nicht, weil wir uns elend fühlen *wollen* – es passiert ganz unbeabsichtigt.

Deshalb ist es wichtig zu bedenken, dass es auf der Welt sehr viel Schönes gibt, vieles, worüber man sich freuen und was einem Hoffnung geben kann. Generell gilt: Man findet, wonach man Ausschau hält. Sucht man nach einem Beweis für die Scheußlichkeit der Welt, wird man ihn finden, da dergleichen nun einmal vorhanden ist. Ist man hingegen entschlossen, die Schönheit und die Segnungen zu sehen, dann werden einem diese auffallen. Sie sind nämlich ebenfalls vorhanden.

Stellen Sie fest, dass Sie pessimistisch denken, obwohl Sie sich eigentlich vorgenommen hatten, mehr Optimismus an den Tag zu legen, ist das in Ordnung. Erkennen Sie die Unschuld im negativen Denken. Lernen Sie, sich mit Humor zu betrachten. Schleicht sich Pessimismus in Ihr Denken oder auch in Ihre Gespräche ein, können Sie sagen: »Ertappt!« Dann lassen Sie ganz sanft los und versuchen, zu einer optimistischeren Sichtweise zu gelangen. Sie werden feststellen, dass es gar nicht so schwierig ist, wenn Sie es nur einmal versuchen. Es muss nicht zu einer Riesenaktion ausarten, sondern es handelt sich eher um einen Prozess, der einem mit der Zeit zur zweiten Natur wird. Ich kenne Sie nicht, aber ich bin optimistisch, dass Sie mehr Optimismus an den Tag legen können – wenn Sie nur wollen.

31 Mitgefühl entwickeln

Manchmal fühlt man sich versucht, den Einfluss des Mitgefühls herunterzuspielen. Das klingt ja ganz gut, doch es lässt sich schwer messen und manchmal auch schwierig umsetzen. Ich habe viele Leute sagen hören: »Ich würde ja gern mehr Mitgefühl zeigen, aber wie soll das denn gehen?« Andere haben gefragt: »Macht meine Handlungsweise wirklich einen so großen Unterschied?«

Meiner Erfahrung nach bereitet uns nichts so sehr auf Lebenskrisen vor, wie sein Mitgefühl zu entwickeln. Es ist nicht nur eine schöne Idee, sondern eine praktische Möglichkeit, selbst mehr Stärke, innere Weisheit, Selbstvertrauen und Durchhaltevermögen zu erlangen. Entwickeln wir unser Mitgefühl, sind wir auch in der Lage und bereit, für unsere Lieben da zu sein, wenn sie uns dringend brauchen. Mitgefühl hilft uns, den schwierigsten, erschreckendsten und schmerzlichsten Aspekten des Lebens mit Mut, Freundlichkeit und Liebe zu begegnen. Selbst wenn Sie die humanitäre Seite von Mitgefühl außer Acht ließen und es Ihr ausschließliches Ziel wäre, sich egoistisch auf schwierige Zeiten vorzubereiten, würde ich immer noch sagen, dass das Beste, was Sie tun können, ist, Ihr Mitgefühl zu entwickeln.

Als ich einmal an einem Meditationsseminar teilnahm, wurde bei einem Vortrag eine wunderschöne Geschichte über einen Meditationsschüler erzählt. Wie es schien, wollte er mehr Mitgefühl in seinen Alltag integrieren. Er wohnte in einem Apartment in einer größeren Stadt. Unten an der Treppe, die zum Hauseingang führte, lebte ein Obdachloser.

Lange ging der junge Mann an dem Obdachlosen vorbei, ohne Blickkontakt aufzunehmen. Er hatte ihm einige Male ein paar Münzen gegeben, meist aus Schuldgefühlen. Ansonsten hatte er keine weiteren Gedanken an den Obdachlosen verschwendet. Er war nicht gemein oder brutal, sondern einfach nur gleichgültig.

Als er über Mitgefühl nachdachte, wurde dem Meditationsschüler plötzlich klar, dass er sein Herz seinen Mitmenschen gegenüber öffnen musste – und zwar nicht theoretisch, sondern im wirklichen, täglichen Leben. Er kam zu dem Schluss, dass der Obdachlose genau der Richtige war, um damit anzufangen.

Eines Tages trat er aus der Tür und sah dem Mann in die Augen, als sei er sein Freund. Der Obdachlose fühlte sich unwohl und schaute sofort zu Boden. Dennoch hatte sich die Tür des Mitgefühls geöffnet.

In den folgenden Wochen ging der junge Mann jeden Tag an dem Obdachlosen vorbei und versuchte, sanft Blickkontakt aufzunehmen. Jeden Morgen sagte er zu ihm: »Guten Morgen. Wie geht's?« Und jeden Abend sagte er auf dem Heimweg von der Arbeit: »Wie war Ihr Tag heute?« Diese Freundlichkeit machte sich schließlich bezahlt. Mit der Zeit kam der Obdachlose aus seinem Schneckenhaus heraus, schaute den Mann an und lächelte gelegentlich sogar. Nach einer Weile antwortete er auf die Fragen. Er sagte dann: »Heute Morgen geht es mir recht gut. Und Ihnen?« Und am Abend sagte er: »Jetzt geht es mir sogar noch besser als heute früh. Danke.« Sein Vertrauen wuchs. Der Meditationsschüler fand Gefallen an dem Ritual. Er freute sich immer schon, seinen »Freund« zu sehen, und es fiel ihm auch leichter, zu anderen Fremden netter zu sein.

Eines Tages war der Obdachlose spurlos verschwunden. Der junge Mann war traurig darüber und fragte sich, was passiert sein könnte. Tage und Wochen zogen ins Land, und er vermisste den Mann noch immer. Dann verblassten die Erinnerungen, und er führte sein Leben wie gewohnt fort. Monate später kam er eines Tages nach Hause und sah einen seltsamen Mann auf der Treppe sitzen. Als er näher kam, stand der Mann sofort auf, um ihn zu grüßen. Der Meditationsschüler kannte den Fremden nicht, obwohl er ihm irgendwie vertraut vorkam.

Der Mann streckte die Hand aus und sagte: »Ich möchte nicht stören, Sir, aber ich musste einfach wiederkommen, um Ihnen zu danken.«

»Mir danken?«, fragte der junge Mann. »Ja wofür denn?«

»Wissen Sie«, sagte der Fremde, »ich habe früher hier gelebt, unter der Treppe da. Ich habe mich so geschämt und hatte so wenig Selbstachtung, dass kaum jemand mich wirklich kannte.« Und er fuhr fort: »Solange ich denken kann, war nie jemand nett zu mir. Niemand hat mich je eines Blickes gewürdigt oder mir auch nur die Uhrzeit gesagt. Ich hatte keine Freunde und keine Selbstachtung. Aber dann waren plötzlich Sie nett zu mir. Und da wurde mir klar, wenn Sie nett zu mir sein konnten und mir Respekt entgegenbrachten, dann könnte ich mich selbst ja auch respektieren. Also ging ich los und suchte mir einen Job und eine Bleibe. Ich habe mir neue Klamotten besorgt. Mein Leben hat sich geändert. Und wissen Sie was? Ihretwegen. Ihre Freundlichkeit und dass Sie mich respektiert haben und nett zu mir waren, hat mein Leben verändert. Ich wollte bloß danke sagen.«

Als die Geschichte zu Ende war, herrschte im Publikum einträchtiges Schweigen, und in den Augen einiger Zuhörer schimmerten

Tränen. Diese Geschichte ist aus mehreren Gründen wunderschön. Sie zeigt zuerst einmal, wie unglaublich einfach es ist, Mitgefühl in sein Leben zu integrieren. Wird es zu einem Teil des Wesens, bekommen selbst die grundlegendsten Aspekte des Lebens eine tiefe Bedeutung; in diesem Fall ging es nur darum, ein Wort an einen anderen Menschen zu richten. Wobei dieser Mensch natürlich kein Obdachloser sein muss. Die Wirkung zeigt sich bei jedem.

Zweitens zeigt die Geschichte, welchen Unterschied so ein simpler Akt der Freundlichkeit im Leben eines anderen machen kann. In meinem Buch »Don't Sweat the Small Stuff for Teens« berichtete ich von einem jungen Mädchen, das in einem Tierheim arbeitete, weil sie Tiere liebte. Sie ließ nichts unversucht, um für sie ein neues Zuhause zu finden. Leider mussten viele Tiere eingeschläfert werden, weil sich keine Bleibe fand, wie das in den meisten Tierheimen in Amerika der Fall ist.

Eines Tages kam eine Freundin des Mädchens vorbei, um sie von der Arbeit abzuholen. Die beiden wollten auf eine Party gehen. Obwohl ihre Freundin ungeduldig und in Eile war, bestand das junge Mädchen darauf, noch ein Telefonat zu erledigen. Eine Frau war am Tag zuvor ins Tierheim gekommen; sie hatte sich überlegt, Charlie zu sich zu nehmen, einen netten älteren Hund, der sonst keine Aussicht hatte, ein Zuhause zu finden. Der nächste Tag wäre also sein letzter im Tierheim gewesen. Die Freundin schimpfte: »Jetzt mach schon, wir sind sowieso schon zu spät dran!« Doch das Mädchen erwiderte: »Immer mit der Ruhe, ich muss das für Charlie tun.«

Einen Moment später riss der Freundin der Geduldsfaden und sie brüllte: »Jetzt beeil dich endlich! Bei den vielen Tieren hier richtest du eh nichts aus.« Kaum hatte sie geendet, hörte sie das Mädchen sagen: »Vielen Dank, Mrs. Wright. Selbstverständlich, ich erwarte Sie dann morgen hier im Tierheim, damit Sie ihn abholen können.« Als das Mädchen auflegte, lächelte sie ihre Freundin an und meinte: »Warum erzählst du Charlie nicht, dass ich nichts ausrichte?«

Im Lauf der Jahre habe ich Dutzende von ähnlichen Geschichten von Leuten gehört, die enorm etwas »ausrichteten«, ohne dabei ihr Leben zu verändern. Sicher haben auch Sie einmal jemandem eine Freude gemacht oder geholfen, indem Sie das Richtige taten. Und das Ergebnis war, dass Sie sich ruhig und sicher gefühlt haben. Sie sind als Mensch gewachsen, und ich würde meinen, dass Sie sich auf etwas Zukünftiges vorbereitet haben.

Mitgefühl ist eines meiner Lieblingsthemen, und so ist es kein Zufall, dass ich darüber viel mit anderen spreche. Dabei ist mir etwas aufgefallen, das mich sehr berührt. Wenn ich Menschen bitte, mir einige ihrer denkwürdigsten Augenblicke im Leben mitzuteilen, sind sich die Antworten oft sehr ähnlich. Nach einigem Nachdenken erzählen mir die meisten von einer freundlichen Geste, von Geduld – wie in den beiden Geschichten von dem Meditationsschüler und dem jungen Mädchen.

Die Leute lächeln, wenn ihnen einfällt, wie sie einmal auf ihren Sitzplatz im Flugzeug verzichteten. Sie taten das, damit ein völlig Fremder, der sonst aus der Passagierliste gestrichen worden wäre, nach Hause zur Geburtstagsfeier seiner Tochter kam. Ich sah einmal eine Mutter, die Tränen in den Augen hatte, weil ihre Tochter ihr Mittagessen mit jemandem teilte, der seines vergessen und Hunger hatte. Ich habe genauso reagiert, als meine Tochter das einmal tat.

Ein Mann erzählte mir, dass es seine schönste Erinnerung sei, als er einmal für eine Verkäuferin in einem Kaufhaus Partei ergriff. Ein paar ungeduldige Kunden hatten die ältere Frau angebrüllt und beschimpft, da war er eingeschritten, um der Szene ein Ende zu bereiten. Die Verkäuferin war so dankbar, dass sie zu weinen anfing. Dieser Mann führte ein großes Unternehmen und hatte vermutlich viele schöne Erinnerungen, doch auf dieses Ereignis war er besonders stolz. Immer wieder entdecken wir, dass mehrere einfühlsame Kleinigkeiten zusammengenommen große Wirkung zeigen.

Wir können etwas bewirken, tagtäglich. Wie wir Auto fahren und uns beim Einkaufen verhalten, macht einen Unterschied aus. Immer wenn wir jemanden anlächeln, der einen schlechten Tag hat – oder auch einen guten –, bedeutet das einen Unterschied. Immer wenn wir beruflich eine moralisch korrekte Entscheidung treffen, macht das einen Unterschied. Und wenn wir liebevolle Freundlichkeit an den Tag legen, macht das ebenfalls einen Unterschied.

Zu Mitgefühl zählt auch, ein besserer Zuhörer zu werden und weniger schnell ein Urteil zu fällen. Vermögen wir Wertungen und Kritik in Zaum zu halten, sind wir in der Lage, andere so sein zu lassen, wie sie eben sind. Indem wir einfach nur zuhören, helfen wir ihnen, ihr Bestes zu geben. Das ist nicht nur wichtig, weil es höflich und nett ist, sondern auch, weil wir uns so auf Größeres vorbereiten. Stellen Sie sich vor, wie wertvoll es ist, bei einem Notfall oder wenn viel auf dem Spiel steht gut zuhören zu können. Überlegen Sie sich, wie wichtig es ist, klar zu hören und zu sehen – ohne ein Urteil zu fällen. Wie viel effizienter wären Sie, wenn Sie die Dinge sehen könnten, wie sie wirklich sind? Dann hätten Sie einen sehr kraftvollen Blickwinkel. Es bedarf allerdings einiger Übung, um das zu schaffen, und zwar in Form von täglichem Mitgefühl.

Im Alltag wird Mitgefühl besonders an der Geduld ersichtlich, die wir an den Tag legen. Wenn zum Beispiel jemand ständig herumzappelt – sind Sie dann in der Lage, geduldig zu sein? Und können Sie nachsichtig sein, wenn jemandem ein ganz menschlicher Fehler unterläuft? Die meisten von uns sehnen sich danach und schätzen es, sich in der Gesellschaft von geduldigen Menschen aufzuhalten, denn sie sind klug und neigen nicht zu Überreaktionen. Aber haben Sie sich jemals überlegt, wie notwendig es ist, Geduld zu zeigen, wenn man eine wirkliche Krise bewältigen muss? Haben Sie je jemandem beigestanden, der lange Zeit sehr krank war? Da gilt es, sich in geduldiger Zuwendung zu üben.

Stellen Sie sich einmal vor, wie viel Geduld Sie nötig hätten, wenn Sie selbst krank würden. Haben Sie einmal jemanden mit einer Lernbehinderung unterrichtet? Auch dafür braucht man Geduld. Was wäre, wenn Sie eines Tages etwas Neues lernen müssten? Geduld lautet die Losung. Mussten Sie sich je mit der Logistik oder Bürokratie nach einer Katastrophe wie einem Brand oder Erdbeben befassen? Da ist man besser geduldig. Fast alle schwierigen Aufgaben im Leben erfordern enorm viel Geduld. Indem wir Geduld und Mitgefühl für andere aufbringen – auch für die Welt als solche –, bereiten wir uns im wahrsten Sinn des Wortes auf das Leben vor. Es gibt Hunderte von Gelegenheiten am Tag, um sich in Geduld zu üben. Stellen Sie sich vor, jemand würde Sie jetzt stören. Denken Sie dann daran, geduldig zu reagieren?

Mitgefühl hat etwas Ansteckendes. Gehen wir mit gutem Beispiel voran, überträgt sich das auf andere. Nachdem ich die Geschichte über den Meditationsschüler gehört hatte, stellte ich beispielsweise fest, dass ich selbst auch netter war und öfter mit Fremden Blickkontakt aufnahm. Ich entdeckte, dass wir eine gemeinsame menschliche Basis hatten. Ich rede hier nicht davon, auf Leute zuzustürmen und sie zu umarmen. Es geht mir eher um einen freundlichen, respektvollen Umgang.

Einer der dramatischsten Nebeneffekte von Mitgefühl ist eine innere Kraft, die fast unmittelbar entsteht. Unterhält man sich zum Beispiel mit Hospizpersonal, werden einem viele sagen, dass die Arbeit mit Sterbenden ihnen geholfen hat, ihrem eigenen Schmerz und ihren Ängste ins Auge zu blicken. Als sie dann mit dem Tod eines lieben Menschen oder gar mit dem eigenen Ende konfrontiert waren, hatten sie mehr innere Kraft. Fragt man jemanden, der sich für einen guten Zweck einsetzt – für Obdachlose, arme Leute, Tier- und Umweltschutz oder auch Kinder oder Senioren –, bekommt man oft zu hören, dass diese karitative Arbeit demjenigen mehr nützt als den Menschen oder Initiativen, denen geholfen werden soll.

Das kommt, weil mit dem Mitgefühl eine ganze Reihe innerer Errungenschaften einhergeht. Geben ist sich selbst der Lohn. Es fällt immer wieder auf uns zurück – sogar mit Zinsen. Manchmal macht es sich in Form von einem Gefühl der Ruhe und der Zufriedenheit bemerkbar, manchmal als innere Weisheit oder Selbstvertrauen.

Etwas begleitet das Mitgefühl jedoch immer, nämlich ein Gefühl von Lockerheit sich selbst gegenüber. Falls Sie je das Privileg haben sollten, den Dalai Lama zu sehen, dann wird Ihnen neben seinem sanften Lächeln sein offensichtliches Wohlbehagen seiner eigenen Person gegenüber auffallen. Er ist in der Lage, selbst den leidvollsten Aspekten des Lebens mit Anmut und Gleichmut zu begegnen. Er ist fähig, sogar in schwierigen Zeiten Haltung und seinen Sinn für Humor zu bewahren. Man spürt diese absolute Freundlichkeit.

Mutter Teresa hatte ähnliche Eigenschaften. Sie besaß ein friedliches Selbstvertrauen, das es ihr gestattete, der Menschheit unglaubliche Dienste zu leisten, ohne dabei Schwächen zu zeigen oder zu verzweifeln. Obwohl sie physisch eine kleine Frau war, hatte sie ein riesengroßes Herz und enorme Entschlusskraft. Sie arbeitete unermüdlich mit den ärmsten Menschen auf Erden, und dabei behandelte sie jeden Einzelnen mit dem gleichen Respekt und einer Freundlichkeit, wie man sie Staatsmännern zuteil werden ließe.

Ich will nicht vorschlagen, dass Sie wie der Dalai Lama oder wie Mutter Teresa werden sollten. Sie waren und sind zwei außergewöhnliche Menschen, die zu ihrer individuellen Methode fanden, um im Alltag Mitgefühl zu verbreiten. Sie sind jedoch auch zwei herausragende Beispiele dafür, was möglich ist.

Die meisten von uns müssen nur eines tun, um mehr Mitgefühl in ihr Herz zu lassen: genau das, was sie eben gerade tun, jedoch etwas bewusster. Wir müssen uns an unsere Menschlichkeit erinnern und uns ermahnen, dass die friedlichsten Gedanken aus von Freundlichkeit und Geduld geprägten Gesten entstehen. Praktisch jede Handlung birgt das Potenzial für Freundlichkeit und Mitgefühl. Um mehr Mitgefühl an den Tag zu legen, müssen wir nur eine winzige Dosis »gute Absicht« hinzutun, dann geht der Rest von selbst. Schließlich liegt es in unserer Natur. Wenn wir diesen Aspekt unseres Wesens fördern, fühlen wir uns ganzheitlich, genährt, friedlich und ruhig.

Wenn wir auf unser Leben zurückschauen, werden diese beiden Fragen zu den wichtigsten gehören, die wir uns stellen: »War ich nett?« Und: »Habe ich etwas bewirkt?« Meiner Meinung nach sind das die beiden größten Errungenschaften, die wir auf dieser Erde erreichen können. Gott sei Dank hat jeder Mensch das Potenzial, mehr Mitgefühl walten zu lassen, wenn er sich nur dazu entschließt. Jeder trägt Freundlichkeit in sich. Jeder kann etwas oder jemanden finden, das beziehungsweise den er liebt. Und jeder kann anderen helfen und deshalb auf diesem Planeten etwas bewirken.

Es gibt zahllose Möglichkeiten, Mitgefühl in sein Dasein zu integrieren. Ziel ist es, das Mitgefühl zu einer automatischen Reaktion auf das tagtägliche Leben zu machen und zu einem Teil unseres Wesens, sodass wir gar nicht mehr anders können. Es macht keine besondere Mühe, und wir müssen nicht viel tun. Wie Mutter Teresa einmal gesagt hat: »Wir können auf dieser Erde nichts Großartiges tun. Wir können nur Kleinigkeiten mit großer Liebe tun.« Mit diesen Kleinigkeiten bereiten wir uns jedoch auf die wirklichen Lebenskrisen vor, die auf uns zukommen können.

32 Auf die eigene Welt hören

Ich möchte Ihnen nun gern eine meiner liebsten und heilsamsten Erinnerungen mitteilen. Als Teenager hatte ich einmal heftigen Liebeskummer. Die Beziehung mit meiner Freundin war zu Ende gegangen. Ich war am Boden zerstört, deprimiert und durcheinander. Es regnete, aber ich saß draußen, ohne mich darum zu scheren, dass ich klitschnass wurde.

Meine Mutter spürte, was in mir vorging, und kam nach draußen, um sich zu mir in den strömenden Regen zu setzen. Sie legte den Arm um mich und sagte mir, dass sie mich liebe. Da begann ich zu reden. Sie hörte praktisch nur zu.

Es war nur eine Frage der Zeit, bis ich mich besser fühlte. Die heilende Kraft des Zuhörens zeigte Wirkung. Der Heilungsprozess, der sich vollzog, hatte nur sehr wenig mit dem zu tun, was meine Mutter sagte – er hatte vielmehr mit der Art zu tun, wie sie zuhörte.

Zu diesem Zeitpunkt in meinem Leben hätte ich mit den besten Fachleuten der Welt über Beziehungen reden können, ohne dass es mir geholfen hätte. Keine Bestätigung, gute Worte, Optimismus, Aufmunterungen oder sonst etwas hätten mir irgendetwas gebracht. Das Gleiche gilt für Therapien, Diskussionen, Selbsthilfegruppen oder Freundschaften. Nichts hätte mir genutzt, weil ich einfach einen Zuhörer brauchte. Den hatte ich in meiner Mutter – und das half mir.

Von diesem Augenblick an empfand ich meiner Mutter gegenüber noch größeren Respekt, Liebe und Anerkennung als zuvor. Seitdem versuche ich, mir diese wichtige Lektion immer wieder ins Gedächtnis zu rufen. Ich bin zu dem Schluss gekommen, dass es meist das Beste ist, jemandem einfach zuzuhören, wenn er leidet. Seit dieser denkwürdigen Erfahrung mit meiner Mutter habe ich dies noch viele Hundert Male erlebt. Hier ein Beispiel.

Vor einigen Jahren stand ich in der Schlange, um an Bord eines Flugzeugs zu gehen. Der Mann vor mir war überaus verärgert. Der Flug hatte mehrere Stunden Verspätung, und anscheinend hatte der Mann schlechte Erfahrungen mit ähnlich extremen Verzögerungen auf seinen letzten Reisen gemacht. Offensichtlich war es diesem Mann egal, dass der Grund für die Verspätung technische Probleme waren. Die Mechaniker waren schon dabei, sie zu beheben.

Während er in der Schlange stand, fing er an, mit jemandem vom Abfertigungspersonal zu sprechen. Seine Stimme klang ärgerlich, aufgeregt und, offen gesagt, ein wenig erschreckend, jedenfalls für mich und einige andere Passagiere. Er murmelte etwas von »die Fluglinie verklagen«, dann begann er, auf die Leute von der Flugindustrie zu schimpfen. Er war total gestresst und zitterte vor Wut. Auch wenn er niemanden direkt bedrohte, bediente er sich doch einer aggressiven, beleidigenden Sprechweise. Einige von den Leuten in der Schlange nahmen ihre Sachen und gingen weg, offenbar abgestoßen und abgeschreckt. Ich weiß nicht, wie genau die Definition für einen »Flugkoller« lautet, aber das war wohl die Bodenversion oder jedenfalls so etwas Ähnliches.

Anstatt dem Mann zu sagen, dass er endlich den Mund halten solle, was ihn vermutlich noch weiter aufgebracht hätte, sah ich ihm in aller Ruhe in die Augen und hörte nur zu. Ich bemühte mich, so wenig wie möglich zu werten und mich einer nicht-

aggressiven Sprechweise zu bedienen, als ich dann bemerkte: »Sie haben wohl in den letzten Tagen beim Fliegen schlechte Erfahrungen gemacht. Es ist ganz schön hart, wenn man oft fliegen muss, nicht?«
Er wurde nicht ruhiger, wie ich gehofft hatte, sondern regte sich noch mehr auf. Unfreundlich und schlecht gelaunt erwiderte er: »Das geht doch Sie nichts an, oder?«
So unaggressiv wie möglich antwortete ich: »Ich war in letzter Zeit auch ständig mit Verspätungen konfrontiert.« Dann fragte ich ihn: »Wo wollen Sie denn hin?«
Es stellte sich heraus, dass er wegen der Verspätung den Geburtstag seines Sohnes verpasst hatte. Obendrein hatte sein Boss ihm ein Zusatzprojekt übertragen, er musste jemanden vertreten, der krank geworden war und deshalb nicht reisen konnte. Er brachte noch Unmengen anderer Klagen hervor. Die Zeit verging recht schnell, als er mir einen Großteil seiner Lebensgeschichte erzählte. Es sollte nicht lang dauern, bis er seinen Aktenkoffer, den er umklammert hielt, auf dem Boden abstellte. Seine Körpersprache wurde weniger aggressiv, und die Lautstärke seiner Stimme nahm ab.
Ich finde, das ist eine einprägsame Geschichte, weil ich nämlich kein Profi im Vermitteln bin und auch nicht versuchte, als Held oder Heiler dazustehen. Viele Male habe ich ebenso überreagiert, wenn nicht schlimmer. In diesem Fall war ich ein ganz normaler Passagier, der wartete, bis er ins Flugzeug einsteigen konnte. Meine Intuition hatte mir nur gesagt, dass ich unter diesen Umständen am besten einfach ruhig zuhörte.
Ich möchte das Benehmen dieses Mannes nicht in Schutz nehmen; er hatte kein Recht, seiner Frustration einfach so freien Lauf zu lassen, persönliche Probleme hin oder her. Sein Verhalten war unentschuldbar, und ich würde es nicht als »Kleinigkeit«

abtun. Manchmal können eine hitzige Auseinandersetzung, Gewaltanwendung, Kommentare hinter dem Rücken oder auch wertendes Denken dazu beitragen, einen scheußlichen Zwischenfall weiter eskalieren zu lassen. Jede Situation ist anders.
Manchmal frage ich mich, wie viele Menschen nur gehört werden wollen. Wenn sich Ihr Ehemann oder auch Ihr Freund beklagt – möchte er wirklich eine Lösung, oder nur mitteilen, wie frustriert er gerade ist, ganz ohne Beurteilung? Ich erinnere mich noch an eine Situation in meiner Ehe, als ich sehr unglücklich und frustriert war. Ich hatte schon seit einer Weile einige Klagen auf dem Herzen. Sie erschienen mir sehr ernst, und ich wusste nicht, was passieren würde.
Kris bat mich, ihr zu sagen, was los sei. Ich war so froh, mich endlich aussprechen zu können, dass ich anfing zu weinen. Ich habe bestimmt fünfzehn bis zwanzig Minuten geredet, bis Kris etwas erwiderte. Und sie sagte nur Folgendes: »Offensichtlich tut es dir gut, darüber zu reden.« In ihrer Stimme lag nichts Scharfes. Sie ging nicht in die Defensive und fing auch nicht an zu argumentieren. Sie gestattete mir einfach, mir meine Sorgen von der Seele zu reden – und gehört zu werden.
Ich fühlte mich erleichtert, und meine Ängste nahmen ab. Mein Ärger, meine Frustration und Verwirrung lösten sich in Wohlgefallen auf, und ich liebte Kris nur noch mehr. Es war die Tatsache, dass sie mir zuhörte, nicht ihre Worte, die mich ihrer Liebe versicherten.
Ich muss oft an die vielen Menschen denken, die ich kennen gelernt habe und die sich alle nach einem ähnlichen Gespräch mit ihrem Ehegatten oder Partner sehnten. Doch in den meisten Fällen wird daraus nichts, es kommt zu keiner aufrichtigen Herzlichkeit, die auf eingehendem Zuhören beruht. Meist herrschen defensives Verhalten und Überreaktionen vor.

Mit Sicherheit weiß ich es natürlich nicht, aber ich fürchte, dass ein großer Prozentsatz der von Menschen geschaffenen Probleme etwas mit den Leuten zu tun hat, die das Gefühl haben, dass man sie nicht anhört. Viele Male haben Erwachsene, junge Leute und Kinder mir gesagt: »Mir hört nie einer zu.« Wenn jemand etwas mit Gewalt ausagiert, denke ich oft, wie anders sich alles hätte entwickeln können, wenn dieser Mensch das Gefühl gehabt hätte, dass man ihm zuhört.

Ich hörte einmal jemanden sagen: »Gott hat uns zwei Ohren gegeben und einen Mund, wir sollten also doppelt so viel zuhören wie reden.« Doch wie viele von uns halten sich an diese Richtlinie?

Wie viel effizienter wären wir als Eltern, wenn wir uns mehr Zeit nehmen würden, um zuzuhören, und weniger, um zu dozieren? Das ist leichter gesagt als getan – doch das Endergebnis wäre eine bessere Kommunikation zwischen Eltern und Kindern. Es gäbe weniger Groll und dafür mehr Lachen und mehr Offenheit. In meinem ganzen Leben habe ich nie ein Kind sagen hören: »Meine Eltern haben mir zu viel zugehört.« Es ist immer das Gegenteil der Fall.

Dass es klug ist, gut zuzuhören, gilt auch im Beruf. Ich bin immer erstaunt, wenn ein Angestellter wirklich auf das hört, was ich will – was leider die Ausnahme ist. Haben Kunden das Gefühl, dass man ihnen zuhört, kaufen sie die Produkte oder nehmen die jeweilige Dienstleistung in Anspruch. Sie haben dann Vertrauen. Hört man Angestellten oder Kollegen zu, kommen sie besser zurecht und arbeiten im Team effizienter zusammen.

Hört man gut zu, gewinnt man Einsichten über die Welt um einen herum. Man kann dann nicht nur die Gedanken seiner Mitmenschen besser »lesen«, Konflikte effizienter lösen und dadurch mit

anderen besser zurechtkommen, sondern man hat auch das Gesamtbild im Auge. Durch gutes Zuhören gewinnt man eine angemessene Sichtweise bei allem, was man tut.
Zuhören ist das Gegenteil von reagieren. Es gibt einem die Möglichkeit, alle Informationen aufzunehmen und darüber nachzudenken. Auf diese Weise kann man so angemessen wie nur möglich auf eine Situation reagieren, nachdem man gut überlegt hat, was sich eigentlich abspielt. Stellen Sie sich einmal vor, Ihre achtjährige Tochter kommt von der Schule nach Hause und stürmt weinend durch die Tür. Ihre ersten Worte sind: »Tammy hat mich gestoßen, und der Lehrer hat nichts getan.«
Was Sie gehört haben, reicht. Sie greifen zum Telefon und rufen den Lehrer an. Ihre Absicht ist, der Sache auf den Grund zu gehen und ein Wörtchen mit Tammys Mutter zu reden. Nachdem Sie über eine Stunde mit dem Lehrer Ihrer Tochter und Tammys Mutter herumdiskutiert haben, kommen Sie zu dem Schluss, dass es bei dieser Geschichte zwei Seiten gibt. Der »Stoß« war kein richtiger Stoß – sondern nur ein kleiner Schubser. Es bestehen Zweifel, wer wen zuerst gestoßen hat und welches der Kinder mit dem Gezanke überhaupt angefangen hat.
Anstatt sofort zu reagieren und aktiv zu werden – wäre es nicht effizienter gewesen, Ihrer Tochter zuzuhören? Was wäre passiert, wenn Ihre Tochter durch die Tür gestürmt wäre und Sie sich nach dem ersten Schreck erst einmal ruhig hingesetzt und nachgefragt hätten? Was wäre gewesen, wenn Sie nicht die Nerven verloren und sich sofort auf Ihre eigenen Gedanken konzentriert hätten? Wenn Sie stattdessen die Ruhe bewahrt hätten und Ihre Tochter das Gefühl gehabt hätte, gehört zu werden?
Je mehr Zeit man mit Zuhören verbringt, desto mehr Daten, Erkenntnisse und Durchblick gewinnt man hinsichtlich einer Situation. Jede Minute, die verstreicht, reduziert das Gefühl, dass

eine Katastrophe passiert ist. Die Notwendigkeit zu reagieren nimmt ab oder verschwindet gänzlich.
Zwei positive Dinge wären mit Sicherheit eingetreten: Sie hätten zuerst einmal Zeit und Energie gespart. Es hätte Sie weniger Energie gekostet, wenn Sie sich in aller Ruhe auf die Couch gesetzt und zugehört hätten, anstatt zwei hitzige Telefonate zu führen. Zweitens hätten Sie Ihrer Tochter demonstriert, dass man nicht jeden Konflikt gleich wie eine Katastrophe behandeln muss. Ihr gutes Beispiel könnte dem Kind dann helfen, in Zukunft mit Problemen auf eine gesündere Weise umzugehen.
Weisheit erwächst aus einem ruhigen, geduldigen Verstand, der auf das hört, was sich abspielt, anstatt zu reagieren und zu bewerten. Die einzige Möglichkeit, etwas völlig in sich aufzunehmen und klar zu sehen, ist Zuhören.
Zuhören und Geduld gehen Hand in Hand. Gestatten wir uns, zuzuhören und aufzunehmen, was um uns vorgeht – und zwar offen und ohne Einschränkungen –, erziehen wir uns dazu, mehr Geduld walten zu lassen. Sobald wir nicht mehr glauben, immer spontan reagieren zu müssen, erreichen wir einen viel interessanteren und weniger bedrohlichen Zustand. Das war beispielsweise bei dem Mann auf dem Flughafen der Fall. Eine erste Reaktion war, dass ich mich abgestoßen fühlte und gedanklich ein Urteil fällte. Hätte ich nicht meinen Platz in der Schlange sichern wollen, wäre ich vielleicht einfach weggegangen. Doch sobald ich mich auf den Prozess des Zuhörens einließ, verlor die Situation an Brisanz; sie war eigentlich ganz harmlos.
Zum Zuhören braucht man mehr als zwei Ohren. Wir können auch mit unserer Intuition zuhören. Der Kniff ist, so ruhig und interessiert wie nur möglich zu sein.
Haben Sie einmal einen Film über einen Sportwettkampf gesehen? Meist geht es um Fußball, Baseball oder Basketball. Die

letzten Szenen sind oft in Zeitlupe gedreht. Man sieht zu, wie das Ende immer näher rückt, und dabei baut sich zunehmend Spannung auf. Meist besteht die letzte Einstellung aus dem Höhepunkt, wenn jemand die Ziellinie erreicht oder den entscheidenden Ball wirft. Sie warten auf das Ergebnis.
Haben Sie je auf die Geräuschkulisse bei solchen Szenen geachtet? Oft herrscht trotz Tausenden brüllenden Zuschauern absolute Stille. Es ist, als würden Sie selbst dieser Sportler werden oder könnten zumindest hören, was er hört.
Solche Szenen faszinieren mich, weil sie nämlich zeigen, wie einfach es ist, sich zu konzentrieren, wenn der Verstand zur Ruhe kommt. Der Sportler blendet alles aus bis auf diesen Augenblick. Er konzentriert sich nur auf seine Umgebung und weiß genau, was um ihn herum vorgeht.
Manchmal berichten »reale« Wettkampfathleten von ähnlichen Erfahrungen. Im spannendsten Augenblick – an der Freiwurflinie zum Beispiel –, wenn es um Sieg oder Niederlage geht, hört der Sportler: nichts! Irgendwie ist er in der Lage, seine Konzentration über das Gebrüll der Zuschauer und seine eigenen Gedanken zu erheben. Können Sie sich vorstellen, wie effizient er wäre, wenn er auf seine von Selbstzweifeln geprägten Gedanken hören würde? Da würde er mit Sicherheit daneben werfen!
Zweifelsohne lohnt es sich sehr, ein besserer Zuhörer zu werden. Die Beziehungen gestalten sich erfüllender, das Arbeitsleben wird effizienter, man ist als Vater oder Mutter effektiver und hat mit weniger Problemen zu kämpfen.
Es ist erstaunlich einfach, ein besserer Zuhörer zu werden. Sobald man sich diese Priorität gesetzt hat, muss man nur gut beobachten und viel üben. Wenn Sie also mit jemandem in einer bestimmten Situation zusammensitzen, versuchen Sie, alle anderen Gedanken beiseite zu lassen und gut zuzuhören. Wahr-

scheinlich wird sich Ihr Denken rasch mit allem Möglichen füllen. Ihnen werden »Lösungen«, »Reaktionen«, »Ängste«, »Pläne« und diverse andere Gedanken in den Sinn kommen. Das ist nicht schlimm – diese Gedanken treten ganz automatisch auf. Anstatt eingehend zuzuhören, stellen Sie dann fest, dass Sie eigentlich darauf warten, selbst wieder etwas sagen zu können. Noch bevor Ihnen alle Tatsachen bekannt sind – noch bevor der andere zu Ende geredet hat –, formulieren Sie in Gedanken schon eine Antwort.

Versuchen Sie, Ihre inneren Stimmen nicht zu bewerten. Nehmen Sie sie einfach wahr und lassen Sie sie sanft los. Anstatt eine Antwort vorzubereiten, bleiben Sie noch ein paar Augenblicke ruhig und still. Darin liegt die heilende Kraft des Zuhörens – in diesen wenigen Momenten der Ruhe. Geben Sie Ihrer inneren Weisheit, die der Stille entspringt, noch ein bisschen mehr Zeit, um sich zu entfalten.

Dann werden Sie feststellen, dass sich vermutlich etwas recht Bemerkenswertes vollzieht. Ist der größte Teil Ihrer Aufmerksamkeit auf gutes Zuhören ausgerichtet, auf Präsenz und das Sammeln von Informationen, und sind Sie dabei innerlich ruhig, können bessere und klügere Antworten zutage treten. Das kommt, weil Sie es Ihrem Verstand mit all seiner Brillanz gestatten zu arbeiten. Ich spreche hier nicht von Ihrem Intellekt, sondern von der tieferen, weisen, heilenden Intelligenz, die unabhängig vom denkenden Verstand besteht.

Gut zuhören zu können ist eine wichtige Gabe, von der Sie selbst profitieren – und andere auch. Sie können diese Gabe nach Belieben schaffen und mit der Zeit vollenden. Auf diese Weise werden scheinbar schwierige Entscheidungen einfacher, denn in Ihnen erwacht ein Gefühl der Ruhe und der Klarheit. Und da andere Ihre neue Präsenz und Geduld spüren, können Sie Ihre beruflichen und privaten Beziehungen verbessern. Außerdem sind Sie in der Lage, komplizierte Sachverhalte besser zu verstehen, da Sie aus einer höheren Warte mehr Alternativen sehen. Und schließlich glaube ich, dass die wirklichen Krisen in Ihrem Leben besser zu meistern sein werden, da aus gewohnheitsmäßigen Reaktionen kluge Lösungen werden.

33 Zur Religion finden

Im Jahr 1981 besuchte ich die Pepperdine-Universität, die sich den höchsten akademischen und christlichen Werten verschrieben hat. Mein vorrangiges Ziel war es, aufs College zu gehen, mein Diplom zu machen und – da ich Sportler bin – in der Tennismannschaft der Herren mitzuspielen. Wie viele der neuen Studenten war auch ich ein bisschen nervös. Ich stand unter enormem Druck, als Student wie auch als Sportler erfolgreich zu sein.

Am Tag meiner Ankunft stellte sich mir ein Mitglied der Fakultät vor. Der Mann sagte: »Aus meiner Sicht hat in dieser Universität Gott die höchste Priorität. Wissenschaft, Sport, Leistung und Dienst am Nächsten werden sehr hoch gehalten, und wir gehören zu den Besten.« Dann fügte er hinzu: »Aber ohne Gott würde nichts existieren; durch ihn findet alles seinen richtigen Platz. Sie können sich also entspannen und alles Gott überlassen.«

Mir war damals nicht klar, welch ein wichtiger Augenblick in meinem Leben das war. In der Stimme des Mannes lag ruhiges »Wissen«. Da er seine Worte mit solcher Demut hervorbrachte, hatten sie etwas Tröstliches und schienen alles in die richtige Perspektive zu rücken. Seine Philosophie entsprach der meinen: »Ohne Freundlichkeit, Dankbarkeit und den Glauben an etwas Höheres ist nichts wirklich von Bedeutung.« Ich war immer der Überzeugung, dass das Wichtigste im Leben nicht materieller

Natur ist. Für mich ist es Gott – und natürlich die Familie, Liebe, Freundlichkeit, Mitgefühl, Freundschaft, Kreativität, Toleranz und Dankbarkeit; das alles ist unsichtbar und hat doch etwas Magisches.

Im Lauf der Jahre habe ich festgestellt, dass die meisten Menschen, die an Gott, an eine höhere Macht oder tiefere Intelligenz glauben – je nach Glaubensrichtung –, offensichtlich eine heilsamere und liebevollere Haltung zum Leben haben. Sie wissen das Geschenk der eigenen Existenz zu schätzen und meistern Schwierigkeiten – selbst Schmerzen oder Qualen – mit Würde und Mut.

Es ist kein einfacher Entschluss, sich der Religion zuzuwenden und Spiritualität zu einem tiefer gehenden, wichtigeren Teil seines Lebens zu machen. Und doch ist er der Mühe wert. Der Entschluss beinhaltet Opfer, Aufrichtigkeit sich selbst gegenüber, Reflexion, Zeit, Engagement und Ehre. Die Religion oder Spiritualität an die erste Stelle zu setzen bedeutet, das Richtige zu tun, sich der Wahrheit zu verpflichten und für seine Werte einzustehen, selbst wenn sie nicht populär sind. Es bedeutet, das Ego loszulassen, um Gott zu gestatten, in einem zu wirken, und sich mit der kosmischen Intelligenz zu verbinden, die durch jeden von uns strömt. Für mich beinhaltet dieser Entschluss vor allem, Liebe statt Hass und Freundlichkeit statt Rechthaberei zu wählen.

Im College wurden wir dazu ermuntert zu danken, wenn alles gut lief. Und wenn es einmal nicht so klappte und Probleme auftraten, wurden wir aufgefordert, uns nach innen zu wenden und um Hilfe, Kraft, Anleitung und Weisheit zu bitten. Viele Studenten übten sich im täglichen Gebet und dankten für die Chance, in einem so schönen und anregenden Ambiente studieren zu dürfen. In meiner College-Zeit fing ich an zu meditieren und versuchte, auch meine Beziehung zu Gott zu intensivieren. Die Leute um mich herum und meine neuen Freunde hier – darunter auch meine jetzige Frau Kris – ermunterten mich, »in mich zu gehen«, zur Ruhe zu kommen und zu hören, ob sich Antworten einstellen.

Dass ich es lernte, auf Gott zu vertrauen, hatte mehrere Auswirkungen. Ich wurde ein so genannter Big Brother im »Big Brothers of America«-Programm, und fast jeder, den ich kannte, befürwortete diese Entscheidung. Je ruhiger ich innerlich wurde, desto klarer konnte ich den Weg sehen, dem ich zu folgen hatte. Ich vermochte die Verbindung zwischen Ursache und Wirkung zu erkennen, die sich aus dem Mitgefühl für meine Nächsten und meinem eigenen Seelenfrieden und Glück ergab.

Eine der wichtigsten Erkenntnisse, zu denen ich damals gelangte, war, dass die Zeit gekommen war, meine Karriere als Tennisspieler aufzugeben. Andere Faktoren hatten bereits in diese Richtung gedeutet – unter anderem diverse Verletzungen und dass ich nicht wirklich gut genug war. Doch eigentlich habe ich es Kris zu verdanken, dass ich schließlich auf meine inneren Botschaften vertraute, die mich einen neuen Weg einschlagen ließen. Ich lernte darauf zu vertrauen, dass Gott in mir war und dass ich, wenn ich nur ruhig und willens war hinzuhören, schon wüsste, was ich zu tun hatte. Ich wurde von einer inneren Intelligenz geleitet, einer enormen Quelle der inneren Weisheit und des Trostes. Diese Führung, auf die ich bis heute vertraue, ist in meinem ganz normalen Dasein vorhanden und auch, wenn ich eine Schulter zum Anlehnen brauche, weil viel auf dem Spiel steht.

Im Lauf der Zeit habe ich viele Menschen kennen gelernt, die auf Gott vertrauen – und auf ihre Fähigkeit, die innere Weisheit zu vernehmen. Natürlich habe ich auch Leute ohne diesen Glauben getroffen; ihnen bereitete es Unbehagen, in sich zu gehen. Jedenfalls ist mir aufgefallen, dass Menschen, die einen inneren Glauben haben, mit mehr Vertrauen und weniger Kämpfen durchs Leben kommen. Sie wissen, dass die Richtung, die sie nehmen, und die Entscheidungen, die sie treffen, relevant sind. Ihr Leben hat einen Sinn.

Eine andere Beobachtung von mir ist, dass Menschen, die sich Gott zuwenden und seine Anwesenheit spüren, auf das größere Gesamtbild vertrauen. Sie wissen, dass das Universum perfekt ist, selbst wenn sie etwas nicht immer einsehen oder verstehen können, weil sie selbst unzulänglich sind. Es geht nicht um eine Philosophie der »herbeigewünschten Wahrheit«, sondern um ein Wissen, dass schon alles in Ordnung kommt. In all dem Chaos ist eine Ordnung vorhanden.

Glauben wir an Gott, hilft uns das, das Geschenk des Lebens zu feiern. Außerdem finden wir in schwierigen und verwirrenden Zeiten Trost. Ich habe Bekannte und Freunde, die allen Weltreligionen angehören – dem Christentum, Judentum, Buddhismus, Taoismus, Konfuzianismus, Hinduismus, Islam und anderen. Sie alle sagten mir, dass sie auf ihre Religion vertrauen, sie lenkt sie durch das Leben und hilft ihnen, Antworten selbst auf die schwierigen Fragen zu finden.

Abgesehen davon, dass die Pepperdine University in jeder Hinsicht ein Eliteinstitut ist, gilt sie auch als eines der schönsten Colleges dieser Welt. Die Universität liegt im Süden Kaliforniens direkt am Pazifik. Doch noch herrlicher als die Landschaft ist, dass viele Studenten dort eine Verbindung zu Gott haben. Studiert man fern der Heimat, fühlt man sich schnell einsam; man ist ein kleines Teilchen in einem großen Mosaik, das aus lauter unbekannten Leuten besteht. Gibt es jedoch einen gemeinsamen Faden, fühlt man sich schneller mit den anderen verbunden, stärker und glücklicher, da ja jeder seinen Sinn und Zweck hat.

Die Liebe Gottes war dort allgegenwärtig, und wenn ich still war, konnte ich sie fühlen. Diese Liebe kam nicht nur innerlich zum Ausdruck, sondern auch äußerlich in vielen praktischen Beispielen. Sie ermunterte die Studenten, alles Mögliche zu tun – auf dem Campus den Abfall aufzuheben und ihr Herz den neuen Studenten zu öffnen, die Freundschaften schließen wollten. Der Glaube an Gott ermöglichte es den Studenten, anderen bei einer Krise oder generell in schwierigen Stunden beizustehen. Für mich als jungen Mann in einer wichtigen Phase meines Lebens war dies sehr tröstlich und beeindruckend.

Einmal brach im Schlafsaal von Kris ein Feuer aus, und alles, was sie besaß, verbrannte. Anstatt wegen ihrer zerstörten Sachen durchzudrehen, dankten viele Studenten – und auch Kris – Gott, dass niemand zu Schaden gekommen war. Während dieser Krise sah ich zum ersten Mal das wahre Wesen von Kris. Sie vergewisserte sich zuerst, ob alle anderen in Sicherheit waren. Sobald das klar war, war sie dankbar und sah die Sache nur noch von ihrer positiven Seite. Und es gab schließlich viel Positives. Letztlich war niemand zu Schaden gekommen, und die meisten materiellen Dinge sind ersetzbar. Das Feuer war nicht so schlimm, es breitete sich nicht aus. Die Leute, die den Brand löschten, waren mutig und freundlich, und die Studenten, die in den Schlafsaal zu Hilfe eilten, nicht minder. Ich könnte noch endlos die positiven Aspekte dieses Vorfalls auflisten, den man genauso gut als Tragödie hätte begreifen können.

Die Betonung des Glaubens und der Spiritualität ermöglichte es den Menschen, das Gute zu erkennen. Ohne diesen Glauben hätte man den gleichen Vorfall wahrscheinlich völlig anders gesehen. Die meisten fühlen sich schnell als Opfer der Umstände und meinen, das Leben sei ungerecht. Schließlich hatten Kris und ihre Zimmergenossinnen praktisch alles verloren bis auf ihre Kleidung am Leib. Zudem hatte Kris nicht so viel Geld, um alles einfach zu ersetzen. Doch ihr Glaube verlieht ihr Kraft, Hoffnung und Optimismus.

Wenn sich Menschen Gott zuwenden oder einer anderen höheren Macht, weicht das Gefühl von Furcht und Unsicherheit dem Glauben. Mit der Zeit geht dieser Glaube weit über die Anschauung, dass es ein Leben nach dem Tod gibt, hinaus. Man »weiß« dann im tiefsten Innern, dass jegliches Leben von einer Intelligenz durchströmt ist – jeder Einzelne von uns. Vertrauen wir auf diese Intelligenz, können wir unserem stressigen Leben viel vom Druck nehmen. Wir überantworten unser Leben, unsere Entscheidungen und Probleme einer höheren Macht oder Gott.

Wie viele Menschen habe ich mit der Frage gerungen: »Wenn ein Gott existiert, warum gibt es dann so viel Leid und Destruktivität auf der Welt?« Über diese Frage habe ich jahrelang nachgedacht; die Antwort, zu der ich schließlich gelangt bin, geht mit meiner generell optimistischen Lebenseinstellung konform. Ich glaube nämlich, dass Gott Leid und Schmerz im Leben nicht schafft. Er gibt uns vielmehr die Kraft und Mittel, um zu heilen. Gott offenbart sich in vielerlei Hinsicht. Er ist da in Form eines Mitmenschen, einer Erkenntnis oder Idee – oder als Akt der Liebe. Wird jemand von einer Idee inspiriert, wie er helfen kann, hat sich derjenige mit der kosmischen Intelligenz verbunden, mit Gott. Diese Intelligenz steht uns stets zur Verfügung, und je mehr wir auf sie vertrauen, desto deutlicher zeigt sie sich in unserem Leben. Je mehr man nach ihr Ausschau hält, desto mehr Beweise fallen einem auf.

Der Terroranschlag vom 11. September 2001 ist eines der besten Beispiele, welche Rolle Gott in der Weltgeschichte spielt. Gott hat dieses Leid nicht geschaffen, das waren natürlich die Menschen. Dennoch war Gott sofort zur Stelle, um das Leid zu lindern. Er war da in Gestalt von Rettungshelfern, Feuerwehrleuten, Polizei und anderen mutigen, selbstlosen Menschen. Er ließ selbst den Durchschnittsbürger mit solcher Großzügigkeit reagieren, wie man sie nie zuvor erlebt hatte. Von dem Augenblick unmittelbar nach dem Anschlag an konnte ich Gott überall sehen. Und alle, mit denen ich sprach, sahen dasselbe wie ich.

Eines der hilfreichsten Bücher, die ich je über die Möglichkeit, in schweren Zeiten zurechtzukommen, gelesen habe, ist Harold Kushners »Wenn guten Menschen Böses widerfährt«. Jeder hat schließlich irgendwann zu leiden oder ist mit Menschen zusammen, denen es schlecht geht. Es ist nicht einfach, die Quintessenz eines so bedeutenden Buches zu vermitteln. Sie besteht wohl in folgendem Zitat: »Gott verursacht oder verhindert Tragödien nicht; er hilft, indem er die Menschen inspiriert zu helfen.« Und Kushner schreibt weiter: »Gott zeigt, dass er gegen Krebs und Geburtsschäden ist, nicht, indem er dergleichen auslöscht oder nur schlechten Menschen zustoßen lässt – er kann das nicht –, sondern indem er Freunde und Nachbarn herbeiruft, die das Leid lindern und die Leere füllen.«

Meiner Meinung nach deuten alle Religionen mit Liebe auf Gott. Welcher Religion oder spirituellen Richtung Sie auch angehören, ich möchte Sie ermuntern, sich zutiefst auf Ihren Glauben einzulassen. Nutzen Sie Ihre Religion, um sich im Herzen der Humanität zu vereinen, nicht als Mittel der Spaltung. Lieben Sie Ihren Gott von ganzem Herzen. Tun Sie das, werden Sie nie mehr allein sein. Gemeinsam können Sie auch die schlimmsten Lebenskrisen meistern.

34 Der Ruhestand

Mit die größte Ironie im Leben ist wohl, dass die beste Art, es zu leben, einen Widerspruch in sich birgt. Auf der einen Seite möchte man leben, als gäbe es kein Ende. Mit dieser Einstellung ist man fröhlich und sorglos. Sie hilft einem, Risiken einzugehen, ein bisschen Abenteuerlust an den Tag zu legen und eine Vielzahl von ganz unterschiedlichen Erfahrungen zu sammeln. Man hat nichts zu verlieren und stürzt sich deshalb ins pralle Leben. Auf der anderen Seite will man leben, als würde man seinen letzten Tag auf dieser Welt verbringen. Diese Haltung ermahnt uns, nichts für selbstverständlich zu halten. Sie erinnert uns daran, wie wertvoll das Leben ist und wie wichtig es ist, unseren Lieben zu sagen, was wir für sie empfinden. Es gilt, keinen Augenblick zu verpassen.

So ähnlich betrachte ich auch den Ruhestand. Ich versuche, mich selbst zu überzeugen, dass der Ruhestand das Beste ist, was mir wird passieren können, zugleich bemühe ich mich um absolute Gleichgültigkeit. Ich sage das, weil der Ruhestand – wie jeder andere Aspekt im Leben – ausschließlich von der Sichtweise des Betroffenen abhängt. Was Sie denken, ist verantwortlich dafür, ob Sie Ihrem Ruhestand etwas Positives abgewinnen können oder nicht. Sie wollen ihn definitiv als einen tollen Lebensabschnitt sehen – aber gleichzeitig wollen Sie jeden Schritt genießen, der Sie in diese Richtung führt.

Donna ist kein gutes Beispiel dafür, wie man sich auf einen bequemen und glücklichen Ruhestand vorbereiten sollte. Als sie fünfzig wurde, vereinbarte sie mit einem Finanzberater einen Termin. Er nahm sie beiseite und sagte: »Schauen Sie, Donna; gehen wir einmal davon aus, dass Sie mit sechzig in den Ruhestand gehen wollen, dann bleiben Ihnen noch zehn Jahre, um Ihre Finanzen regeln.« Und er fuhr fort: »Es gilt jetzt, Opfer zu bringen und sich ernsthafte Gedanken zu machen.«
Leider nahm sie ihn beim Wort und verbrachte die nächsten zehn Jahre genau damit. »Rückblickend«, sagt Donna, »war das ganz schön hart, weil ich dachte, es sei meine Pflicht, mir Sorgen zu machen.« Anstatt das Leben zu genießen, war sie unruhig und besorgt und schmiedete Pläne. Sie entwickelte die reinsten Wahnvorstellungen und meinte, sie könne sich erst als Rentnerin wieder entspannen.
Mit einundsechzig wurde bei Donna Brustkrebs diagnostiziert, und man sagte ihr, dass sie nur noch ein Jahr zu leben habe. Mit einem Schlag wurde ihr klar, dass es absolut nicht wichtig ist, sich im konventionellen Sinn auf einen Lebensabschnitt vorzubereiten, sondern einfach zu leben – jetzt. Die gleichen Lebensumstände, einschließlich Bankauszüge und Bilanzen, stellten sich ihr plötzlich ganz anders dar. Ihre Finanzen schienen mit einem Mal gar nicht mehr so relevant zu sein. Ja, es wäre lächerlich gewesen, sich weiterhin darauf zu konzentrieren. Donna wurde bewusst, wie relativ vermeintlich Wichtiges war.
Erst durch ihre Krankheit lernte Donna, was eigentlich jeder braucht – eine angemessene Sichtweise. Jeder Tag im Leben ist ein Geschenk, und kein Moment, ob in der Vergangenheit oder Zukunft, ist bedeutsamer als ein anderer – auch nicht der Ruhestand. Es liegt eigentlich auf der Hand, wird aber dennoch gern übersehen, dass dieser Sachverhalt auch in zehn Jahren noch

zutrifft. Die einzige Variable ist das Ausmaß, in dem jeder von uns diese Tatsache anerkennt.

Ich will hier nicht behaupten, dass es unwichtig ist, Pläne für die Zukunft zu schmieden. Ganz im Gegenteil, ich finde das prima. Haben Sie die Disziplin und das Leistungsvermögen, im Voraus zu planen, dann sollten Sie das unbedingt tun. Ich würde sogar so weit gehen zu sagen, dass Sie die Disziplin entwickeln sollten, wenn nötig. Lassen Sie sich gut beraten und stellen Sie einen soliden Plan auf.

Doch Planen ist kein Ersatz für das Leben. Auch wenn finanzielle Sicherheit unsicheren Verhältnissen vorzuziehen ist, ist sie doch kein Garant für Glück. Wäre das der Fall, würde man nur sehr wenige glückliche Rentner sehen, und das ist gewiss nicht der Fall. Somit gibt es im Leben gleich noch eine Ironie: Auch wenn man die Umstände zu seinen Gunsten beeinflussen kann, sollte man keinesfalls meinen, dass man nur glücklich und sicher sein kann, falls bestimmte finanzielle Bedingungen gegeben sind.

Das Einzige, was für einen glücklichen Ruhestand erforderlich ist, ist Präsenz. Es handelt sich dabei um die Fähigkeit, im Hier und Jetzt zu sein, und zwar nicht oberflächlich, sondern Tag für Tag und Augenblick für Augenblick. Die Gegenwart ist nämlich die einzige Zeit, die real existiert. Sie ist jetzt. Das gilt für einen Sechzehnjährigen ebenso wie für einen Sechsundneunzigjährigen. Die Vergangenheit ist nur in Form von Gedanken und Erinnerungen vorhanden. Es wäre natürlich dumm und auch falsch zu behaupten, dass »die Vergangenheit nicht existiert« oder »egal ist«. Sie hat sehr wohl existiert und ist wichtig. Aber ebenso dumm wäre es, sich nach der Vergangenheit zu sehnen oder zu bereuen, was man getan oder nicht getan hat. Und vor allem macht man sich total verrückt, wenn man sich wünscht, jünger zu sein!

Die andere Seite der Medaille ist die Zukunft, die nur in der eigenen Vorstellung vorhanden ist. Wir können von ihr träumen, wenn wir wollen, und uns ausmalen, wie sie sich vielleicht gestalten mag. Wir können uns vorstellen, wie schön sie sein wird, viel besser als heute, oder wir können uns sorgen, dass sie womöglich schrecklich wird. In beiden Fällen handelt es sich nur um unser Denken, das uns real vorkommt. Es ist eine Schimäre. Interessant daran ist, dass »die Zukunft« nie wirklich eintrifft, wenn man es recht überlegt. Es ist immer jetzt. Ein Jahr, von jetzt an gerechnet, ist wieder »jetzt«. Wenn Sie in Rente gehen, wird das »jetzt« sein.

Diese einfache Weisheit – so gängig und klischeehaft sie auch sein mag – hat etwas Wunderbares. Sind wir auf den gegenwärtigen Augenblick eingestimmt, vermögen wir glücklich, neugierig und fröhlich zu sein. Wir stehen Unbekanntem wie auch neuen Möglichkeiten offen und ausgeglichen gegenüber. Sind wir präsent, macht es uns keine Schwierigkeiten, etwas Neues zu lernen. Wir vergleichen dann nicht die eigenen Erfahrungen mit den Dingen um uns herum. Das ist doch die ideale Geisteshaltung, um in Rente zu gehen – oder für die Planung des Ruhestands!

Fehlt diese Präsenz, ist das praktisch die Garantie, dass man sich elend fühlt. Wir sind dann so damit beschäftigt, unsere Erfahrungen zu beurteilen und zu vergleichen, dass wir uns nicht mehr an ihnen freuen können. Deshalb ist die beste »Vorbereitung« auf die Rente – und das beste Gegenmittel für einen unglücklichen Ruhestand – ein und dasselbe: Man muss die Kunst des Gegenwärtigseins lernen. Es ist irrig anzunehmen, dass jemand, der heute nicht im Hier und Jetzt leben kann, in zehn Jahren wie durch Zauberhand ein präsenter und zufriedener Mensch sein wird. Das Dilemma bleibt das gleiche. Man lässt sich auf den gegenwärtigen Augenblick ein – oder wünscht sich etwas anderes. Sicher haben Sie diese Dynamik schon beobachten können. Jemand verbringt sein ganzes Leben damit, sich auf den Ruhestand zu freuen. Er oder sie ist überzeugt, dass das Leben momentan nicht so berauschend ist – aber später bestimmt. Ist der Ruhestand dann gekommen, sehnt er oder sie sich in die Jugend zurück.

Gegenwärtig zu sein ist ein Geschenk, das Sie sich machen und mit anderen teilen können. Es ist auch etwas, an dem sich arbeiten lässt. Am besten können Sie dieses Gegenwärtigsein einüben, wenn es Ihnen auffällt, dass es fehlt. Stellen Sie also fest, dass Sie sich nach Ihrem Ruhstand sehnen – oder ihn fürchten –, heißt das, dass Sie sich vorübergehend aus der Gegenwart entfernt haben. Sie sind zwar da, doch gedanklich anderswo. Sind Sie bereits in Rente, liegt es an Ihnen, dass Sie diese Tage voll ausschöpfen. So wird aus dem Ruhestand Tag für Tag eine freudvolle Erfahrung bei sich stets vertiefender innerer Weisheit.

Eine meiner Lieblingsübungen ist folgende: Hören Sie mit dem auf, was Sie gerade tun, und stellen Sie sich folgende Frage: »Was mache ich gerade mit diesem Augenblick?« Es kann einem die Augen öffnen, wenn man feststellt, dass man oft gar nicht richtig anwesend ist. Wir verderben uns die Gegenwart mit Erinnerungen an die Vergangenheit oder Gedanken an die Zukunft.

Das Leben besteht aus einer Reihe von Augenblicken, einer folgt auf den anderen. Haben Sie schon einmal ein Schild gesehen, auf dem steht: »Eintritt nach Belieben«? Das bedeutet, dass Sie hineingehen können oder eben nicht. Dem Schild ist das egal. Wir haben die Möglichkeit, jeden Moment ins Hier und Jetzt zu treten und absolut lebendig zu sein.

Schenkt man nur dem jeweiligen Augenblick Aufmerksamkeit, bietet das eine gute Ausgangsbasis für ganz neue Möglichkeiten.

Sind wir auf den gegenwärtigen Moment ausgerichtet – wie wir uns fühlen, was wir denken –, sind wir in der Lage, unsere Angewohnheiten zu durchschauen. Wir können erkennen, mit welcher Vehemenz wir etwas »nicht mögen« oder wie wir aus Gewohnheit auf bestimmte Vorfälle reagieren. Ich lernte einmal einen Mann kennen, der zu mir sagte: »Seit ich in Rente bin, denke ich viel mehr über mich nach; mir wurde klar, wie langweilig es war, mich immer wieder über das Gleiche aufzuregen und dann frustriert zu sein.« Indem er Augenblick für Augenblick auf sein Denken achtete, konnte der Mann erkennen, wie sein Geist ständig bewertete. Er sagte, es sei erstaunlich, wie festgefahren und vorhersehbar sein Gehirn »in sechzig kurzen Jahren« geworden war. Er konnte beobachten, wie seine Gedanken in Richtung Selbstmitleid, Sehnsucht und Frustration abwanderten. Nun lernte er also praktisch neu, wie man sich auf das Leben bezieht – doch dieses Mal richtig!

Der Mann erklärte, dass einfaches Meditieren einmal am Tag seiner inneren Weisheit enorm zuträglich gewesen sei. Indem er täglich eine Weile zur Ruhe kam, war er in der Lage zu erkennen, wie sein Verstand widerstreitende Gedanken schuf, wobei das Wohlergehen des Denkenden völlig außer Acht blieb. Stellt man also nur einen Bezug *zu* seinen Gedanken her, ohne sich *auf* sie zu beziehen, ist das eine befreiende Erfahrung. Der Mann sagte, dass ihm noch immer Gedanken wie »Das bringt mir nichts« oder »Ich werde meiner Arbeit und Verantwortung nicht gerecht« durch den Kopf gingen. Doch er reagiert darauf nicht mehr mit Angst oder Hass, sondern er lässt solche Gedanken einfach aus seinem Bewusstsein ziehen. Anstatt sie zum Abendessen einzuladen und ihnen zu gestatten, ihn in Aufregung zu versetzen, würdigt der Mann diese Gedanken und lässt sie los, wobei er ihnen die eingeschränkte Bedeutung beimisst, die sie verdient haben.

Stellen Sie sich nun einen Moment Ihre eigenen Gedanken vor. Welche quälen Sie und halten Sie ab, sich Ihren Ruhestand so zu gestalten, wie andere es sich nur erträumen können? Würden Sie derartige Gedanken nicht so ernst nehmen, wären Sie offen und es stünden Ihnen unbegrenzte Möglichkeiten zur Verfügung. Achten Sie genau darauf, welche Gedanken Ihr Denken dominieren und welche Ihnen Enttäuschung bereiten. Nehmen Sie sie wahr, doch beziehen Sie sich anders auf sie. Anstatt sich als Opfer dieser Gedanken zu fühlen, machen Sie sich klar, dass Sie derjenige sind, der sein Denken beherrscht. Sie halten die Trümpfe in der Hand! Während Sie nun Ihre Gedanken beobachten, können Sie eine Entscheidung treffen: Welche sind so relevant, dass es sich lohnt, ihnen nachzugehen, und welche sind Ihnen nicht mehr willkommen? Für mich ist dieser Ansatz in die Tat umgesetzte Meditation und der Schlüssel zu einem traumhaften Ruhestand.

Eine ehemalige Lehrerin erzählte mir einmal, dass sie ihren Ruhestand genutzt habe, um wieder etwas an kindlicher Unbeschwertheit zurückzugewinnen. Sie sagte, sie habe im Lauf der Jahre Hunderte von Kindern heranwachsen sehen, die zu ernst geworden seien. Sie hatten ihre Naivität und damit ihr Gefühl für die Wunder des Lebens verloren. Fast ausnahmslos hatte sie beobachtet, wie die Kinder lernten, ihre Gedanken zu ernst zu nehmen – und zwar nicht nur die vorteilhaften, sondern auch solche, die ihre Stimmung trübten.

Von Kindern können wir viel lernen. Eines der am besten gehüteten und doch einsichtigsten Geheimnisse des Glücks ist folgendes: Um ein glückliches Leben zu führen – egal in welchem Lebensabschnitt –, bleibt man im Hier und Jetzt und ist für jeden Augenblick dankbar. Erstaunlich einfach, aber mehr braucht es wirklich nicht! Wie die Beobachtung von Kindern beweist, wird jede Tätigkeit zu einer Quelle der Freude, wenn man sich völlig auf das einlässt, was man gerade tut. Vieles, was kleine Kinder machen, ist an sich eigentlich gar nicht so interessant – Steine sammeln, Blätter aufhäufen, auf einen Baum klettern, mit sich selbst reden oder sonst etwas –, und dennoch sind diese Kinder meist fasziniert vom Leben. Sie erfahren ganz normale Dinge als etwas Außergewöhnliches. Der Grund dafür ist einfach: Sie vergleichen diese Erfahrungen nicht mit anderen. Sie denken nicht: »Mein Job wird bestimmt einmal interessanter sein als das hier.« In genau dem Moment, in dem ein Kind denkt: »Blätter sammeln ist langweilig«, wird diese Tätigkeit es wirklich. Das ist kein Zufall! Sobald ein Kind nämlich meint, dass das Aufhäufen von Blättern Zeitverschwendung ist, sehnt es sich nach etwas Interessanterem.

Ich habe sehr oft erlebt, wie diese mentale Dynamik jemandem den Ruhestand entweder verdorben oder aber verschönert hat. Betrachtet jemand eine Tätigkeit als »weniger wichtig« als das, was er vorher getan hat, fühlt sich dieser Mensch im Stich gelassen, gelangweilt und entmutigt. Glaubt jemand andererseits, dass jeder Tag etwas Besonderes und gleichermaßen wichtig ist, dann ist seine Welt wie ein Buch, das nur darauf wartet, gelesen zu werden.

Der interessanteste Aspekt an der Sache scheint mir, dass Zufriedenheit in der Rente nicht nur mit »positivem Denken« zu tun hat; sie geht erheblich tiefer und ist gleichzeitig viel einfacher. Mit anderen Worten: Sie müssen sich nicht einreden, dass Ihnen etwas besonderen Spaß macht – Briefmarken sammeln, Vögel beobachten, reisen, mit den Enkeln zusammen sein und was sonst noch alles –, wenn es einfach nicht stimmt. Der Trick besteht nicht darin, so zu tun, als würde man an etwas Freude haben, oder sich zu einer bestimmten Denkweise zu zwingen. Die

Idee ist, einen Schritt beiseite zu treten, Abstand zu gewinnen und das eigene Denken zu beobachten. Es ist faszinierend zu sehen, wie der eigene Verstand das Glückspotenzial sabotiert. Achten Sie auf das, was sich innerlich tatsächlich abspielt, ist das eigentlich eine ganz schöne Show!

Hin und wieder gerate auch ich in die Falle. Gestern Abend zum Beispiel versuchte ich zum ersten Mal seit Monaten nach meiner Knieverletzung zu joggen. Ich war gerade mal ein paar Hundert Meter weit gekommen, als meine Knie anfingen wehzutun. Ich humpelte also nach Hause.

Fast augenblicklich schaltete sich mein Verstand ein und überzeugte mich, dass ich einfach langsam zu alt fürs Joggen sei. Alle möglichen negativen Gedanken schlichen sich ein. Als ich so dasaß, wurde ich traurig und verfiel in Selbstmitleid.

Ganz plötzlich wachte ich auf, und es wurde mir bewusst, was ich da mit mir anstellte. Ich hatte vorübergehend vergessen, dass schließlich ich derjenige war, der all diese negativen Gedanken schuf, die nun in meinem Kopf herumschwirrten. Als ich mich von ihnen löste, betrachtete ich mein Denken als eine Art Kino. Indem ich es weniger persönlich gestaltete, konnte ich erkennen, wie unschuldig sich dieser Prozess vollzieht und wie leicht man sich eine innere Welt des Schmerzes und der Enttäuschung schafft. Gott sei Dank war ich diesmal in der Lage, Abstand zu nehmen und eine angemessenere Perspektive zu gewinnen. Mein Selbstmitleid verwandelte sich in Dankbarkeit. Schließlich bin ich noch gut zu Fuß.

Wird man dem eigenen Denken gegenüber aufmerksam, ist das, als würde man aus einem bösen Traum erwachen. Stellen Sie sich vor, dass Sie davon geträumt haben, ein kompletter Versager zu sein. Sie waren ein niederträchtiger Mensch, der andere benutzt hat. Als Sie am Morgen aufgewacht sind, waren Sie vermutlich erleichtert, dass es nur ein Traum war. Es ist nicht sehr wahrscheinlich, dass Sie wegen Ihrer Niederträchtigkeit deprimiert waren.

Die Dynamik ist identisch. Wäre ich aus meinem Tagtraum nicht erwacht, der sich nach dem Joggen in meinem Kopf abgespielt hat, dann wüsste ich nicht zu sagen, welche Ausmaße er noch angenommen hätte. Solange ich meinen Gedanken Bedeutung beimesse, erteile ich praktisch die Genehmigung, dass ich mich elend fühle.

Eine meiner schönsten Erinnerungen ist, wie ich als Teenager einmal mit einem hundert Jahre alten Mann redete. Ich fragte ihn: »Warum sind Sie so fröhlich?« Nie werde ich diese Freude in seiner Stimme vergessen, als er mir mit einem Kichern antwortete: »Das ist viel besser als die Alternative.« Er meinte damit natürlich, dass ihm zwei Möglichkeiten zur Wahl stünden: Er konnte, was er ja auch tat, seine Freude an der Tatsache haben, dass er gesund und munter war. Er konnte lachen, lächeln und anderen seine innere Weisheit mitteilen. Er konnte aus jedem Tag, der ihm beschieden war, das Beste machen und ihn genießen.

Als Alternative hätte er sich einreden können, dass seine besten Tage vorüber waren. Er hätte schlechte Laune haben, sich selbst bemitleiden und sich überlegen können, wo er lieber wäre – und welchem Alter er den Vorzug gäbe. Er hätte sich problemlos wirklich als Greis fühlen können. Dazu hätte er nur ein paar Gedanken in diese Richtung ernst nehmen müssen.

Fast genau an dem Tag, als ich diese Strategie niederschrieb, erzählte mir eine gute Freundin, dass sie in Rente gehe. Sie sagte mir, welche praktischen Ratschläge sie befolgen wollte. Da sie in ihrem Beruf eine glückliche, effiziente Frau gewesen war und sich auch auf ihren Ruhestand freute, hörte ich genau hin, was sie zu sagen hatte.

Sie meinte, wenn man in Rente gehe, solle man an all das denken, was man gern getan hätte, wäre der verflixte Job nicht gewesen; wenn jemand bereits im Ruhestand ist, gilt das natürlich genauso. So vieles wurde nie in die Tat umgesetzt - reisen, meditieren, ein neues Hobby anfangen, mit dem Auto durchs Land fahren, eine bessere körperliche Kondition aufbauen, Golf spielen lernen, entspannen, eine karitative Arbeit tun, mehr lesen und so weiter. Früher war dafür nie Zeit gewesen, jetzt aber schon!

Der Rat ist einfach: Nutzen Sie Ihre Zeit! Ob Sie vor zwanzig Jahren in Rente gegangen sind oder das nächste Woche tun werden, jetzt ist der Zeitpunkt gekommen. Nutzen Sie die Tatsache, dass Sie weniger Verpflichtungen haben. Freizeit kann ein Segen oder ein Fluch sein. Es kommt ganz darauf an, wie man sie sieht.

Es gilt auch einiges zu berücksichtigen, wenn der Partner oder die Partnerin in Rente geht. Dann muss man zur Kenntnis nehmen, dass alles anders wird - nicht besser oder schlechter, sondern anders. Es ist wie bei frisch Verheirateten: Man muss sich anpassen. Wenn Sie diese Tatsache respektieren, sich eine angemessene Sichtweise bewahren und auch Ihren Sinn für Humor, wird es aller Wahrscheinlichkeit nach klappen. Eine meiner liebsten Redensarten ist folgende: »Zünden Sie eine Kerze an, anstatt die Dunkelheit zu verfluchen.« Dies passt wunderbar zum Thema Ruhestand. Seien Sie so geduldig, aufbauend und enthusiastisch wie nur möglich, statt den Partner herunterzumachen oder durch Mäkeleien zu entmutigen. Ganz zwanglos sollten Sie alles tun, damit Ihr Partner seinen Ruhestand als eine einzigartige Gelegenheit begreift, das Leben voll auszuschöpfen. Hat er Schwierigkeiten, sich an die neue Situation zu gewöhnen, führen Sie ihn sanft an all die neuen Möglichkeiten heran.

Sie sollten Ihrem Partner allerdings auch liebevoll Grenzen setzen, damit Sie sich nicht gegenseitig auf die Nerven gehen. Es besteht kein Grund, die eigenen Aktivitäten aufzugeben, bloß weil dem Partner plötzlich mehr Zeit zur Verfügung steht. Auch wenn Sie liebevoll und aufbauend sind, fällt es nicht in Ihre Verantwortung, das neue Leben des Partners zu gestalten. Sind Sie es gewohnt, sich nur abends und am Wochenende zu sehen, ist es schon viel Zweisamkeit, wenn Sie dafür keine eigenen Aktivitäten planen.

Und schließlich ist der Ruhestand auch eine spannende Zeit für Sie beide. Er ist eine Chance nicht nur für Ihren Partner, sondern auch für Sie selbst, neue Interessen zu entwickeln. Mein Rat für Sie ist recht simpel: Lassen Sie es sich heute gut gehen, egal in welchem Alter Sie gerade sind. Haben Sie vor, bald in Rente zu gehen, oder sind Sie schon pensioniert, dann herzlichen Glückwunsch! Machen Sie den heutigen Tag zum schönsten in Ihrem Leben. Sie sind wirklich nur einen Gedanken weit von der Realisierung entfernt.

35 Lebenskrisen und Stimmungen

Vor ein paar Jahren setzte sich einmal im Flugzeug ein Mann neben mich. Da wir uns auf dem gleichen Flug ein paar Monate vorher bereits getroffen hatten, war es, als wären wir bereits alte Bekannte. Etwa eine halbe Stunde nach dem Start sagte er mir, dass er sich von seiner Frau scheiden lassen wolle. Er habe wochenlang darüber nachgedacht, seine Entscheidung sei endgültig.

Ich weiß noch, dass dieser Mann bei unserer ersten Begegnung viel glücklicher gewirkt hatte. Meine Intuition sagte mir, dass er in einer schrecklichen Verfassung war. Anstatt also sofort auf seine Scheidung einzugehen und seiner Entscheidung zuzustimmen, hörte ich erst einmal zu, was er zu sagen hatte. Nach einer Weile versuchte ich, das Gespräch auf positivere Themen zu lenken. Ich sagte oder tat nichts Besonderes. Ich hörte einfach nur zu.

Während der nächsten Stunde passierte etwas absolut Seltsames. Die Stimmung des Mannes wurde besser, und er wirkte fröhlicher. Er erzählte mir sogar ein paar Witze – wobei er keinen Alkohol getrunken hatte!

Ohne zu versuchen, eine therapeutische Haltung einzunehmen, fragte ich ihn einfach, was mit ihm und seiner Frau los sei. Besser gestimmt, ging er nun viel philosophischer an das Thema heran. Er sprach von ein paar persönlichen Aspekten und dachte auf einmal darüber nach, worin sein eigener Anteil bei dem Eheproblem bestand. Es schien, als sei er plötzlich ein anderer Mensch.

Als das Flugzeug schließlich landete, änderte er seine Meinung hinsichtlich der Scheidung. Er sagte etwas, das für mich alle wichtigen Entscheidungen und in der Tat alle Lebenskrisen in einen neuen Blickwinkel rückte. Er sagte nämlich: »Gott sei Dank habe ich nicht gehandelt, als ich in so deprimierter Stimmung war.«

Die Definition von »Stimmung« in »Webster's Collegiate Dictionary« lautet: »Der emotionale Zustand oder die Lebensanschauung eines Menschen zu einem bestimmten Zeitpunkt.« Ich denke, das ist eine der wenigen wirklich wichtigen Definitionen, mit denen wir arbeiten können, um unsere Sicht der Dinge zu verbessern.

Denken wir einmal über den tieferen Sinn dieser Definition nach. Für mich sind die Schlüsselworte »zu einem bestimmten Zeitpunkt«. Das legt nahe, dass Stimmungen ständigen Veränderungen unterliegen. Sie sind Fluktuationen in der Qualität unseres Denkens und unserer Wahrnehmung. Das ergibt für mich Sinn. Wie sieht es bei Ihnen aus?

Eine »gute Stimmung« bedeutet meines Erachtens, dass Sie sich sicher und relativ ausgeglichen fühlen. Sie sind nicht aufgeregt, in keiner Abwehrhaltung und nicht gestresst. Wie nehmen Sie im Allgemeinen unter solchen Bedingungen das Leben wahr? Ich will Ihnen ja die Worte nicht in den Mund legen, aber ich schätze, dass Ihre Sicht der Dinge generell gesund ist. Sind Sie in guter Stimmung, erscheint Ihnen das Leben angenehm. Sie empfinden dann vermutlich Dankbarkeit, dass Sie eine Familie und Freunde haben. Ihr Beruf und Ihre Karriere haben Bedeutung. Sie sind voller Hoffnung. Übt jemand Kritik an Ihnen, bewerten Sie sie nicht über. Bekommen Sie eine schlechte Nachricht, wissen

Sie effizient damit umzugehen. Müssen Sie eine wichtige Entscheidung treffen, tun Sie das mit Umsicht. Ich will hier nicht sagen, dass Sie blind für die Tatsachen sind oder unrealistisch optimistisch und glücklich – sondern nur, dass Sie festen Boden unter den Füßen haben.

Eine schlechte Stimmung haben Sie meiner Definition nach, wenn Sie das Gefühl haben, mit dem linken Fuß zuerst aufgestanden zu sein. Aus keinem ersichtlichen Grund sind Sie negativ, zynisch und pessimistisch. Es mangelt Ihnen an Perspektive und an innerer Weisheit.

Denken Sie einmal über Folgendes nach: Das Leben, die Umstände, Probleme, Streitpunkte, Herausforderungen und Hürden existieren für alle gleichermaßen, doch jeder sieht sie völlig anders! Unsere Stimmung vermag uns wahrlich zu einem Denken zu verführen, das uns vorgaukelt, dass alles viel schlimmer ist, als es tatsächlich der Fall ist. Aus einer gewissen Distanz betrachtet, ist das faszinierend. Unser Leben kann den Anschein haben, als habe es sich verändert – was aber nicht stimmt. Denken Sie an den Mann, mit dem ich mich im Flugzeug unterhalten habe. Er hatte die gleiche Frau wie zwei Stunden zuvor. Er hatte die gleiche Geschichte mit ihr. Und doch entwickelte er zwei völlig unterschiedliche Sichtweisen – unter dem Einfluss von einzig und allein seiner Stimmung. Als er niedergeschlagen war, wollte er sich scheiden lassen. Als seine Stimmung sich hob, wollte er, dass seine Ehe eine Wendung zum Besseren nahm.

Heißt das, dass nichts so schlimm ist, wie es uns in einer schlechten Stimmung erscheint? Absolut nicht. Es gibt viele Fälle, in denen die Stimmung nicht den Ausschlag gibt und unsere Wahrnehmung sich nicht ändert. Zum Beispiel ändert natürlich nicht jeder seine Einstellung gegenüber einer Scheidung, bloß weil seine Laune besser ist. Es ist nicht der Punkt, die Bedeutung von

Stimmungen überzubetonen, sondern sich vielmehr ihres potenziellen Einflusses bewusst zu werden.
Ich verbrachte einmal zwei Tage hintereinander mit einem Mann, der gerade in Rente gegangen war. Am ersten Tag war er über die Vorteile seines Ruhestands begeistert. Er sprach von der Freiheit, der Möglichkeit zu reisen und welch einen Spaß er haben würde. Er war in einer Superstimmung.
Der nächste Tag stellte sich allerdings ganz anders dar. Er schien völlig vergessen zu haben, dass wir uns bereits über seine Rente unterhalten hatten, und äußerte sich nur negativ über seinen Ruhestand. Dieser bedeutete für ihn einen Mangel an Verantwortung – Langeweile eben. Er bedeutete für ihn auch, dass er alt und wertlos war. Ich musste ihn einfach fragen: »Aber was war gestern? Ich dachte, Sie würden sich auf Ihren Ruhestand wirklich freuen.« Er antwortete mir: »Ich war in einem Irrglauben und habe die Dinge nicht klar gesehen.« Es war offensichtlich: Der Mann war in einer schlechten Stimmung!
Nehmen wir einmal an, Sie müssen mit Ihrem heranwachsenden Sohn oder Ihrer Tochter über Drogen reden. Ist einer von Ihnen schlecht gelaunt – oder noch schlimmer, Sie beide –, wie stehen dann die Aussichten auf ein wirkungsvolles Gespräch? Ich würde sagen, so ziemlich bei null. Denn die meisten Leute nehmen eher eine Abwehrhaltung ein und sind engstirniger, wenn sie schlechter Laune sind. Sich dessen bewusst zu sein ist eine vortreffliche Gabe. Sie haben dann bei allen Aspekten des Lebens einen enormen Vorteil. Berücksichtigen Sie die Stimmung eines anderen Menschen – oder Ihre eigene –, sind Sie nämlich in der Lage, Überreaktionen mit einzuplanen. Sie können vorhersehen, wann der andere – oder Sie selbst – in die Defensive geht. Es gelingt Ihnen, Kommentare nicht so persönlich zu nehmen. Sie erweitern Ihren Blickwinkel, was fast immer hilfreich ist.

Aus Erfahrung mit meiner eigenen heranwachsenden Tochter kann ich Ihnen sagen, dass der richtige Zeitpunkt entscheidend ist. Ein Gespräch über ein bestimmtes Thema kann liebevoll und effektiv sein – oder bitter und nutzlos. Es hängt weitgehend von der Stimmung von Vater oder Mutter und dem Kind ab.

Das gleiche Prinzip gilt für den Ehepartner, den Freund oder die Freundin, die Arbeitskollegen, ja sogar die Bekannten. Sind Sie sich Ihrer Stimmung bewusst und reagieren einfühlsam auf die von anderen, macht das die Kommunikation erheblich einfacher. Offen gestanden, ist es recht riskant, mit einem schlecht gelaunten Gegenüber – oder wenn man selbst in schlechter Stimmung ist – ein wichtiges Gespräch zu führen, außer es ist Ihnen klar, was mit aller Wahrscheinlichkeit passieren wird.

Natürlich lässt sich oft nichts daran ändern, dass Sie oder Ihr Gesprächspartner schlechte Laune haben. Das ist nicht so schlimm, wenn Sie den Einfluss von Stimmungen respektieren, und Sie können lernen, das Gehörte mit Vorsicht zu genießen.

Meine Frau Kris zum Beispiel hat es zu einer wahren Meisterschaft gebracht, wenn es darum geht, mit schlecht gelaunten Zeitgenossen umzugehen – vor allem mit mir. Sie spürt es, wenn ich nicht gut drauf bin, und nimmt mich dann nicht so ernst. Damit Sie mich nicht missverstehen: Kris macht sich nicht über mich lustig und ignoriert mich auch nicht, und es gefällt ihr natürlich nicht, wenn ich schlechte Laune habe. Aber sie reagiert auf meine Stimmung einfach nicht über.

Kris ist klug genug zu wissen, dass alle Leute in schlechter Stimmung Sachen sagen und tun, die ihnen bei guter Laune nie in den Sinn kämen. Sie weiß, dass ich dann eher in die Defensive gehe, unvernünftiger bin und mehr überreagiere als sonst. Sie plant diese Tatsache mit ein und nimmt sie deshalb nicht zu persönlich. Sie gibt mir den Raum, mich deprimiert zu fühlen, und

vertraut darauf, dass ich aus dem Tief schon wieder herauskommen werde. Bislang hatte sie immer Recht.
Das Gegenteil dieses klugen Verhaltens wäre, sich die schlechte Stimmung von jemandem stets zu Herzen zu nehmen. Sie können sich vorstellen, wie schmerzlich das wäre. Beispielsweise geben Kinder in schlechter Stimmung alle möglichen Gemeinheiten von sich. Wer klug ist, dem ist klar, dass es ihnen nicht ernst damit ist – sie lassen nur Dampf ab. Da man weiß, dass sie nur aus einer Laune heraus reden, kann das sogar ganz amüsant sein – bis zu einem gewissen Punkt natürlich.
Ich möchte Ihnen vorschlagen, allen Menschen einen gewissen Freiraum für ihre Stimmungen zu gewähren. Ist jemand, mit dem Sie zusammenarbeiten, schlecht gelaunt, sollten Sie versuchen, das als eine Phase zu sehen, die vorübergeht. Anstatt alles Mögliche hineinzudeuten oder viel Aufhebens darum zu machen, gestatten Sie Ihren Mitmenschen einfach diese Stimmung, ohne ihre Negativität persönlich zu nehmen. Wenn jemand Sie anblafft oder kurz angebunden ist, lassen Sie ihn einfach in Ruhe. Es besteht keine Notwendigkeit, die schlechte Stimmung noch zu schüren, indem man überreagiert oder versucht, ihr auf den Grund zu gehen.
Machen Sie ein Experiment und genehmigen Sie sich den gleichen emotionalen Freiraum. Sind Sie deprimiert, lassen Sie es zu. Wie ein Regenschauer zieht die Stimmung dann meist einfach ab, wenn Sie nicht wie wild versuchen, alle Gründe aufzuspüren, weshalb Sie sich momentan so fühlen. Bedenken Sie, dass Ihnen immer scheinbar stichhaltige Argumente einfallen werden, wenn Sie gerade ein Tief haben. Sie geben dann Ihrem Job die Schuld, Ihrer Familie, Ihrer persönlichen Geschichte, der Wirtschaft, den Politikern und was Ihnen sonst noch gerade passt. Doch all das wird Ihnen ganz anders erscheinen, sobald sich Ihre Stimmung hebt.

Stellen Sie fest, dass Sie ein Stimmungstief haben, ist es überaus wichtig, sich selbst gegenüber großzügig und einfühlsam zu sein. Berücksichtigen Sie Ihre Stimmungslage bei Ihren Entscheidungen. Verschieben Sie wichtige Entscheidungen - vor allem solche, die Ihr Leben verändern –, bis Sie wieder zu einer angemessenen Sichtweise zurückgefunden haben. Können Sie nicht abwarten, erinnern Sie sich zumindest daran, dass Sie mehr Abwehrmechanismen, Überreaktionen und Negativität als sonst an den Tag legen. Indem Sie sich darauf einstellen, können Sie die Auswirkungen der schlechten Stimmung oft überwinden.

Kürzlich bat man mich beispielsweise, an einer Veranstaltung teilzunehmen. Ich war in einer fürchterlichen Stimmung, und mein erster Impuls war, sofort abzulehnen. Das Einzige, was mich rettete, war, dass ich mir meiner schlechten Laune absolut bewusst war; deshalb sagte ich mir, dass ich die Sache an einem anderen Tag ganz anders sehen könnte. Ich hatte Recht. Ein paar Tage später, als ich mich nicht so überfordert und irritiert fühlte, erschien mir die Einladung sogar ganz amüsant. Hätte ich die Macht der Stimmungen nicht respektiert, hätte ich vermutlich gleich zum Telefon gegriffen und abgesagt.

Bisweilen haben manche Leute etwas gegen diese Art, Stimmungen zu betrachten, weil sie meinen, dass das Verhalten von jemandem entschuldigt werden soll. Ich kann Ihnen versichern, dass das nicht der Fall ist. Mit anderen Worten: Macht jemand etwas falsch, liegt es mir fern zu sagen: »Ach, er hatte halt schlechte Laune.« Wenn jemand Sie zum Beispiel in irgendeiner Weise missbraucht, werfen Sie diese Strategie über Bord und holen Sie sich Hilfe. Ich spreche hier auch nicht von ernsthaften Problemen mit der Stimmung wie beispielsweise Depressionen, die eine medizinische Behandlung erforderlich machen können.

Hier ist die Rede von etwas ganz anderem: von ganz alltäglichen, normalen Stimmungen, die uns alle betreffen. Ich spreche davon, wie wir lernen können, in unserem Denken und bei unseren Reaktionen Korrekturen anzubringen. Tun wir das, erweitert das unseren Blickwinkel in fast allen Situationen.

Ich habe einmal einen netten Brief von einer Leserin bekommen, die mir eine total simple Geschichte schrieb – aber eine, die ihr Leben verändert hatte. Ihr Sohn, ein Teenager, kam nach der Schule immer ins Haus gestürmt. Sie hatte sich nie groß Gedanken über Stimmungen gemacht und sie auch nicht berücksichtigt. Sie nahm deshalb das Benehmen ihres Sohnes persönlich und brüllte dann zum Beispiel zornig: »Was ist denn mit dir heute los?« Der Junge ging seinerseits in die Defensive und antwortete etwa: »Lass mich bloß in Ruhe!« Dieses Verhaltensmuster wiederholte sich monatelang.

Als die Frau etwas über Stimmungen lernte, vollzog sich eine Veränderung. Eines Tages stürmte ihr Sohn wieder einmal durch die Tür. Doch anstatt es persönlich zu nehmen, zeigte sie Mitgefühl. Anstatt ihn anzubrüllen, lächelte sie und bewahrte sich ein offenes Herz. Sie wusste, dass er nur eine fürchterliche Laune hatte, und es wurde ihr jetzt klar, dass niemand mit Absicht ein Tief hat. Spaß macht das nämlich keinem. Zum ersten Mal dachte sie sich: »Das wird schon wieder.«

In der Einstellung des Jungen vollzog sich ein dramatischer Wandel. Er spürte die Liebe und Akzeptanz. Er hielt sogar an der Treppe inne, um auf seine Mutter herabzublicken. Mit feuchten Augen sagte er: »Tag, Mom. Ist schon alles in Ordnung mit mir.«

Wenn man mit Stimmungen respektvoll umgeht, hat das die unterschiedlichsten Auswirkungen. Ein Mann erzählte mir neulich, dass er in der Arbeit jemanden entlassen musste. Das tat er dann auch, wobei er allerdings seine und die Stimmung des anderen mit berücksichtigte. Er sagte, dass es ihm dennoch schwer gefallen sei, dass er jedoch in der Lage gewesen sei, den Augenblick zu wählen, als der Mitarbeiter, der entlassen werden sollte, in der bestmöglichen Verfassung war. Insgesamt, meinte er, sei alles so gut gelaufen, wie es unter solchen Umständen überhaupt möglich ist. Anstatt in Panik zu verfallen oder ärgerlich zu werden, fragte der entlassene Mitarbeiter seinen Chef, ob er ihm einen Tipp geben könne, was nun zu tun sei. Sie verabredeten sich, um bei einem gemeinsamen Mittagessen darüber zu reden. Das ist ein hervorragendes Beispiel, wie man aus einer schlimmen Situation das Beste machen kann. Hätte der Mann einen anderen Zeitpunkt gewählt, um seine schlechte Nachricht zu überbringen, hätte das Ergebnis weniger positiv und produktiv ausfallen können.

Stimmungen sind etwas Komisches. Wir alle haben Tausende. Es ist tröstlich zu wissen, dass die meisten vorübergehen. Sie kommen und gehen wie die Gezeiten des Ozeans. Meiner Erfahrung nach gehen sie recht schnell vorbei, wenn wir einfach feststellen, dass sie da sind, ihren Einfluss respektieren und sie dann auf sich beruhen lassen. Indem wir den Einfluss unserer Stimmungen auf unser Leben mit einplanen, nehmen unsere innere Weisheit und unsere Geduld in vielerlei Hinsicht zu. Das Ergebnis ist, dass wir Lebenskrisen viel besser meistern können.

36 Meditation

Vor dem Schreiben meditiere ich immer. So habe ich mich auch heute, bevor ich dieses Kapitel angefangen habe, zwanzig Minuten in stiller Meditation hingesetzt. Es war eine sehr friedliche Zeit. Für mich sind das die wichtigsten zwanzig Minuten am Tag. Auch wenn es nicht unbedingt erforderlich ist, täglich zu meditieren – und es gibt natürlich viele Tage, an denen ich es nicht tue –, so entscheide ich mich doch so oft wie möglich dafür. Meist setzt die Meditation einen schönen Akzent, der dann den restlichen Tag fortschwingt. Sie lässt mich weniger hektisch sein und hilft mir, mich emotional ausgeglichener zu fühlen. Nach dem Meditieren neige ich deutlich weniger dazu, auf die Ereignisse des Tages überzureagieren. Ich sehe alles von einer höheren Warte. Es fällt mir auch leichter, im Hier und Jetzt zu bleiben – und mich auf das zu konzentrieren, was ich gerade tue, oder auf die Person, mit der ich rede. Das hilft mir, mit anderen besser zurechtzukommen.

Ist mein Geist ruhig, bin ich ein besserer Zuhörer, was sich darin äußert, dass ich viel schneller lerne und verstehe. Es besteht kein Zweifel, dass ich klarer denken kann, wenn mein Verstand zur Ruhe gekommen ist. Dies ist sehr hilfreich, wenn es Entscheidungen zu treffen gibt, mir unterlaufen dann weniger Fehler.

Ein anderer Vorteil der Meditation ist, dass wir uns unserer tieferen Kreativität öffnen. Ich bin sicher nicht der einzige Autor, der sich auf eine »anders geartete« Intelligenz verlässt, die ich zum Schreiben heranziehe. Viele Schriftsteller, Künstler, Liedermacher, Dichter, Geschäftsleute und generell kreative Menschen sind sich einig, dass originäre Gedanken selten aus unseren Erinnerungen kommen. Unsere Einsichten stammen vielmehr aus einem tieferen, ruhigeren Ort jenseits unseres Intellekts. Erinnerungen sind eigentlich nichts weiter als alte, wieder aufgegriffene Gedanken. Mit anderen Worten: Die meisten Gedanken hat man vorher schon gedacht. Deshalb sind sie nicht übermäßig interessant und sicher auch nicht originell.

Kreative Einsichten tauchen aus einer Quelle jenseits von uns auf; sie wird gern als kosmische Intelligenz bezeichnet. Mit dieser Intelligenz können wir nicht in Verbindung treten, indem wir einen bewussten Versuch unternehmen oder uns den Kopf voll machen. Wir bekommen Zugang, wenn der Kopf frei ist und der Geist ruhig – und wenn wir zuhören. Sind wir ruhig genug, wird uns klar, dass diese Einsichten nur angenommen werden müssen. Der schwierigste Part dabei ist das Zuhören.

Es fällt uns so schwer, weil wir es gewohnt sind, jedem Gedanken, der uns zufällig in den Sinn kommt, nachzugehen. Er ist da – und wir denken über ihn nach. Die Folge dieser geistigen Betriebsamkeit ist, dass viele Menschen frustriert sind, wenn sie zum ersten Mal zu meditieren versuchen. Es war ihnen nie bewusst, wie hektisch und lärmend der Geist sein kann. Unternimmt man einen Versuch, zur Ruhe zu kommen, ist das Ergebnis oft ein Gewirr aus Gedanken, Plänen, Ideen und Sorgen.

Um zu einer neuen Denkweise außerhalb der Schablonen zu finden, ist ein beruhigter Verstand, den keine Erinnerungen beeinträchtigen, jedoch unerlässlich. Nur aus einem ruhigen Ort tief im Innern vermögen neue Ideen aufzusteigen. Ich habe keinen Zweifel, dass wir alle diese innere Weisheit oder tiefere Intelligenz besitzen. Es ist faszinierend zu beobachten, was passiert, wenn jemand zum ersten Mal mit dieser Art zu denken konfrontiert wird. Plötzlich scheint selbst die komplizierteste Situation relativ einfach. Man hat mich einmal gebeten, bei einer Familie therapeutisch zu intervenieren, die eine Menge Probleme hatte. Ohne so recht zu wissen, was ich tun und wo ich anfangen sollte, bat ich die fünf, die Augen zu schließen und zu atmen. Das war für alle schwierig, weil es ihr erster Impuls war, sich in die Haare zu geraten und zu streiten. Jeder hatte auf seine Weise das Gefühl, dass es wichtig sei, den anderen zu beweisen, dass er beziehungsweise sie Recht habe. Als Einzelpersonen und als Familie waren sie ständig in der Defensive. Das Einzige, was sie wirklich konnten, war, einander ins Wort zu fallen und einen Riesenradau zu veranstalten. Keiner von ihnen wusste, wie man zuhört. Es war ein Stress, sich in ihrer Gegenwart aufzuhalten, und ich konnte mir gut vorstellen, wie schwer man es in so einem familiären Umfeld haben musste.

Ich leitete diese Familie also zu einer sehr einfachen Meditationsübung an und versuchte, allen zu helfen, etwas zu entspannen und zur Ruhe zu kommen. Dann ließ ich sie einen nach dem anderen die Augen öffnen, während die übrigen Familienmitglieder ihre Augen geschlossen hatten. Während sie die anderen so ansahen, bat ich sie, in deren Richtung Liebe zu schicken. Ich war angenehm überrascht, dass dieser Vorschlag nicht auf Zynismus oder Sarkasmus stieß.

Als dann alle die Augen öffneten, bat ich jeden Einzelnen, sein Denken möglichst ruhig und still zu halten und sein Herz weit zu öffnen. Ich legte allen nahe, dass sie, wenn sich aggressive Gedanken, Schuldzuweisungen und Anklagen einstellten, diese Gedanken mit Freundlichkeit anstatt mit Hass behandeln und dann loslassen sollten.

Anschließend bat ich sie, auf einem Blatt Papier zu notieren, was sie in ihrem Herzen als die beste Möglichkeit empfanden, als Familie voranzukommen. Als ich die Antworten einsammelte, war ich perplex, was ich da vor mir sah. Alle fünf Familienmitglieder hatten so ziemlich die gleichen Worte niedergeschrieben, nämlich: »Wir müssen einsehen, dass der andere keine bösen Absichten hegt, aufhören, uns gegenseitig die Schuld zu geben, und einen guten Familientherapeuten finden.« Nachdem ich die Antworten vorgelesen hatte, umarmte mich die Gruppe und es flossen sogar ein paar Tränen.

Ich wusste aus persönlicher Erfahrung, dass die Meditation ein mächtiges Mittel ist, aber ich hatte keine Ahnung, dass sie auf eine ganze Familie so tief wirken würde. Einfach einmal für zehn Minuten zur Ruhe zu kommen gestattete es ihrem natürlichen Mitgefühl und ihrer Liebe füreinander, sich zu zeigen. Seit dieser Zeit habe ich die Erfahrung gemacht, dass derartige Geschichten keine Seltenheit sind. Die schlichte Wahrheit ist, dass Meditation wirkt, wenn man ihr nur eine Chance gibt.

Ich habe von einer Studie gehört, in der das Führungspersonal von großen und kleinen Firmen gebeten wurde zu beschreiben, zu welcher Tageszeit es die besten Einfälle hat. Die drei häufigsten Antworteten lauteten: unter der Dusche, im Auto und im Urlaub. Wenn Sie einmal darüber nachdenken, sind alle drei Angaben mit Orten verbunden, an denen der Verstand relativ klar ist. Anders ausgedrückt: Die besten Einfälle hatten die Bosse nicht bei irgendwelchen Besprechungen, wenn sie sich das Gehirn zermarterten. Wenn schon die Ruhe unter der Dusche inneren Scharfsinn hervorbringt – welch profunde Ideen entstehen dann erst durch die Praxis der Meditation.

Für mich ist es einer der bedeutendsten Vorteile des Meditierens, dass ich auf Widrigkeiten anders reagieren kann, und zwar auf eine Weise, die mir zuvor völlig fremd war. Es ist ein feiner Unterschied: Es ist mir möglich, etwas nicht mehr als fürchterliche Katastrophe zu betrachten, sondern als hart, aber durchaus bewältigbar. Die Meditation bewirkt, dass sich unsere Sichtweise in eine positivere Richtung wendet.

Wie das Schicksal so spielt, verlor ein lieber Freund von mir seinen Vater, während ich gerade an dieser Strategie arbeitete. Er erklärte mir, dass es ihm sehr bei der Bewältigung helfe, seinen Geist mit Hilfe von Meditation zu beruhigen. Er sagte mir, dass die Meditation seinen Schmerz lindere und gleichzeitig sein Herz dem Mitgefühl weit öffne. Sie gestattete es ihm, sich frei und ganzheitlich zu fühlen. Die Meditation half ihm, von seinen Freunden und Verwandten die Liebe zu bekommen, die er brauchte, und sich auch mit seinem Vater liebevoll verbunden zu fühlen, selbst nach seinem Tod.

Ich habe eine ähnliche Erfahrung gemacht. Muss ich schwere Zeiten durchstehen, ermöglicht die Meditation es mir, Liebe und Unterstützung von meiner Familie und von Freunden zu erhalten. Anstatt in Zeiten größter Not die anderen wegzustoßen, bin ich in der Lage, die Liebe zu empfinden, die sie mir zuteil werden lassen. Normalerweise ziehe ich mich eher zurück und habe nur mit einigen engen Freunden und Familienmitgliedern regelmäßig Kontakt. Doch ich weiß, dass es mir hilft, bei jeglichem Schmerz ein offenes Herz für all die zu haben, die mir Beistand leisten. Die Meditation ist das Mittel, das mir in dieser Hinsicht am hilfreichsten war. Ich fühle mich durch sie mit meinen Nächsten wie auch allgemein mit meinen Mitmenschen verbunden.

Ich lernte einmal eine Frau kennen, die unbedingt ihrem Vater verzeihen musste. Ihr Groll auf ihn hatte seinen Tribut gefordert, und alle Versuche, sich dieser Gefühle zu entledigen, waren gescheitert. Sie hatte alle möglichen Therapien ausprobiert und jedes Buch zu dem Thema gelesen, das sie nur auftreiben konnte. Wieder war die Meditation die Rettung. Wie bei der vorhin erwähnten Familie ließ die Meditation ihre Abwehrmechanismen zurückgehen und half ihr, die Unschuld zu erkennen. »Unschuld erkennen« heißt natürlich nicht, so zu tun, als wäre etwas nicht passiert, oder auch schlechtes Benehmen zu entschuldigen. Es handelt sich vielmehr um die Fähigkeit, ein milderes Herz zu haben und auf diese Weise im anderen den fehlbaren Menschen zu sehen – selbst wenn einem das vorher nie möglich war. Lassen die Abwehrmechanismen nach, lässt auch der Schmerz nach, der entsteht, wenn man zu sehr an etwas festhält.

Meditation ist ein Geschenk, das man sich selbst macht, und ich kann sie Ihnen gar nicht genug empfehlen. Es handelt sich um eine Zeitspanne jenseits von der Geschäftigkeit, dem Durcheinander, Chaos, Lärm und der Stimulation des Tages. Meditation ist eine Zeit der Ruhe und Stille, um sich einzustimmen, zuzuhören und zu beobachten – wie der Geist arbeitet.

Ich sehe die Sache so: Der Tag hat 1440 Minuten. Wenn Sie von rund acht Stunden Schlaf ausgehen, bleiben Ihnen noch knapp 1000 Minuten im Wachzustand pro Tag. Es ist unglaublich, welch ein Ausmaß an Stimulation die meisten in diese Minuten packen. Da wären Radio, Fernsehen, Zeitungen und Computer. Der Anrufbeantworter, E-Mails, das Telefon und andere Kommunikationsmittel. Man muss planen, sich hetzen, sich durch den Verkehr kämpfen und natürlich auch arbeiten. Nicht zu vergessen sind die Kinder sowie die Verantwortung und die Verpflichtungen, die mit ihnen einhergehen. Es gibt gesellschaftliche und spirituelle Aufgaben. Außerdem sind da noch die Hausarbeiten. Man muss kochen und putzen und anderen Leuten einen Gefallen erweisen. Es gilt, Rechnungen zu bezahlen und Entscheidungen zu treffen. Man muss an vieles denken und unendlich viel erledigen. Manche Menschen verlassen sich auf uns, andere sind womöglich enttäuscht von uns. Aus allen Richtungen prasseln Lärm und Anforderungen auf uns ein, unbarmherzig und ohne Unterlass. All das wirkt von außen auf uns ein.

Meditation ist eine kurze Zeitspanne jenseits vom Trubel und Wahnsinn der Welt. Sie ist eine Zeit zum Nachdenken, und zwar ohne Anstrengung und Zwang. So mancher meint vielleicht, die Meditation sei ein Versuch, der Realität zu entfliehen. Das ist absolut nicht der Fall. Meditation ist das Gegenteil von Eskapismus. Die Meditation ermöglicht es uns, einen umfassenderen Zugang zur Welt zu finden. Sie lässt uns erwachen. Wir trainieren dann nämlich unseren Verstand, klarer zu sehen, was sich in just diesem Moment abspielt, und schließen Frieden damit. Anstatt das Leben, wie es sich uns präsentiert, zu beurteilen, lernen wir, es Augenblick für Augenblick anzunehmen.

Während der Meditation vermögen wir vor allem zu erkennen, wie sich unsere Gedanken ausprägen – was sie tun, wohin sie gehen und wie sie in uns eine enorme Verwirrung erzeugen. Mit Hilfe der Meditation sind wir in der Lage, Abstand zu gewinnen und zu beobachten, wie sich winzige Gedanken zu wahren Monstern auswachsen, die uns überzeugen wollen, dass es vieles gibt, weswegen man Angst haben oder Ärger empfinden muss. Da sich widerstreitende Gedanken um unsere Aufmerksamkeit bemühen, kann unser Geist aus einem schönen Leben eine einzige Katastrophe machen. Mein Ziel beim Meditieren ist es, diese Gedanken zu beobachten und sie ziehen zu lassen, ihnen einfach zu gestatten davonzudriften, wie ein Baumstamm, der auf einem Fluss treibt.

Das Wort »Einsicht« lässt sich in zwei Silben zerlegen: »ein« und »Sicht«. Einsicht entsteht, wenn man sich nach innen wendet, um herauszufinden, was hinter all dem Denken steht. Sie hilft einem, die treibende Kraft hinter all der Verwirrung, Hektik, Frustration, Angst und dem Ärger zu »sehen«.

Edgar Cayce sagte: »Beten ist wie mit Gott zu sprechen. Meditation bedeutet, Gott zuzuhören.« Genau das ist meine Erfahrung. Wenn ich meditiere, fühle ich mich mit Gott verbunden, da ich das subtile Wispern der Einsicht und der Richtungsweisung zu hören vermag. Es ist sehr tröstlich und vermittelt mir das Gefühl, nie allein zu sein.

Ich könnte Seiten füllen mit dem Versuch, Ihnen die Kunst der Meditation nahe zu bringen. Ich möchte jedoch einfach Ihr Interesse wecken. Es gibt viele hervorragende Bücher über die Meditation. Zurzeit überzeugt mich besonders »The Best Guide to Meditation« von Victor N. Davich. Doch findet man in den Buchläden und Bibliotheken noch viele andere gute Titel. Außerdem werden überall Seminare angeboten. Vielleicht haben Sie ja Glück, und ein Sport- oder Freizeitclub in Ihrer Nähe erteilt preiswerten Unterricht, sodass Sie einmal hineinschnuppern können. Oft sieht man auch am schwarzen Brett in Cafés oder Supermärkten Kursangebote.

Ich hoffe jedenfalls, dass Sie die Meditation ernsthaft für sich in Betracht ziehen. Wenn ja, sollten Sie sich ihr eine gute Weile widmen, da ein bisschen Übung erforderlich ist, bis man den Dreh heraus hat. Schwierig ist die Meditation nicht, ihre Vorteile sind allerdings enorm. Alle Lebenskrisen lassen sich besser meistern.

37 Zu einem ausgeglichenen Beschluss kommen

Als ich mich einmal mitten in einer persönlichen Krise befand und kämpfte, um eine Lösung zu finden, wandte ich mich an eine kluge Freundin wegen eines Ratschlags. Sie schlug mir etwas vor, das in vieler Hinsicht meine Art und Weise, ernste Probleme zu betrachten, verändern sollte. Sie sagte nämlich Folgendes: »Richard, was du wirklich brauchst, ist ein ausgeglichener Beschluss.« Ihre Worte trafen mich wie ein – sanfter – Blitz! Seitdem habe ich diesen Vorschlag – und diese Weisheit – auf zahlreiche komplexe Themen angewendet.

Das Wort »Beschluss« bedeutet, dass man hinsichtlich eines Sachverhalts zu einer definitiven und ernsthaften Entscheidung gelangt. Auf spiritueller Ebene assoziiere ich es mit »Frieden schließen«. Hat man wegen etwas einen Beschluss gefasst, kann man die Sache hinter sich lassen und voranschreiten. Ich habe zum Beispiel einmal einen Mann und eine Frau gekannt, die lange miteinander befreundet waren. Beide rangen mit der Frage, ob sie heiraten sollten oder nicht. Schließlich entschieden sie sich dagegen. Ob das nun gut oder schlecht war, zumindest der Beschluss war gefasst. Der mentale Stress, den das Fällen einer Entscheidung bedeutet hatte, war verschwunden.

Das Problem an solchen Beschlüssen besteht vor allem in der Art und Weise, wie wir an die jeweilige Sache herangehen – einen

Konflikt im Beruf, eine private Angelegenheit, eine weit reichende Entscheidung oder dergleichen. Wenn wir uns unsicher sind, womit wir es überhaupt zu tun haben, nehmen wir schnell eine Abwehrhaltung ein, werden aggressiv oder erzwingen womöglich eine Antwort. Wenn man so um eine Lösung ringt, bekommt man es einerseits schnell mit der Angst zu tun, andererseits ist man engstirnig. Wegen dieser Unsicherheit ist es unserer inneren Weisheit nicht möglich, sich zu entfalten. Stattdessen verheddern wir uns in unseren Gedanken und rennen oft mit dem Kopf gegen die Wand. Wir gehen an die Sache mit Verzweiflung und Verwirrung heran und akzeptieren manchmal jede Lösung, die dann keineswegs die beste ist.

Indem wir uns um ein wahrhaftiges Gefühl der Ausgeglichenheit bemühen, können wir eine starke und kluge Entschlusskraft erlangen, die uns dann die richtige Richtung weist. Das muss nicht unbedingt heißen, dass Sie die richtige Antwort wissen, sondern dass Sie darauf vertrauen, dass Ihnen zum gegebenen Zeitpunkt schon etwas einfallen wird.

Es ist interessant festzustellen, dass es durchaus bereits hilfreich sein kann, wenn man *nur* ausgeglichen ist. Allerdings genügt dies nicht immer, das hängt von der Situation und der persönlichen Perspektive ab.

Ich habe eine ganze Reihe Leute kennen gelernt, die »ausgeglichen« waren, was ihren Ruhestand anging. Ihre Einstellung war: »Da mache ich mir keine Sorgen. Das wird schon klappen.« Leider klappte dann gar nichts.

Es fehlte hier der »Beschluss«. Es war ein Plan notwendig, das Engagement, alles Notwendige zu tun, um einen angenehmen Ruhestand zu gewährleisten. Ich bin überzeugt, dass das Ergebnis ganz anders ausgefallen wäre, wenn diese Leute beide Komponenten bedacht hätten – die Ausgeglichenheit *und* den Beschluss.

Ein Beschluss kann ebenfalls eine gute Ausgangsbasis darstellen, fehlt es dabei jedoch an innerer Weisheit, kann sich die vermeintliche Lösung als Irrtum erweisen und einem nur noch mehr Frustration und Durcheinander bescheren.

Einmal führten drei Schwestern, die in einem Familienbetrieb tätig waren, einen persönlichen Kleinkrieg. Mir schien, dass sie einen guten Familientherapeuten oder geschäftlichen Berater benötigten. Eine der Schwestern war allerdings recht ungeduldig und forderte eine Lösung bis zum kommenden Freitag. Sie krempelte die Ärmel hoch und machte Druck. Bei den anderen Schwestern stand sie schon in dem Ruf, immer zu drängeln, und ihre aggressive Haltung unterstrich diesen Eindruck. Ihre Hartnäckigkeit passte den anderen nicht.

Schließlich war der Freitag gekommen, und die drei unterschrieben widerwillig einen »Kompromiss«, mit dem niemand so recht glücklich war, auch die hartnäckige Schwester nicht. Das Geschäft wurde unnötig beschleunigt, und das Ergebnis war dann eine schlechte »Lösung«. Die Frauen waren verbittert, und selbst ich als Außenseiter konnte sehen, dass sie auch in Zukunft fortwährend kämpfen würden.

Es gibt Zeiten, da wissen wir in unserem tiefsten Inneren, was wir tun müssen. Doch weil wir uns nicht wohl fühlen oder auf unsere Zweifel hören – oder die von jemand anderem –, sind wir zögerlich, kommen zu keinem Resultat oder geben vor, wir wüssten nicht, was tun. Ein perfektes Beispiel für dieses Dilemma findet sich oft bei Eltern.

Nehmen wir einmal an, Ihre Tochter hat gegen eine ernste Regel verstoßen und Ihre Autorität missachtet. Sie sehen sich nun der unangenehmen Situation ausgesetzt, Ihrem Kind eine wichtige Lektion im Leben erteilen zu müssen. Im Grunde Ihres Herzens wissen Sie, dass es die beste Lösung wäre, Ihrer Tochter ein Privileg zu streichen, etwas, an dem ihr wirklich viel liegt. Doch sie widersetzt sich lautstark und versucht, Ihnen Schuldgefühle zu machen. Sie brüllt und schreit und führt ein Dutzend Entschuldigungen an. Sie bittet und bettelt und verspricht, dergleichen nie mehr wieder zu tun. Dann sagt sie Ihnen, was für ein gemeiner Vater beziehungsweise eine gemeine Mutter Sie sind und dass Sie schuld daran sind, dass sie so unglücklich ist. Sie spüren förmlich, wie Sie immer kleiner werden. Sie fühlen sich förmlich zerrissen, denn die Rolle des gemeinen Typs passt Ihnen nicht.

Wenn Sie Kinder haben, dann wissen Sie, wie leicht man bei solchen Angriffen nachgibt und wie schwer es ist zu wissen, was zu tun ist. Es ist nie einfach, unpopuläre Maßnahmen zu ergreifen, und das gilt bei den eigenen Kindern ganz besonders. Wenn Sie nicht die Ruhe bewahren, geraten Sie in Verlegenheit und werden wütend. Wie oft sehen wir das jeden Tag? Andererseits läuft man Gefahr, ohne Beschluss zu leicht dem Druck nachzugeben, und dann ist man zu milde. Leider lernt Ihre Tochter so nur, dass Sie manipulierbar sind. Wie oft werden Sie Zeuge, dass ein Vater oder eine Mutter seine beziehungsweise ihre angekündigten Konsequenzen wirklich durchzieht?

Mit einem ausgeglichenen Beschluss hat man leichter den Glauben, dass man das Richtige tun wird, und setzt es auch um. Ausgeglichenheit bedeutet bei diesem Beispiel, dass Sie die Ruhe bewahren. Sie wissen, dass Sie die klügsten Entscheidungen treffen, wenn Sie bei klarem Verstand sind und sich nicht aufregen oder Sorgen machen. Haben Sie das Gefühl, von diesem Weg abzukommen, können Sie dieses Gefühl nutzen, um sich zu sagen, wie wichtig es ist, ruhig zu bleiben. Sie nehmen einige sanfte Korrekturen vor und steuern sich wieder zurück zu einer ausgeglichenen Gefühlslage.

Der Beschluss entsteht, wenn Sie sich immer wieder erinnern, dass Sie das Richtige tun und dass Sie das Herz am richtigen Fleck haben. Die Entscheidung, die Sie getroffen haben, beruhte nicht auf einer impulsiven Reaktion, sondern entsprang einem ruhigeren Ort der Weisheit. Sie wissen, dass alles gut verlaufen wird, wenn Sie sich die richtige Richtung weisen und ihr dann folgen.

Ein ausgeglichener Beschluss ist hilfreich bei fast allem, was man durchmacht. Ich lernte einmal eine Frau kennen, die ein schreckliches Feuer in den Bergen von Oakland in Nord-Kalifornien überlebt hatte, eines der schlimmsten in der Geschichte. Ihr Zuhause und alle ihre Versicherungspolicen und Wertpapiere waren vernichtet. Es war ein Albtraum, das lässt sich nicht leugnen. Ich werde jedoch nie vergessen, welch einen beruhigenden Einfluss sie auf die anderen Opfer der Katastrophe ausübte, indem sie allen sagte: »Keine Sorge, diesen Schlamassel packen wir schon. Das wird wieder.« Es war offensichtlich, dass sie, obwohl sie keine Ahnung hatte, wie sich eine derart ernste Situation bereinigen ließe, wirklich *wusste*, dass sie ins Lot kommen würde. Ihre Worte waren nicht nur eine nette Aufmunterung, sondern eine wahre Quelle des Trostes. Diese Frau wusste im Grunde ihres Herzens, dass sich alles regeln würde, wenn sie die Ruhe bewahrte und eins nach dem anderen machte.

Vielleicht haben Sie ja Freunde, die Ihnen schon hundertmal gesagt haben: »Ich höre mit dem Rauchen auf« – oder mit dem Alkohol, dem Glücksspiel oder sonst was. Nach einer Weile nehmen Sie diese Freunde allerdings nicht mehr beim Wort, obwohl Sie sie gern haben. Sie wissen, dass es ihnen nicht ernst ist. Schließlich haben Sie das alles schon zig Mal gehört.

Doch dann sagt dieser Freund Ihnen eines Tages dasselbe noch einmal. Aber diesmal ist es anders. Sie wissen nicht, woran es liegt – aber Sie sind sich sicher, dass es diesem Menschen wirklich ernst ist. Seine Stimme ist nicht lauter. Seine Lebensumstände haben sich nicht unbedingt verändert. Doch etwas an der Art, wie er sich ausdrückt, überzeugt Sie, dass er es nun wirklich schaffen wird. Dieses »Etwas« ist der ausgeglichene Beschluss. Etwas im Innern Ihres Freundes wurde angerührt – sein Vertrauen, seine Weisheit oder Stärke. Er spürt das zum ersten Mal und vertraut darauf.

Es handelt sich dabei um das gleiche ruhige Zutrauen, das es uns gestattet, alle Lebenskrisen irgendwie zu meistern. Ob es sich um eine Rechnungsprüfung des Finanzamts handelt oder um das Organisieren der Beerdigung eines uns lieben Menschen, wir brauchen den Glauben, dass wir damit zurechtkommen. Haben wir diesen Glauben, treffen wir unter den gegebenen Umständen die bestmöglichen Entscheidungen. Ich denke, man kann behaupten, dass eine Situation nicht zu meistern ist, wenn sie sich mit einem ausgeglichenen Beschluss nicht in den Griff kriegen lässt.

Mir ist keine Technik bekannt, die Ihnen so einen ausgeglichenen Beschluss vermitteln könnte. Er stellt sich wohl eher ganz natürlich ein, wenn wir darauf vertrauen, dass es das Beste ist, was wir als Menschen tun können. Unsere innere Intelligenz und Quelle der Weisheit wird aktiviert, wenn wir auf ihre Existenz vertrauen. Haben wir dieses ehrliche Vertrauen und das Herz am richtigen Fleck, dann offenbart sich uns unsere innere Weisheit – fast grenzenlos. Wir bewegen uns auf die klügsten und angemessensten Entscheidungen zu.

Ich machte einmal mit einem guten Freund eine Rucksacktour, auf der wir uns verirrten. Gott sei Dank wusste er, wie man einen Kompass benutzt und wie man Markierungen interpretiert. Auch wenn er sich nicht sicher war, wohin der Weg uns führte, hatte er doch das absolute Vertrauen, dass wir schon in die richtige Richtung gehen würden. Für ihn zählte nur das; mehr brauchte es nicht. Nach seinem Gutdünken setzten wir einen Fuß vor den anderen, bis wir schließlich genau wussten, wo wir waren. Ich habe ihn für dieses ruhige Zutrauen immer bewundert.

Ich denke oft an diese Rucksacktour, wenn ich über einen ausgeglichenen Beschluss nachdenke. Auch hier setzt man Vertrauen in etwas Unbekanntes. Es geht nicht darum, sich einzureden, etwas zu wissen, wenn das eigentlich nicht der Fall ist. Das wäre auch idiotisch. Es geht eher darum, auf seine innere Stimme zu hören, die weiß, was als Nächstes zu tun ist. Und wenn sie es nicht weiß – dann weiß sie, dass sie es nicht weiß.

Sich einem ausgeglichenen Beschluss zu überantworten ist eines der tröstlichsten Gefühle, die man sich nur vorstellen kann. In einer nicht planbaren, verwirrenden Welt gibt uns das die Hoffnung, dass alles ins Lot kommen wird. Wir bekommen einen Ausgangspunkt, etwas, mit dem wir trotz der vielen unbekannten Variablen arbeiten können. Versuchen Sie es einmal – Sie werden hinterher froh sein.

38 Verzeihen

Für die Gesundheit und innere Stärke eines Menschen kann ich mir nichts Wichtigeres vorstellen, als sich im Verzeihen zu üben. Wir vergeben nicht nur, um anderen etwas Gutes zu tun, sondern vor allem für unseren eigenen Seelenfrieden. Wenn wir das Verzeihen in unseren Alltag und unsere spirituelle Praxis integrieren, können wir Ärger, Groll und Angst loslassen. Sind wir nicht in der Lage zu verzeihen, werden unser Herz und unser Denken wahrscheinlich mit der Zeit von Hass, Bitterkeit und Verwirrung getrübt.

Meiner Einschätzung nach hat es in der Geschichte der Menschheit nie einen Zeitpunkt gegeben, zu dem es wichtiger gewesen wäre zu verzeihen. Nach den Terroranschlägen vom 11. September 2001 haben viele ihr Herz abgeschottet. Vielen ist die Vorstellung zu vergeben unvorstellbar. Leider geht unsere emotionale Verhärtung weit über die Unfähigkeit hinaus, den Terroristen zu vergeben, und macht sich nun in vielen Aspekten unseres Alltags bemerkbar. Zynismus ist an der Tagesordnung, was sicher einem Sieg der Übeltäter gleichkommt.

Ob wir nun über etwas so Schreckliches wie Terrorismus oder über eine leidvolle Erfahrung sprechen, die erheblich weniger katastrophal ist, es ist in jedem Fall wichtig zu erkennen, was Verzeihen *nicht* ist. Verzeihen ist nicht dasselbe wie etwas zu entschuldigen oder unverzeihliche Taten oder Verhaltensweisen zu akzeptieren. Es handelt sich nicht um Apathie oder so etwas zu sagen wie: »Na ja, da muss ich drüber hinwegkommen.« Verzeihen ist kein Synonym für Schwäche oder einen Mangel an Entschlussfähigkeit. Es bedeutet nicht, dass Sie nicht für das Recht eintreten und Unrecht bestrafen. Sie können eine bestimmte Handlungsweise absolut verurteilen, unermüdlich daran arbeiten, dass dergleichen nie wieder geschieht, und doch mit dieser Handlungsweise so umgehen, dass Sie sich Ihre Gesundheit und Ihr psychisches Wohlbefinden bewahren können. Auf diese Weise kommen Sie im Leben voran und schöpfen neue Kraft.

Vor Jahren hörte ich einmal eine Geschichte über das Verzeihen, die meine Wahrnehmung der vielen – erheblich weniger schlimmen – Ungerechtigkeiten, die mir widerfahren sind, verändert hat. Es wurde das Kind einer Frau entführt und nie mehr aufgefunden. Nach unvorstellbaren Qualen öffnete die Frau ihr Herz dem Verzeihen. Sie sagte, dass ihr Leben und das ihrer Lieben ohne diesen Schritt zerstört gewesen wäre. Sie erklärte, dass ohne das Verzeihen Alkohol- und Drogenmissbrauch praktisch unausweichlich sind. Die Frau beschrieb das Verzeihen als liebevolle Umarmung eines geliebten Menschen. Es hat die Kraft, Hass, Trauer und Rachegedanken zu beseitigen. Negative Energie wird freigesetzt. Zu verzeihen gab ihr die Möglichkeit, die Tatsache anzunehmen, dass das Leben »ist, wie es ist«. Das soll nicht heißen, dass es uns immer gefällt – natürlich nicht. Doch das Verzeihen ermöglicht es uns, zu akzeptieren »was ist«, und so voranzukommen.

Eine andere Geschichte berührte mich ebenfalls sehr und vermittelte mir eine neue Perspektive. Eine erwachsene Frau erzählte mir, dass ihre Mutter sie nach der Geburt im Stich gelassen habe – sie war mutterseelenallein im wahrsten Sinn des Wortes. Als sie heranwuchs, war sie voller Feindseligkeit, Wut und Verwirrung. Ihr Leben bestand nur aus Unglück und Problemen. Viele Leute, selbst ihre Therapeuten, hatten keine Hoffnung mehr, dass diese Frau je ein effizientes, glückliches Leben führen könnte.

Irgendwann traf sie eine Freundin, die sie trotz ihrer starken Widerstände vom Wert des Verzeihens überzeugte. Es dauerte eine Weile, doch schließlich war sie in der Lage zu vergeben – und zwar nicht oberflächlich, sondern zutiefst und von Herzen. Sie beschrieb das Verzeihen auf eine Weise, die an Jesus Christus erinnerte. Genau sagte sie: »Es ist einfach zu verzeihen, wenn *du* weißt, dass *sie* nicht wusste, was sie damals getan hat.« Es wurde ihr klar, dass ihre Mutter nie so etwas Schreckliches und Egoistisches gemacht hätte, wenn sie einen Funken an Mitgefühl und menschlicher Wärme gehabt hätte. Sie wusste, dass ihre Mutter enorm litt. Entschuldigte diese Frau nun die Handlungsweise ihrer Mutter? Natürlich nicht. Wie viele Opfer mit so einer Erkenntnis setzte sie sich schließlich dafür ein, dass andere solche Qualen nie durchmachen müssen. Sie verzieh ihrer Mutter nicht im Sinn einer freundlichen Geste, sondern um selbst ihre Lebensfreude wiederzufinden. Zu verzeihen war ein Mittel, um überleben zu können.

Und dann ist da noch die Geschichte von einem buddhistischen Mönch. Er und sein Freund, ebenfalls ein Mönch, waren vor Jahren gefangen genommen worden. Beide hatte man misshandelt und gefoltert. Irgendwann einmal fragte der Mönch seinen Freund, ob er seinen Schergen verzeihen würde oder nicht. »Niemals«, erwiderte dieser. Die Antwort des Buddhisten trifft den Kern dieser Strategie. »Dann fürchte ich, dass du für immer ein Gefangener bleiben wirst«, sagte er.

Ich habe einmal gehört, wie der Dalai Lama seine »Feinde« als »meine Freunde, die Feinde« bezeichnete. Sein ausgeglichener

Beschluss, die Dinge ins Lot zu bringen, steht für mich außer Zweifel. Ich hatte immer das Gefühl, dass er weiß, dass Hass und Groll ihm gar nichts nützen. Gewalt und Hass sind absolut sinnlos und sogar kontraproduktiv.

Nach einem Vortrag kam einmal ein Mann auf mich zu, um mir unter vier Augen zu sagen, dass ich leicht über das Verzeihen reden könne, denn schließlich hätte ich nicht seine Eltern gehabt. Er argumentierte, dass sich Vergebung theoretisch gut anhöre, in einigen Fällen jedoch unrealistisch sei. Ich erzählte ihm die Geschichte von der Frau und ihrem entführten Kind und sagte ihm, dass mir schon klar sei, dass ich nie auch nur annähernd so viel erlitten habe. Ich habe jedoch von vielen Leuten Geschichten gehört, die bewiesen, wie heilsam es ist zu verzeihen. In all den Jahren hat mir noch keiner gesagt: »Ich habe ihm verziehen – und das bedauere ich jetzt.« Ich gehe davon aus, dass mir dergleichen auch nie unterkommen wird. Wie Sie kann ich nur hoffen, von all denen zu lernen, die ihren Schmerz in Vergebung verwandeln konnten.

Zu verzeihen ist ein so praktisches Hilfsmittel, wie wir es uns nur schaffen können. Eines der stärksten Argumente zugunsten des Verzeihens ist sicher, dass es in unserem besten Interesse liegt. Denken Sie einmal darüber nach. Welche andere Praxis birgt das Potenzial, uns zu helfen, von schrecklichen Schmerzen befreit zu werden? Was sollte das sein – körperliche Betätigung, gesunde Ernährung, uns das Erreichte aufzuzählen, unserem Ärger Ausdruck zu verleihen, positiv zu denken, irgendwelche Heldentaten zu horten? Mir fällt eigentlich nichts Wirksameres und Effizienteres ein als der bewusste Entschluss zu verzeihen.

Wurden wir mit einer Scheidung, einem Raubüberfall oder sonst einer Tragödie konfrontiert, so ist das Verzeihen für unsere innere Heilung und letztlich unser Glück unabdingbar. Ich würde sogar so weit gehen zu behaupten, dass der einfache Akt des Heranwachsens, die Rebellion gegen die Eltern und das Erwachsenwerden des Verzeihens bedarf. Meiner Einschätzung nach lernen wir entweder, bewusst zu vergeben, oder wir leiden Qualen. Dieses Leiden kann still sein oder kundgetan werden – vorhanden ist es allemal.

Das Verzeihen ist ein zentrales Thema in meinem Leben. Ich wurde nicht schlecht behandelt und musste auch nicht übermäßig viel leiden, bei weitem nicht. Aber im Leben von uns allen passiert manchmal etwas, Fehler werden begangen, wir sind enttäuscht – und dann schleicht sich Groll in unser Herz. Das ist bei uns Menschen eben so. Sind Sie ehrlich, werden Sie vermutlich zugeben, dass Sie manchmal sogar Groll gegen Ihre Lieben hegen – Ihre Eltern, den Ehepartner, Ihre Kinder, ja auf die besten Freunde. Da ist keiner ausgenommen. Selbst jemand, dessen Leben nach außen hin vortrefflich wirkt, macht schmerzliche und verwirrende Erfahrungen.

Dieses Eingeständnis lässt die Praxis des Verzeihens weniger erschreckend erscheinen. Sie können so erkennen, dass Enttäuschung und Groll eine Konstante im menschlichen Leben darstellen. Jeder von uns macht leidvolle Erfahrungen. Sosehr wir uns bemühen, dass es anders wäre, oder die Tatsache leugnen, eine derartige Erfahrung lässt sich einfach nicht vermeiden. Die Realität ist, dass uns manchmal jemand im Stich lässt – wir tun das anderen gegenüber ja auch. Erkennt man diese Tatsache an, erinnert uns das daran, dass wir alle nur Menschen sind und in einem Boot sitzen.

Unter diesem Blickwinkel fällt es leichter, uns selbst zu verzeihen, wenn wir wieder einmal unsere menschliche Unzulänglichkeit unter Beweis gestellt haben. Und wenn es anderen genauso geht, beweist das nur seine Gültigkeit.

Ich erlebte einmal einen seltsamen Zufall, der mit dem traurigen Thema Untreue zu tun hatte. Ich hatte gerade eine Talk-Show angehört, in der eine verheiratete Frau anrief und erzählte, dass sie sehr verwirrt sei, weil sie einen Mann kennen gelernt habe, zu dem sie sich hingezogen fühle. Der Moderator erging sich darin, wie übel und unrecht das sei – obwohl sexuell gar nichts passiert war. Als die Frau auflegte, schwangen in ihrer Stimme Schuldgefühle und noch mehr Verwirrung mit.
Keine zwei Stunden später redete ich mit einer Frau, die mir exakt das Gleiche erzählte. Meine Reaktion und mein Rat fielen jedoch ganz anders aus. Auch wenn ich kein Fachmann bin, habe ich doch immer das Gefühl, dass absolute Ehrlichkeit am meisten Wirkung zeigt. Für mich sind wir alle nur Menschen und somit ähnlichen, wenn nicht identischen Problemen ausgesetzt. Ich schlug ihr also vor, mit ihrem Mann über ihre Gefühle zu sprechen.
Was mit der Frau, die bei der Talk-Show im Radio anrief, passiert ist, habe ich natürlich nie erfahren, vom Schicksal meiner Klientin allerdings schon. Sie sagte mir, dass ihr Mann ihr nicht nur verziehen habe, sondern der Vorfall sie einander sogar noch näher gebracht habe. Sie erzählte mir, dass ihr Mann sehr berührt war, als sie ihm ihre Gefühle beichtete. Er gestand, dass er ähnlich Gefühle auch schon empfunden habe, aber wie sie nie eine Affäre gehabt habe. So war eine Beinahe-Affäre zum Katalysator für eine Verbesserung der Ehe geworden.
Was wäre geschehen, wenn der Mann nicht von Herzen vergeben, sondern mit Engstirnigkeit reagiert hätte? Was wäre gewesen, wenn er außer Acht gelassen hätte, dass auch er nur ein Mensch ist, und wenn er nicht fähig gewesen wäre, die Unzulänglichkeit seiner Frau als allgemein menschliche Schwäche zu erkennen? Er und seine Frau hätten diese neue Nähe nie positiv erfahren können.

Ich möchte hier keinesfalls vermitteln, dass es nicht so schlimm ist, wenn man seinen Ehepartner betrügt oder sonst etwas tut, das unmoralisch ist oder anderen Leid zufügt. Ich will nur sagen, dass das Wissen, dass wir alle nur Menschen sind, es uns leichter macht, zu verzeihen und uns weiterzuentwickeln. Geben wir zu, dass »wir« »sie« sind, sind wir in der Lage, unser Menschsein mit anderen zu teilen. Und hin und wieder gelingt es uns vielleicht sogar, unserer menschlichen Fehlbarkeit eine humorvolle Seite abzugewinnen.

Es gibt verschiedene Stufen des Verzeihens. Die erste Stufe ist, sich bewusst selbst zu verzeihen. Verzeihen Sie sich die Fehler, die Ihnen unterlaufen sind, und die Entscheidungen, die sich als Irrtum erwiesen haben. Verzeihen Sie sich, dass Sie nicht perfekt sind, dass Sie einfach ein Mensch sind.

Als Nächstes verzeihen Sie anderen – allen –, dass sie nur Menschen sind. Verzeihen Sie Ihren Eltern, dass sie nicht perfekt sind, Ihren Nachkommen, dass sie nicht immer für Sie eintreten, und Ihren Freunden, dass sie Sie manchmal verraten. Vergeben Sie Ihren Nachbarn, Geschäftspartnern, Kollegen und allen, wenn sie eigennützig gehandelt haben. Machen Sie sich klar, dass niemand perfekt ist – absolut keiner. Erinnern Sie sich daran, dass es Sie nicht glücklicher macht, wenn Sie ärgerlich reagieren. Je mehr Sie an Ihrem Ärger und Groll festhalten, desto unglücklicher werden Sie sogar.

Und schließlich verzeihen Sie der Welt, dass sie nicht perfekt ist. Vergeben Sie dem Universum, dass es Fehler macht und Sie nicht an die erste Stelle setzt. Verzeihen Sie das Chaos und alles, was Ihnen keinen Sinn zu ergeben scheint. Auch wenn es oft nicht den Anschein hat, weiß Gott schon, was er tut. Irgendwie hat alles seinen Sinn. Das ist wirklich wahr, selbst wenn wir es nicht immer erkennen können. Es gibt verschiedene Meditationen zu dieser Art von mehrfachem Verzeihen. In einem Zustand der Entspannung bitten Sie zuerst alle um Vergebung, denen Sie Schaden zugefügt haben. Dann bitten Sie um die Fähigkeit, all jenen zu verzeihen, die Ihnen Schaden zugefügt haben. Und schließlich bitten Sie um Vergebung für den Schaden, den Sie sich selbst angetan haben. Das ist oft der schwierigste Teil. Wir sind so unnachsichtig uns selbst gegenüber.

Das Vergeben zu üben fängt damit an, dass wir überhaupt bereit sind zu erkennen, dass es in unserem besten Interesse liegt. Wir müssen einsehen, dass Liebe und Vergebung die Eckpfeiler von mentaler Gesundheit und Glück sind. Wollen wir jemandem vergeben, sagt man einfach die Worte: »Ich verzeihe dir.« Das ist eigentlich schon der nächste Schritt – nämlich bereit zu sein, dies auszusprechen: »Ich verzeihe dir diese Unzulänglichkeit.« Oder natürlich: »Ich verzeihe mir diese Unzulänglichkeit.« So simpel es auch sein mag, fühlt man sich doch enorm erleichtert, wenn man vergeben hat.

In der Bibel steht: »Vergib, und es wird dir vergeben werden.« Das ist kein Freibrief im Sinn von: »Ich verzeihe anderen, und dann kann ich machen, was mir passt.« Es soll uns vielmehr erinnern, dass keiner von uns perfekt ist. Es ist leicht für uns, unsere eigenen Unzulänglichkeiten zu rechtfertigen und zu sagen oder zu denken: »Was ich getan habe, war nicht so schlimm, aber jetzt lass mich erst mal erzählen, was man mir angetan hat.«

Manchmal fällt es wirklich schwer zuzugeben, dass auch wir menschliche Wesen sind – mit menschlichen Schwächen. Wir verderben etwas, machen Fehler und treffen falsche Entscheidungen. Wie wäre es, wenn wir, anstatt uns zu ärgern, dass anderen das Gleiche passiert, uns in der Kunst des Verzeihens üben würden? Was, meinen Sie, würde mit dem Hass auf der Welt geschehen, wenn wir als Erste verzeihen würden? Es ist ja vielleicht nicht so angenehm zu glauben, dass man den ersten Schritt selbst tun muss, aber so ist es. Ich möchte meinen, dass wir in einer schöneren Welt leben würden, wenn die Vergebung bei uns zu Hause begänne. Dann wären wir alle viel glücklicher.

39

Sich die Verbindung zwischen Geist und Körper bewusst machen

Seit über zwanzig Jahren interessiere ich mich schon für die Verbindung, die zwischen Geist und Körper besteht. Es ist spannend für mich, endlich einmal die Gelegenheit zu haben, ein paar dieser Gedanken mitteilen zu können.

Zu meiner College-Zeit kannte ich eine Frau, die ein richtiger Gesundheitsapostel war. Sie war ebenso nett wie lebenslustig und gesund! Nach nur einem Blick wusste sie, dass ich Hilfe brauchte. Ich erinnere mich, wie sie freundlich sagte: »Für dein Alter und deine Fähigkeiten als Sportler bist du einfach zu müde und hast zu wenig Energie.« Damals konnte ich nicht gut schlafen, und mit meiner Stimmung und meiner Geduld stand es auch nicht zum Besten.

Sie empfahl mir einen Arzt, der eine ganze Reihe von Allergietests mit mir machte. Das Ergebnis öffnete mir die Augen über die verblüffende Verbindung zwischen Geist und Körper. Die Tests zeigten nämlich, dass ich entweder hypersensibel oder allergisch auf alle möglichen Nahrungsmittel reagierte. Man legte mir also nahe, diese Lebensmittel eine Weile wegzulassen, um sie später eventuell nach und nach wieder zu mir zu nehmen.

Das Ergebnis war, gelinde gesagt, dramatisch. Ich nahm nicht nur ab und schlief besser, sondern fast sofort hob sich auch meine Stimmung, und ich war viel weniger angespannt. Es bestand für mich kein Zweifel, dass der Verzicht auf diese Nahrungsmittel eine enorme Verbesserung meiner Lebensqualität bedeutete, und zwar physisch wie emotional.

Rund zwanzig Jahre später hatte unsere zehnjährige Tochter ebenfalls verschiedene Symptome. Sie hatte enorme Probleme beim Atmen und war extrem launisch. Wir konsultierten einen Arzt, und dieser fragte, ob wir in einen Lebensmittel-Allergietest einwilligen würden. Wegen meiner früheren Erfahrung wollten wir diesen Test selbstverständlich probieren.

Der Arzt schickte uns in ein Labor, wo unsere Tochter durchgetestet wurde. Das Ergebnis war eine schwere Allergie auf bestimmte Nahrungsmittelgruppen. Leider fielen viele ihrer Lieblingsspeisen darunter. Die Geschichte ist noch nicht zu Ende, scheint sich aber positiv zu entwickeln. Wie sie und der Arzt sagen – und soweit wir das sehen können –, verbessern sich die Symptome ständig. Sie wirkt auch irgendwie fröhlicher.

Natürlich sind Lebensmittel nur ein winziger Bestandteil in der Verbindung zwischen Geist und Körper. Wir haben jedoch in den letzten zwanzig Jahren gelernt, dass Körper und Geist auf komplexe Weise miteinander verknüpft sind. Was deshalb für den einen gut ist, ist auch für den andern gut.

Ich bin ein großer Freund von Körperarbeit – Massage, Chiropraktik und Tiefengewebsmassage. Ich hatte eine Reihe von Sitzungen bei einem hervorragenden Therapeuten, als ich einmal ganz plötzlich zu weinen anfing. Mein Schluchzen wurde nicht durch körperliches Unbehagen verursacht, sondern war das Ergebnis von unterdrückten Gefühlen, die durch die Körperarbeit in meinem Innern freigesetzt wurden. Ein Zyniker mag sich über diese Verbindung lustig machen und leugnen, dass sie besteht. Ich hätte das vielleicht auch getan, hätte ich diese Erfahrung nicht am eigenen Leib gemacht und außerdem – als weiterer Beweis – Dutzende von ähnlichen Geschichten gehört. Manchmal ist eine Sitzung mit guter Körperarbeit wie das Pellen einer Zwiebel. Schicht um Schicht offenbart sich, und mit jeder Schicht geht eine emotionale Befreiung einher – manchmal subtil, manchmal auch dramatisch. Nach so einer Sitzung fühle ich mich leichter ums Herz, glücklicher, weniger gestresst und belastet.

Meine liebste Form von Körperarbeit ist Rolfing. Es handelt sich dabei um eine raffinierte Art von tief gehender Körpertherapie, die nach ihrer Begründerin Ida Rolf benannt ist. Rolfer werden am Rolf Institute in Boulder, Colorado, ausgebildet, aber auch in anderen Einrichtungen. Nie werde ich meine erste Sitzung mit Benjamin Shield vergessen. Er ist jetzt mein bester Freund, lebt in Los Angeles und gilt als einer der Besten weltweit auf seinem Gebiet.

Ich war noch auf dem College und ging angespannt und gehetzt zu der Sitzung. Ich überlegte mir, wie lange sie wohl dauern würde, denn ich hatte keine große Lust, doch wegen einiger Verletzungen wollte ich den Versuch unternehmen. Als ich etwa eineinhalb Stunden später wieder ging, war ich ein anderer Mensch. Meine Körperstruktur hatte in dieser einen Sitzung eine enorme Veränderung erfahren und mein ganzes Wesen von seiner Spannung befreit. Ich kann ehrlich sagen, dass ich seitdem nie mehr so angespannt war. Das Ergebnis war bei mir von Dauer. Wie mein Körper losließ, so tat das auch mein Geist. Den größten Schock hatte aber nicht ich, sondern Kris, die mich nach der Sitzung nach Hause fuhr. Sie konnte diese Veränderung und diese Entspannung, die sich in mir vollzogen hatten, einfach nicht glauben. Diese Erfahrung war eine der wichtigsten in meinem jungen Leben. Sie öffnete mir die Augen für die magische Welt der Verbindung zwischen Geist und Körper.

Ich fuhr mit meinen Sitzungen fort und wurde immer entspannter. Meine Prioritäten begannen sich zu verändern. Ich war weniger daran interessiert, mich an anderen zu messen, und wollte ihnen lieber zur Seite stehen. Es ist gut möglich, dass sich mein Leben völlig anders entwickelt hätte und ich heute nicht dieses Buch schreiben würde, wenn ich diese Erfahrung im College nicht gemacht hätte. Die Verbindung von Geist und Körper war für mich wichtig – und für Sie ist sie es vielleicht auch.

Sicher habe ich nicht die Qualifikationen, um eine wissenschaftliche Erklärung abgeben zu können, aber ich darf Ihnen versichern, dass ich mich nach einer guten Sitzung mit Körperarbeit wie Massage, Rolfing oder Chiropraktik zwei oder drei Tage lang sichtlich entspannter fühle. Was mir sonst auf die Nerven ging, kann mir dann gar nichts anhaben. Einmal ließen Kris und ich uns gleichzeitig von zwei sehr guten Therapeuten massieren. Wir waren anschließend so entspannt, dass wir überhaupt keine Abwehrreaktionen mehr zeigten, wie wir feststellten. Unsere Kommunikation, die sowieso schon recht gut war, erlebte einen neuen Höhepunkt. Zwischen unseren Körpern bestand eine unsichtbare Verbindung, da wir entspannter waren als sonst, und dies steigerte unsere Fähigkeit, liebevoll von Herz zu Herz zu kommunizieren. Für mich ist das ein anschauliches Beispiel für die Beziehung von Geist und Körper.

Während eines Meditationskurses lernte ich einmal eine Form der Tiefenatmung kennen. Ich weiß nicht mehr genau, wie sie hieß, aber ich kann Ihnen sagen, dass sie mir in meinem Leben überaus hilfreich war. Man legte uns nahe, zwei oder drei Minuten lang tief durchzuatmen, bevor wir am Abend nach einem langen Arbeitstag unser Zuhause betraten. Die Idee dabei war, dass sich mit dem Atem ein Gefühl der Entspannung schaffen lässt. Anstatt also »atemlos« nach Hause zu stürmen und ungeduldig meine Frau und Kinder zu begrüßen, kam ich nun in entspanntem Geisteszustand nach Hause. Mann, das war vielleicht ein Unterschied! Nicht nur ich, sondern die ganze Familie wurde auf der Stelle ruhiger. Dabei hatte ich doch einzig und allein die Beziehung zu meinem Körper verändert. Ich entspannte meinen Körper, was meinen Geist nachziehen ließ.

Die Verbindung von Geist und Körper lässt sich in Form von Sport am einfachsten herstellen. Es ist seit langem bekannt, dass körperliche Betätigung Endorphine freisetzt, die das Wohlbefinden eines Menschen steigern. Ich bin schon äußerst miesepetrigen Menschen begegnet, die sich schließlich entschlossen, sich mittags nicht den Bauch vollzuschlagen, sondern ein bisschen Sport zu treiben – und der Unterschied war erstaunlich. Die gleichen Leute sahen plötzlich ganz anders aus. Ich weiß jedenfalls, dass ich mich wohler fühle, wenn ich in meinem Leben dem Sport eine gewisse Priorität einräume. Selbst wenn es nur fünfzehn oder zwanzig Minuten am Tag sind, bringt das schon viel. Ich würde Ihnen deshalb raten, Ihren Arzt zu befragen und sich eine Sportart zu suchen, die gut für Sie ist.

Die dramatischsten Beispiele für die Verbindung von Geist und Körper habe ich wohl beim Yoga und in der Meditation erlebt, zwei Techniken, die mein Leben für immer verändert haben. Beide helfen uns, selbst im schlimmsten Chaos inneren Frieden zu finden und auch zu bewahren. Es besteht für mich kein Zweifel, dass diese alten Methoden jedem helfen können, die unvermeidlichen Lebenskrisen besser zu meistern.

Ich habe zwei schulpflichtige Kinder. Ich unterstütze sie natürlich bei allem, was sie lernen müssen, doch irgendwie wäre es mir lieber, wenn ein bisschen von den intellektuellen Inhalten durch emotionale Erziehung ersetzt würde – nämlich durch Yoga, Meditation und Gebete. Wenn ich mir die jungen Leute so anschaue,

sehe ich immer wieder Schüler oder Studenten, die mit Konflikten, Enttäuschungen und Frustrationen nicht umzugehen wissen. Nicht alle, aber doch viele reagieren einfach nur auf ihr Umfeld. Oft sind diese Reaktionen negativ und aggressiv. Meditation und Yoga lehren uns hingegen, in unserer Mitte zu bleiben. Wir lernen, Entscheidungen aus einer Position der Empfänglichkeit und Ruhe heraus zu treffen und nicht einfach hitzig zu reagieren. Sie können sich sicher vorstellen, was mit unserer Welt passieren würde, wenn unsere Kinder nicht nur die notwendigen wissenschaftlichen Inhalte, sondern auch die Fähigkeit, ruhig und glücklich zu bleiben, lernen könnten. Wie Lesen, Schreiben und Rechnen die Eckpfeiler einer guten Allgemeinbildung darstellen, so sind meiner Meinung nach Yoga und Meditation die Eckpfeiler für Freundlichkeit und Kooperationsfähigkeit.
Natürlich sehen sich nicht nur die Kinder beziehungsweise Jugendlichen plötzlich ungewollt dramatischen Konflikten ausgesetzt. Es geht allen anderen genauso. Unser Geist ist mit widerstreitenden Wünschen und Bedürfnissen angefüllt. In der Regel haben wir den Impuls, diesen Wünschen nachzugeben – egal was es kostet. Und wir sind frustriert oder aggressiv, wenn wir nicht bekommen, was wir haben wollen. Yoga und Meditation lehren uns die Kunst, geduldig zu sein – und zu wissen, wann wir besser von etwas Abstand nehmen. Diese beiden Techniken gewähren uns innere Wahlmöglichkeiten. Sie lehren uns, Konflikte zu entwirren, da wir in der Lage sind, eine ruhige Geisteshaltung beizubehalten.
Yoga und Meditation verdeutlichen die Verbindung zwischen Körper und Geist in vieler Hinsicht. Zwei der auffälligsten Entwicklungen, die sich bei Menschen bemerkbar machen, wenn sie diese alten Techniken lernen, sind Geduld und Gegenwärtigkeit. Ondrea Levine sagte einmal Folgendes: »Entweder haben Sie

Geduld oder Sie warten.« Als ich diesen Satz hörte, musste ich lachen, weil mir klar wurde, dass sie völlig Recht hatte. Anders ausgedrückt: Man kann nicht geduldig warten! Es geht nicht. »Warten« bedeutet, dass man damit rechnet, dass bestimmte Bedingungen sich ändern. Man möchte, dass etwas anders ist. Es besteht eine gewisse Unruhe und Ungeduld, weil Sie nicht sind, wo Sie sein wollen.

Geduld ist andererseits die Fähigkeit, die Dinge zu nehmen, wie sie sind. Stehen Sie in einer langen Schlange und haben Geduld, dann gestatten Sie dieser Schlange, sich so langsam fortzubewegen, wie sie es eben tut, ohne mentalen Zwang auszuüben. Auf diese Weise kommt es nicht zu Unruhe und Frustrationen. So einfach ist das.

Wendet man diesen Ansatz auf andere, wichtigere Aspekte im Leben an, kann das den Unterschied ausmachen zwischen einer erfolgreichen, friedlichen Interaktion und einer, die uns letztlich zerstört. Bedenken Sie nur, welchen Stellenwert die Geduld beim Umgang mit anderen hat – ob am Arbeitsplatz, wo es vielleicht Interessenskonflikte zu lösen gilt, oder zu Hause, wo man mit einem sturen Jugendlichen zurechtkommen muss. Mit Geduld sind wir in der Lage, in aller Ruhe und ohne die Orientierung zu verlieren, Konsequenzen aufzuzeigen, anstatt Lektionen zu erteilen. Wir bewahren uns einen kühlen Kopf, anstatt ihn zu verlieren, und können so kluge Entscheidungen treffen, anstatt überzureagieren. Es ist grotesk, aber es gibt kein wirkungsvolleres Gegenmittel für negatives Verhalten als eine ruhige geistige Verfassung.

Gegenwärtigkeit ist eine weitere Gabe, die oft Meditation und Yoga entspringt. Gegenwärtigkeit ist die Fähigkeit, sich im Hier und Jetzt aufzuhalten und sich nicht zu wünschen, woanders zu sein. Wie oft unterhält man sich mit jemandem und schaut gleichzeitig auf die Uhr, weil man mit seinem Alltagskram fortfahren will? Aber sobald man sein nächstes Ziel erreicht hat, fängt alles wieder von vorn an. Von ein paar flüchtigen Augenblicken abgesehen, ist man meist nicht zufrieden, wo man gerade ist, weil man schon einen Schritt weiter ist – indem man über das nachdenkt, was als Nächstes kommt. Doch ist das »Nächste« dann da, beginnt diese innere Dynamik aufs Neue.

Meditieren oder Yoga lernen bedeutet nicht, dass man nie mehr unter Zeitdruck oder in Eile ist. Dennoch fühlen Sie sich längst nicht mehr so gehetzt, wenn es nicht angebracht ist. Die Unruhe verschwindet. Waren Sie je mit jemandem zusammen, der absolut glücklich und zufrieden ist, in diesem Moment bei Ihnen zu sein? Sie konnten deutlich erkennen, dass derjenige nirgendwo lieber wäre. Dies ist einer der tröstlichsten und befriedigendsten Aspekte des menschlichen Wesens. Sie können lernen, diese Qualität die meiste Zeit in Ihr Leben zu integrieren. Sie können den Punkt erreichen, dass andere Ihre Gegenwärtigkeit fühlen.

Gegenwärtigkeit ist ein Zaubermittel, das Sie den anderen näher bringt – Ihrem Ehepartner, den Kindern, Arbeitskollegen, Freunden, ja sogar Fremden. Wirklich wertvoll ist sie allerdings, wenn viel auf dem Spiel steht. Benötigt jemand ein Gegenüber, das zuhört, Beistand leistet und eine Stütze bietet – dann können Sie das sein. Alles fängt damit an, dass Sie die Verbindung zwischen Geist und Körper erkennen. Das Ergebnis ist, dass Sie Möglichkeiten finden, wie der Körper dem Geist dient – und umgekehrt.

Ein lieber Freund von mir ist ein prominenter Yogalehrer, der sein Leben ganz seiner Arbeit verschrieben hat. Kürzlich machte er die schmerzliche Erfahrung, seinen Vater zu verlieren. Ich will Ihnen natürlich nicht weismachen, dass dieser Mann – oder sonst jemand – dem Kummer über den Tod eines geliebten Menschen entgehen konnte. Ich kann Ihnen allerdings sagen, dass seine innere Schönheit und sein herzliches Mitleid es ihm ermöglichten, aus dieser schwierigen Situation das Beste zu machen. Das Yoga hatte ihn gelehrt, in seiner Mitte zu ruhen und sich selbst in schmerzlichen Zeiten ein offenes Herz zu bewahren. Seine Worte waren trotz seines Kummers tröstlich und für alle in seiner Umgebung von Bedeutung. Sein Vater wäre stolz auf ihn gewesen.

Sowohl Yoga als auch Meditation sind mittlerweile sehr beliebt und jedem zugänglich, was ich für eine gute Nachricht halte. Meine momentan liebste Yogazeitschrift heißt »Yoga Journal«. Sie ist voll von guten Artikeln, Ideen und Produkten, die einem den Anfang leichter machen. Aber auch die Bibliotheken und Buchhandlungen halten viele gute Zeitschriften und Bücher zu diesem Thema bereit. Ich möchte Ihnen allerdings empfehlen, noch einen Schritt weiterzugehen und die für Sie richtige Methode zu finden. Sie werden fast unmittelbar einen bedeutenden Unterschied bemerken. Darüber hinaus bereiten Sie sich auf mögliche Lebenskrisen vor.

Die Verbindung zwischen Geist und Körper ist ebenso geheimnisvoll wie spannend. Die Möglichkeiten sind unendlich. Für mich ist es jede Mühe wert, sich damit vertraut zu machen. Die Integration von Körper und Geist verschafft uns im Leben einen Vorteil – nämlich eine friedliche Waffe gegen das Sperrfeuer an ernsten Problemen, dem wir immer wieder ausgesetzt sind.

40 Glück

Als meine Tochter Jazzy noch klein war, wollte eine Freundin von ihr einmal wissen, womit ihr Vater seinen Lebensunterhalt verdiene. Sie antwortete: »Er bringt den Menschen bei, wie man glücklich ist.« Ihre Freundin sagte dann: »Das klingt toll.« Die Kleine hatte Recht – es ist nicht nur toll, sondern ein Privileg! Das Thema ist mir in der Tat so ans Herz gewachsen, dass ich mir gedacht habe, dass ich dieses Buch mit ein paar Gedanken dazu beenden möchte. In diesem Kapitel werde ich die Begriffe »Glück«, »Zufriedenheit« und »inneren Frieden« etwas durcheinander verwenden; sie haben für mich so ziemlich ein und dieselbe Bedeutung.

Nach vielen Jahren stillen Nachdenkens habe ich eine ganze Reihe wichtiger Dinge gelernt. Davon fallen mir zwei hierzu ganz spontan ein: Zuerst einmal glaube ich, dass jeder lernen kann, glücklicher und dankbarer zu sein – zwei Eigenschaften, die Hand in Hand gehen. Ich vertraue darauf, dass Sie glücklich sein können, wie der Titel eines meiner früheren Bücher schon besagte: »Glücklich sein, auch wenn das Leben hart ist«. Viele Leute haben mir geschrieben, um mir mitzuteilen, dass sie es gelernt hätten, klüger und ausgeglichener zu sein, obwohl ihnen Schreckliches zugestoßen war. Ihre größere innere Weisheit und ihre tieferen Einsichten halfen ihnen, mit den Tiefschlägen des Lebens zurechtzukommen. Innerer Frieden und Weisheit ermöglichen es einem Menschen nicht nur, die Härte des Lebens besser zu überstehen, sie fördern auch die Fähigkeit, Mitgefühl zu empfinden, wodurch man besser auf andere eingehen und ihnen helfen kann.

Zweitens ist es wichtig, zur Kenntnis zu nehmen, dass niemand ununterbrochen glücklich ist. Ich bin es sicher nicht und habe auch noch nie jemanden kennen gelernt, bei dem das der Fall gewesen wäre. Ist man mit Menschen zusammen, die sich selbst als »glücklich« bezeichnen, fällt einem sogar auf, dass sie sich nicht einreden, glücklich zu sein, wenn es einfach nicht stimmt. Sie machen kein Aufhebens deshalb. Es ist fast grotesk, aber ich denke, dass dies einer der Hauptgründe ist, weshalb sie glücklich sind. Sie akzeptieren es einfach, wenn sie sich niedergeschlagen fühlen; aber sie bauschen die Sache nicht auf und ergehen sich nicht in Interpretationen. Einer der ausgeglichensten Menschen, denen ich je begegnet bin, sagte einmal zu mir: »Wenn ich mich mies fühle, bemühe ich mich, das nicht als Katastrophe zu betrachten.« Für ihn kam dieser Stimmung kein größerer Stellenwert zu, als eine Entscheidung zu treffen, in welches Lokal er essen gehen will. Er sagte, dass es ihm natürlich nicht passe, wenn er sich mies fühle, dass er aber darauf vertraue, dass »alles ein Ende hat und Gott sei Dank wieder aufwärts geht«.

Als ich mir durch den Kopf gehen ließ, was er gesagt hatte, wurde mir klar, dass er Recht hatte. Ich dachte an die unzähligen Male, als ich selbst niedergeschlagen war, letztlich aber doch wieder mein inneres Gleichgewicht fand. Wie er spiele ich meinen schlechten Gemütszustand nicht herunter und leugne ihn nicht. Ich versuche lediglich zu bedenken, dass meine »Ausgangsbasis« die Zufriedenheit ist. Ich kehre immer wieder zu diesem Gefühl zurück, wenn ich es nur zulasse. Natürlich bin ich manchmal sozusagen von der Rolle; bisweilen mehr, als mir lieb ist. Den-

noch habe ich das Vertrauen, dass ich die notwendigen Korrekturen vornehmen kann.
Ich habe einmal Rabbi Harold Kushner im Radio gehört. Er sprach über die Auswirkungen, wenn Menschen ganz verbissen hinter dem Glück her sind: »Würden sie langsamer machen und eine Kehrtwende vollziehen, hätten sie eine Chance, das Glück wirklich zu erlangen.« Glück ist für jeden griffbereit. Der Trick ist, nicht zu versuchen, danach zu greifen.
Glück ist eine Gemütsverfassung, kein Umstand. Wenn die Umstände und was wir uns wünschen der Schlüssel zum Glück wären, dann wären die meisten euphorisch! Es ist interessant, sich einmal zu überlegen, wie oft wir genau das bekommen haben, was wir uns gewünscht hatten. Sie haben sich dann vorübergehend über diese Errungenschaft, Leistung oder Wunscherfüllung gefreut – um dann wieder in einen Zustand der Sehnsucht nach etwas zu verfallen. Was ist also mit dem Glück passiert? Warum hat es nicht angehalten?
Verstehen Sie mich nicht falsch. Ich bin der Erste, der zugibt, dass er gern kriegt, was er will; es ist mir eine Freude, wenn sich meine Träume und Ziele realisieren. Und ich ermuntere Sie, es ebenso zu halten. Doch es ist ein Irrtum, die Erfüllung seiner Wünsche mit Glück gleichzusetzen. Außerdem ist es nicht notwendig. Es gibt ein altes Sprichwort: »Es gibt keinen Weg zum Glück. Das Glück ist der Weg.« Glück ist ein Gefühl, das im gegenwärtigen Augenblick besteht. Mehr nicht. Aus meiner Perspektive bieten sich im Grunde zwei Ausgangspunkte – oder Ingredienzien –, die es uns ermöglichen, dieses Gefühl öfter im Leben zu empfinden. Solange wir eine der beiden »Zutaten« haben, ist das Glück nie mehr als nur einen Gedanken von uns entfernt.
Zuerst müssen wir unsere Aufmerksamkeit von Dingen, die uns beunruhigen oder sorgen, von Problemen, Gewissensbissen und

Frustrationen abziehen und uns einen klaren Verstand zubilligen. Diese Klarheit ermöglicht uns einen natürlichen Zustand der Zufriedenheit, zu dem auch Fähigkeiten wie eine angemessene Sichtweise, Mitgefühl und Sinn für Humor gehören. Soll das nun heißen, dass es gar keine Probleme und wirklichen Schwierigkeiten gibt, mit denen wir zurechtkommen müssen? Natürlich nicht. Es geht nur um das Bewusstsein, durch das innerer Frieden existieren und erwachsen kann. Nehmen Sie von Ihren Sorgen bewusst Abstand, dann tun Sie das ohne Zwang und ohne Ihre Probleme zu leugnen, sondern vielmehr als Mittel, um den gegenwärtigen Augenblick friedlicher zu gestalten. Wie die Gezeiten des Ozeans Welle um Welle ans Ufer spülen, füllen uns unsere Gedanken ohne Unterlass den Kopf. Sind wir klug, lernen wir, die meisten davon dorthin zurückströmen zu lassen, wo sie hergekommen sind.

Ist es notwendig oder hilfreich, sich auf ein Problem zu konzentrieren, dann müssen wir das natürlich tun. Oft bleibt uns gar nichts anderes übrig. Doch das ist ein anderes Thema. Wovon ich momentan rede, ist die bewusste Fähigkeit und der Wille, von inneren Sorgen Abstand zu nehmen, anstatt sich immer tiefer auf sie einzulassen.

Die zweite »Zutat« zum Glück ist eine Variante ebendieses Bewusstseins, die vielleicht sogar noch wichtiger ist. Es handelt sich um die Fähigkeit, die beunruhigenden Gedanken in unserem Geist überhaupt zur Kenntnis zu nehmen – selbst wenn wir sie nicht loslassen wollen oder können. Erkennen wir unsere Gedanken als rein gedanklichen Akt – anstatt als etwas, wovor man Angst haben muss –, dann können wir es vermeiden, uns in unserem Denken zu verlieren und uns davon überwältigen zu lassen. Wir können von unserem Denken etwas Abstand nehmen und uns anders darauf beziehen – weniger persönlich nämlich. Das ist wie der Unterschied, einen Kinofilm anzusehen oder in einem mitzuspielen. Haben Sie eine etwas distanziertere Haltung, sind Sie in der Lage, Ihre Gedanken zu beobachten, anstatt sich von ihnen kontrollieren zu lassen. Sie fangen dann an, einen Bezug zu Ihren Gedanken herzustellen, ohne sich auf sie zu beziehen. Das ändert alles. Sie neigen dann nicht mehr so zu Überreaktionen und können klügere Entscheidungen treffen.

Wir erfahren Glück entweder im gegenwärtigen Augenblick – oder gar nicht. Wenn Sie feststellen, dass Sie sich sagen oder denken: »Später mal werde ich bestimmt glücklich sein«, ist das ein Warnsignal. Eigentlich sagen Sie nämlich Folgendes: »Irgendwann einmal – später – werde ich die bewusste Entscheidung treffen, meine Aufmerksamkeit von meinen derzeitigen Problemen, Sorgen und Ursachen meines Stresses abzuziehen, und dann glücklich sein können.« Sie sagen also: »Jetzt will oder kann ich das nicht tun, aber später schon.« Sie schieben nur auf, was es jetzt zu tun gilt.

Das Problem ist, dass dieselben rationalen Beweggründe, die Sie momentan vom Handeln abhalten, garantiert später auch vorhanden sein werden. Es gibt immer Vorkommnisse im Leben oder stichhaltige Rechtfertigungen, weshalb man ernst, besorgt, wütend oder unglücklich ist. Immer scheinen irgendwelche Sorgen unsere Aufmerksamkeit mit Recht zu beanspruchen. Unsere persönliche Geschichte bleibt immer gleich – wir haben dieselben Eltern und so weiter. Hatten Sie in Ihrer Kindheit schreckliche prägende Erfahrungen und sind heute vierzig, dann ändert sich an dieser Erfahrung auch nichts, wenn Sie sechzig sind. Ich meine das nicht sarkastisch, sondern eher als Realität, die es zu berücksichtigen gilt. Wenn sich in uns nichts bewegt, können wir nicht zufrieden werden.

Die meisten von uns erkennen natürlich an, dass es stets Probleme gibt. In zehn Jahren sind sie vielleicht weniger gravierend – oder auch schlimmer als heute. Jedenfalls stehen die Chancen gut, dass sie zumindest anders sind. Eines ist jedoch sicher: Probleme existieren. Trotz dieser Tatsache meinen viele, dass sie irgendwann später schon glücklich sein werden. Dazu gibt es nun eine gute und eine schlechte Nachricht. Die schlechte ist: Daraus wird nichts! Früher oder später werden Sie etwas tun müssen, wenn Sie glücklich sein wollen. Die gute Nachricht ist: Sie können das – und zwar heute. Jetzt. In diesem Moment.
Konfuzius sagte einmal: »Glück bedeutet nicht zu haben, was man will, sondern zu wollen, was man hat.« Genau! Viele von uns kennen Momente des Glücks. Die Momente sind da, doch wir schweifen gedanklich ab, um dann wieder hinter diesem Gefühl herzujagen. Es war mir hilfreich, mir einmal klarzumachen, dass Glück nichts weiter ist als ein Gefühl, das im gegenwärtigen Augenblick empfunden wird. In diesem Moment.
Eine der wichtigsten Erfahrungen, die ich gemacht habe, ist, dass es nicht egoistisch ist, zufrieden sein zu wollen. Haben wir innerlich, was wir brauchen, ist es eine ganz natürliche Reaktion, unsere Mitmenschen teilhaben zu lassen und unser Herz Dingen zu öffnen, an die wir glauben. Viele werden anführen, dass das Mitgefühl für das Glück am wichtigsten sei. Dem stimme ich absolut zu. Ich glaube allerdings nicht, dass es notwendig ist, uns zu mehr Mitgefühl zu zwingen, weil wir nämlich, wenn wir glücklich sind, gar nicht anders können, als mit Mitgefühl zu reagieren. Aldous Huxley sagte einmal: »Es ist ein bisschen peinlich, wenn man sich sein Leben lang mit den Problemen des Menschen auseinander gesetzt hat und letztlich zu dem Schluss kommt, dass man als Rat nicht mehr anzubieten hat als: ›Versuchen Sie, ein bisschen freundlicher zu sein.‹«

Man hat mir oft die Frage gestellt: »Was würden Sie sagen, wenn ich Ihnen tausend Dollar für alles anböte, was Ihnen einfällt, wofür Sie irgendwie dankbar sein könnten?« Ich schätze, Ihnen würde das Papier ausgehen, so viele Antworten hätten Sie auf Lager. Denn in unserem tiefsten Inneren wissen wir alle, welch ein Wunder es ist, hier auf dieser Welt zu sein. Das Leben ist ein Geschenk, das es zu würdigen gilt. Es war ein Geschenk, als Sie geboren wurden, und es ist seitdem ein Geschenk. Diese Botschaft sollten wir alle verbreiten, um mehr Freundlichkeit und Glück auf dieser Welt zu schaffen. Ich hoffe und bete, dass Sie in diesem Leben das Glück finden, und zwar gleich jetzt. Sie sind es wert.

Danksagung

Folgenden Menschen bin ich zu großem Dank verpflichtet:

Meiner lieben Familie Kris, Jazzy und Kenna, weil sie mir jeden Tag bewusst gemacht haben, was wirklich wichtig ist. Ich liebe euch sehr. Meinen Eltern, Barbara und Don Carlson, sowie meinen beiden Schwestern, Kathy und Anna, für die Liebe, die sie mir stets entgegenbringen, und weil sie mich in ihr Leben miteinbeziehen. Es ist so schön, nach all den Jahren mit ihnen zu lachen.

Ein dickes Dankeschön meinen Freunden Benjamin Shield und Joe Bailey, weil sie stets gewillt waren, Lebenskrisen mit mir zu besprechen, aber auch für ihre Einsichten und ihre bedingungslose Freundschaft; ferner Mavis Karn für ihre unglaubliche Klugheit und ihre Bereitschaft, mir immer zuzuhören – du warst mir eine große Hilfe. Ein ganz besonderes Dankeschön gilt Marvin Levin, meinem Freund und Mentor, seit ich denken kann. Danke für deine Ideen, dass du immer für mich da warst und für deine loyale Freundschaft.

Ich danke den Hunderten von Menschen, die ich kennen gelernt habe und die bereit waren, mir ihre Geschichten über ihre Krisen im Leben zu erzählen.

Meinen Dank an Leslie Wells, meine hervorragende Herausgeberin, und allen anderen beim Hyperion-Verlag, die hart an diesem Buch gearbeitet haben und weiterhin an meine Botschaft glauben; danke auch Pattie Breitman, die mich lange ermuntert hat, dieses Buch zu schreiben, und Linda Michaels für ihren unermüdlichen Einsatz, meine Bücher auch im Ausland zu vertreiben; und Nicole Walton für ihre enorme Hilfe und Unterstützung, die sie mir tagtäglich hat zuteil werden lassen. Ich danke euch allen sehr!

Schließlich danke ich meinem lieben Freund Robert Faberman. Nach all den vielen Jahren denke ich jeden Tag an dich. Ich werde dich nie vergessen.

Das unglaubliche Fragenbuch

Philipp Keel

Alles über mich

Aus dem Amerikanischen von Johannes Schwab

Mit Fragen über Wünsche und Ängste, Erinnerungen und Ansichten, Geheimnisse und Träume wird »Alles über mich« das aufdecken, was man schon immer über sich wissen wollte. Ob man es allein ausfüllt oder zusammen, ob man die Fragen laut stellt und beantwortet, dieses einmalige Buch ist das ideale Geschenk für Freunde, die Familie und den Partner.

Droemer